主审 李寿欣

主编 唐勋 杨永亮

大学生

心理健康与发展

（高职版）

山东人民出版社·济南

国家一级出版社 全国百佳图书出版单位

图书在版编目（CIP）数据

大学生心理健康与发展:高职版/唐勋，杨永亮主编.--济南：山东人民出版社，2024.11.--ISBN 978-7-209-15465-9

Ⅰ.G444

中国国家版本馆CIP数据核字第2024RT2934号

大学生心理健康与发展（高职版）

DAXUESHENG XINLI JIANKANG YU FAZHAN（GAOZHIBAN）

唐勋　杨永亮　主编

主管单位　山东出版传媒股份有限公司
出版发行　山东人民出版社
出 版 人　胡长青
社　　址　济南市市中区舜耕路517号
邮　　编　250003
电　　话　总编室（0531）82098914
　　　　　市场部（0531）82098027
网　　址　http://www.sd-book.com.cn
印　　装　日照报业印刷有限公司
经　　销　新华书店

规　　格　16开（185mm×260mm）
印　　张　14.75
字　　数　327千字
版　　次　2024年11月第1版
印　　次　2024年11月第1次
ISBN 978-7-209-15465-9
定　　价　48.00元

如有印装质量问题，请与出版社总编室联系调换。

编 委 会

主　审　李寿欣

主　编　唐　勋　杨永亮

副主编　李　敏　史菲菲　卢　俊

参　编　阎　欣　许　凯　张业甜　阎　晗

　　　　　宋春艳　张雪梅

为贯彻落实教育部等十七部门联合发布的《全面加强和改进新时代学生心理健康工作专项行动计划（2023—2025 年）》的通知要求，关心关爱大学生健康成长，培育大学生热爱生活、珍视生命、自尊自信、理性平和、乐观向上的品质，我们编写了这本《大学生心理健康与发展（高职版）》教材。

本书一改传统教学重理论轻实践的模式，以积极心理学为理论依据，以培育积极心理品质为目标，科学设置教学环节，增设心理体验和行为训练等互动环节，以期引导学生在实践中有所感悟，提升心理健康素质。

本书主要特色如下：

1. **重塑结构，实践性强**。每个项目设置知识传授、心理体验、行为训练三个模块，融入课程思政内容，构建融知识理论、心理体验、行为训练为一体的心理健康教育课程内容，突出教材的科学性和实践性。

2. **尊重规律，适应性强**。结合高职学生特点与认知发展规律，本书分为认知探索篇、调适应对篇和发展成长篇，由浅入深，形成层次分明的教学梯度；内容选择上贴近学生学习与生活实际，注重适应性和递进性。

3. **方法多样，针对性强**。根据不同项目主题、情境，精心选择教学组织形式方法，做到课堂讲授与案例教学、活动体验相结合，并将课堂延伸到课外，实现生活中心理素质的提升，体现教材的针对性和灵活性。

4. **资源丰富，拓展性强**。每个项目既有理论性强的心理健康知识，又提供了科学的心理量表和行为训练活动，并增设心灵悟语、案例故事、课程活动等，加深学生对知识的理解与感悟，提高教材的趣味性和拓展性。

本书为校企合作编写教材，由唐勋、杨永亮担任主编，李敏、史菲菲、卢俊担任副主编，阎欣、许凯、张业甜、阎晗、宋春艳、淄博市心悦心理咨询研究中心张雪梅参与编写。具体编写分工如下：项目一由史菲菲、杨永亮、张雪梅编写，项目二、项目八由张业甜、李敏编写，项目三、项目七由许凯、杨永亮编写，项目四、项目九由阎晗、李敏编写，项目五、项目十由宋春艳、卢俊编写，项目六由阎欣、卢俊编写。中国心理学会理事、山东省大学生心理健康教育专业委员会主任李寿欣教授为本书做了最后审定工作，担任本书主审。

在本书的编写过程中，编写人员参阅了国内外有关心理健康的文献，并引用了一些专家学者的研究成果，在此一并表示感谢。由于编写时间紧张，编者水平有限，疏漏与错误在所难免，敬请广大读者批评、指正和谅解。

编者

2024 年 10 月

目 录

CONTENTS

第一篇　认知探索篇

002 | 项目一

推开心灵之门
——大学生心理健康导论

心随我动

　　一签知心：姓名台签 …………………………………………… 003

心灵讲堂

　　讲堂一　走进心灵之门：心理健康概述 ………………………… 003

　　讲堂二　揭秘心理健康：常见心理问题 ………………………… 010

　　讲堂三　修炼心理素质：健康心理培养 ………………………… 016

心理训练

　　一、测量有方：房树人测验 ……………………………………… 024

　　二、健康有法：幸福账本 ………………………………………… 026

心灵成长

　　一、学以致用：三件好事 ………………………………………… 026

　　二、心随"影"动：《我们诞生在中国》………………………… 028

029 | 项目二
学会欣赏自我
——大学生自我意识健全

心随我动
朋友多多多：滚雪球 …………………………………… 030

心灵讲堂
讲堂一 "我"的万花筒：自我意识概述 ……………… 030
讲堂二 "我"的多棱镜：自我意识偏差 ……………… 037
讲堂三 "我"的调色盘：自我认知重构 ……………… 042

心理训练
一、测量有方：自我意识量表 …………………………… 046
二、健康有法：我的自画像 ……………………………… 047

心灵成长
一、学以致用：认识我你很幸运 ………………………… 048
二、心随"影"动：《哪吒之魔童降世》………………… 048

051 | 项目三
探索人格密码
——大学生人格发展与培养

心随我动
心不对口：言行不一 ……………………………………… 052

心灵讲堂
讲堂一 面具下的自己：人格概述 ……………………… 052
讲堂二 "我"是多面手：气质与性格 ………………… 056
讲堂三 接纳与完善：大学生的人格发展 ……………… 062

心理训练
一、测量有方：大五人格量表 …………………………… 065
二、心安有法：价值观拍卖 ……………………………… 069

心灵成长
一、学以致用：心理成长笔记 …………………………… 070
二、心随"影"动：《十二公民》………………………… 071

第二篇　调适应对篇

074 | 项目四

快乐学习妙招
——大学生学习策略

心随我动
热身活动：学习动机的探索 ························· 075

心灵讲堂
讲堂一　爱上学习：思考学习的意义 ·············· 075
讲堂二　力学笃行：培养学习动机 ················ 077
讲堂三　学海方舟：善用学习策略 ················ 084

心理训练
一、测量有方：认知监控问卷 ··················· 090
二、心安有方：时间馅饼图 ···················· 093

心灵成长
一、学以致用：学会学习 ····················· 094
二、心随"影"动：《银河补习班》 ··············· 095

096 | 项目五

揭秘爱情魔法
——大学生恋爱及性心理

心随我动
与爱同行：爱情是什么 ······················· 097

心灵讲堂
讲堂一　揭开神秘面纱：恋爱及性心理概述 ·········· 097
讲堂二　爱情魔方解读：恋爱及性心理困扰 ·········· 103
讲堂三　恋爱那些事儿：正确的爱情观及性心理 ········ 109

心理训练
一、测量有方：爱情态度量表 ··················· 111

二、爱情有法：佳人何处寻 ·················· 114

心灵成长

一、学以致用：星球大碰撞 ·················· 115

二、心随"影"动：《怦然心动》··············· 115

117 项目六

解锁情绪秘籍
—— 大学生情绪管理

心随我动

情绪知多少：情绪接龙 ·················· 118

心灵讲堂

讲堂一　读懂你的情绪：情绪概述 ·················· 118

讲堂二　走出情绪的迷雾：不良情绪探索 ·················· 123

讲堂三　爱彩虹般的你：健康情绪培养 ·················· 128

心理训练

一、测量有方：抑郁自评量表 ·················· 130

二、心安有法：情绪日记 ·················· 132

心灵成长

一、学以致用：情绪觉察 ·················· 132

二、心随"影"动：《头脑特工队》··············· 133

134 项目七

走出人际孤岛
—— 大学生的人际关系

心随我动

我的人际彩虹圈：大风吹 ·················· 135

心灵讲堂

讲堂一　我不是孤岛：人际交往概述 ·················· 135

讲堂二　友谊那些事儿：大学生常见的人际困扰 ·················· 140

讲堂三　"友"你真好：大学生人际交往能力的培养·············· 144

心理训练

一、测量有方：人际关系综合诊断量表 ······················· 148

二、心安有法："盲人"旅行 ······································ 149

心灵成长

一、学以致用：共情力训练 ······································· 150

二、心随"影"动：《搜索》 ······································ 150

第三篇　发展成长篇

152 | 项目八

描绘多彩未来
——大学生就业心理

心随我动

我说你做：西蒙说 ·· 153

心灵讲堂

讲堂一　应变之学：职业生涯概述 ···························· 154

讲堂二　面对烦恼：职业生涯困扰 ···························· 159

讲堂三　自我探索：职业决策与规划 ························· 163

心理训练

一、测量有方：性格与职业类型测试 ························· 167

二、心安有法：工作价值清单 ·································· 178

心灵成长

一、学以致用：模拟面试 ·· 179

二、心随"影"动：《钱学森》 ································· 181

182 | 项目九

科学认识压力
——大学生压力管理与挫折应对

心随我动

　　压力调节游戏：人体气球 ·················· 183

心灵讲堂

　　讲堂一　"压力山大"：压力的概述 ·················· 183

　　讲堂二　生命之痛：挫折的概述 ·················· 189

　　讲堂三　逆境前行：应对方法探索 ·················· 196

心理训练

　　一、测量有方：焦虑自评量表 ·················· 198

　　二、健康有法：15分钟卸下压力的7种方法 ·················· 200

心灵成长

　　一、学以致用：挫折认知分析 ·················· 201

　　二、心随"影"动：《当幸福来敲门》·················· 201

202 | 项目十

探寻生命意义
——大学生生命教育

心随我动

　　独一无二：我的名片 ·················· 203

心灵讲堂

　　讲堂一　尊重生命：生命教育概述 ·················· 203

　　讲堂二　珍爱生命：心理危机识别 ·················· 209

　　讲堂三　敬畏生命：心理危机应对 ·················· 214

心理训练

　　一、测量有方：总体幸福感量表 ·················· 218

　　二、幸福有法：我的五样 ·················· 220

心灵成长

　　一、学以致用：未来之路 ·················· 221

　　二、心随"影"动：《我不是药神》·················· 222

第一篇

认知探索篇

项目一　推开心灵之门

项目二　学会欣赏自我

项目三　探索人格密码

推开心灵之门
——大学生心理健康导论

学习目标

知识目标

1. 掌握心理健康的概念、心理健康的标准及影响大学生心理健康的主要因素。
2. 了解常见的心理问题，掌握心理异常的应对方法。
3. 了解心理咨询的基本概念、工作对象等基础知识。

能力目标

1. 能主动觉察自己的心理状态。
2. 能分辨哪些心理状态需要到专业的医疗机构诊治。
3. 能在遇到心理问题时学会自主求助。

素质目标

1. 树立正确的心理健康观念。
2. 正确认识精神障碍，减少病耻感及偏见。

心随我动 ▶▶

一签知心：姓名台签

（一）活动目的

让学生互相了解、互相接纳。

（二）活动准备

准备几张印有不同图案的图片，并将每个图案剪成8片。

（三）操作步骤

1. 分组

将所有碎图片摆在桌上，每个学生任意拿一张碎片。拿到可拼成一个完整图案的8个学生组成一个小组，并选出组长。

2. 引导语

我们每个人都是独特的，就像我们每个人都有自己独特的名字。下面请每人制作一个姓名台签：将A4纸纵向摆放，分别在上端、下端1/3左右处向同一方向折叠，然后在中间部分写下自己的名字，完成后摆放在自己前面的桌子上。

3. 讨论

父母为什么会给你起这个名字？你自己对这个名字有什么理解？你对这个名字满意吗？如果可以自己给自己起名字的话，你希望别人叫你什么？

4. 分享

分享名字的故事，每人3分钟左右，组长注意控制时间。

（四）引导讨论

从你对自己名字的认识和满意程度中，你意识到了什么？

心灵讲堂 ▶▶

讲堂一　走进心灵之门：心理健康概述

一天，几个学生向美国著名的心理学家弗洛姆请教：心态对一个人会产生什么样的影响？

弗洛姆微微一笑，一句话也没说，把他们带到一间黑暗的房子里。在他的引导下，学生们很快穿过了这间伸手不见五指的神秘房间。接着，弗洛姆打开房间里的一盏灯。这盏灯暗淡昏黄，在里面适应一阵子，才能看清房间里的东西。等同学们看清房间的布置后，不禁吓出了一身冷汗。原来，这间房子的下面是一个很深、很大的水池，水池里不仅有几只张着血盆大口的大鳄鱼，还有很多各种各样的毒蛇，其中几条毒蛇正高高地昂着头，朝他们咝咝地吐着信子。

"我们刚才是怎么过来的？"同学们十分诧异。在这座水池的上方，搭着一座很窄很窄的独木桥，他们刚才就是从这座独木桥上走过来的。学生们你看看我，我看看你，面面相觑，又是一阵后怕。过了一会儿，弗洛姆问："谁愿意再走一次这座桥？"大家的心一下子缩紧了，没有一个人出声，甚至有的人脸都吓白了。过了好一会儿，终于有3个学生畏畏缩缩地站了出来。第一个学生一走上去，异常小心谨慎，大气都不敢出，速度比第一次慢了好多。第二个学生战战兢兢地踩在独木桥上，身子不由自主地颤抖着，走到一半，一只鳄鱼追了过来，吓得他哇的一声大哭起来。后来弗洛姆赶走了鳄鱼，他才勉强走过了独木桥。第三个学生刚踏上独木桥腿就软了，他干脆趴到桥上，匍匐着慢慢地爬过独木桥。

面对同样的困难，心态好时，心静如水，如走平地；心态不好时，心乱如麻，如履薄冰。可见，心态会影响人的行为，保持好心态至关重要。

随着高等院校心理健康知识的宣传和普及，越来越多的大学生开始了解和关注自身心理健康状况。《中国国民心理健康发展报告（2021～2022）》显示，18～24岁年龄组的抑郁风险检出率高达24.1%。

现在我们一起走进心理健康，了解心理健康的概念、心理健康的标准及影响心理健康的因素。

一、心理健康的概念

健康不仅仅指强健的体魄。1989年，世界卫生组织将健康定义为："一个人只有在身体、心理、社会适应和道德4个方面都健康，才算是完全健康的人。"从1989年世界卫生组织对健康的定义来看，人的健康包括身体健康、心理健康、社会适应良好和道德健康4个部分，缺一不可。没有疾病仅仅是健康的一部分要求，健康的目标是追求一种更积极的状态、更高层次的适应和发展。

何为心理健康？2001年，世界卫生组织优化了对心理健康的定义："心理健康不仅仅指没有患上心理疾病，更可视为一种幸福状态。在这种状态中，每个人认识到自己的潜力，可以应付正常的生活压力、有效地从事工作，并能够对社会作出贡献。"

《关于加强心理健康服务的指导意见》（国卫疾控发〔2016〕77号）将心理健康定义为："人在成长和发展过程中，认知合理、情绪稳定、行为适当、人际和谐、适应变化的一种完好状态。"

心理健康是健康的重要组成部分。不少研究结果显示，心理健康能改善身体状况，延长寿命，提高生命质量，并有效减少社会上犯罪事件的发生。心理健康是大学生建立良好的人际关系，提升创造力，保持良好发展的基础。

还有研究发现，心理素质对积极心理健康的发展性功能比对消极心理健康的治疗性功能更为突出。因此，大学生心理健康教育的目标不应局限于消除症状、解决问题，还应聚焦于提升幸福感、促进心理健康。

二、心理健康的标准

（一）著名心理学家马斯洛和密特尔曼提出的心理健康的标准

1. 有充分的安全感。
2. 对自己有较充分的了解，并能恰当地评价自己的行为。
3. 自己的生活理想和目标切合实际。
4. 能与周围环境事物保持良好的接触。
5. 能保持自我人格的完整与和谐。
6. 具备从经验中学习的能力。
7. 能保持适当和良好的人际关系。
8. 能适度地表达和控制自己的情绪。
9. 能在集体允许的前提下，发挥自己的个性。
10. 能在社会规范的范围内，适当地满足个人的基本需求。

（二）《简明不列颠百科全书》中提出的心理健康的标准

1. 认知过程正常，智力正常。
2. 情绪稳定乐观，心情舒畅。
3. 意志坚强，做事有目的性。
4. 人格健全，性格、能力、价值观等均正常。
5. 养成健康习惯，无不良行为。
6. 精力充沛地适应社会，人际关系良好。

（三）我国学者马建青提出的大学生心理健康的标准

我国学者马建青综合了国内外专家学者的观点，根据大学生这一群体的年龄特征、心理特征和社会角色特征，总结了我国当代大学生心理健康的基本标准，具体如下：

1. 智力正常。有强烈的求知欲和浓厚的探索兴趣；智力结构中的各要素在其认识活动和实践活动中都能积极协调地参与，并能正常发挥作用；乐于学习。

2. 情绪健康。情绪健康的主要标志为心情愉快和情绪稳定。具体包括：第一，愉快情绪多于不愉快情绪，表现为乐观开朗、充满热情、富有朝气、善于自得其乐、对生活充满希望。第二，情绪稳定，善于控制和调节自己的情绪，既能克制约束，又能适度宣泄，不过分压抑；情绪的表达既符合社会的要求，又符合自身的需要。第三，情绪反应是由适当的缘由引起的，反应的强度和引起这种情绪的情境相符合。

3. 意志健全。意志健全的大学生在各种活动中都有自觉性，能适时地做出决定并运用切实有效的方法解决遇到的各种问题；在困难和挫折面前，能采取合理的反应方式。

4. 人格完整。第一，人格结构的各要素完整统一；第二，具有正确的自我意识，不产生自我同一性混乱；第三，以积极进取的人生观作为人格的核心，并以此为中心把自己的需要、愿望、目标和行为统一起来。

5. 自我评价适当。一个心理健康的大学生对自己的认识，应比较接近客观现实，有自知之明。对自己的优点感到欣慰，但又不自大；对自己的弱点既不回避和否认，也不自暴自弃，善于正确地自我接受。

6. 人际关系和谐。乐于与他人交往，既有稳定而广泛的人际关系，又有知心朋友；在交往中能保持独立而完整的人格，有自知之明，不卑不亢；能客观评价别人和自己，善于取人之长补己之短；宽以待人，乐于助人；积极的交往态度多于消极的交往态度；交往动机端正。

7. 适应能力强。心理健康的大学生能和社会保持良好的接触，对社会现状有较清晰而正确的认识，思想和行动都能跟得上时代的发展步伐，与社会的要求相符合。

8. 心理行为符合大学生的年龄特征。大学生应具有与年龄和角色相适应的心理行为特征。

综合以上关于心理健康的概念和标准，我们可以看出，心理健康是人自身（认知合理、情绪稳定、行为适当等）与他人（人际和谐等）及环境（适应变化等）的一种和谐统一的状态。

三、影响心理健康的因素

（一）生物因素

1. 躯体疾病

遗传、创伤、传染病、大脑的器质性病变等导致的躯体疾病，如肝炎、肺结核、白癜风等，是生理性应激源，对大学生的自我认识与悦纳、性格、人际交往及恋爱或亲密关系等影响很大，甚至会造成长期的负面影响。

2. 体貌特征

身高、体重、容貌、身材、皮肤、发质、牙齿等体貌特征，影响着大学生的学习与生活，尤其会影响到大学生的自我认识、人际交往和亲密关系等，严重的甚至会引起精神障碍，比如进食障碍。

3. 物质摄入

酒精、尼古丁、咖啡因及其他精神活性物质的过度摄入，不仅影响大学生的身体健康，还可能损害其正常的心理机能，导致注意力不足、情绪失调、行为偏差等，严重的还会导致物质成瘾或物质依赖。

4. 遗传因素

在精神疾病中，尤其是在精神分裂症、双相情感障碍等疾病中，遗传因素占比较大。

5. 神经系统的发育情况

神经系统的发育不健全，比如大脑皮层和皮层下神经组织之间的相互协调作用有某种障碍、大脑皮层的兴奋或抑制过程存在某种障碍等，均可导致心理出现某种偏差。

（二）心理因素

1. 个人信念

世界观、价值观和人生观等信念系统，影响着大学生在大学阶段的学习与生活。在这一阶段，大学生正处于信念系统的确立阶段，但同时又面临多元价值体系的选择。一些读书无用论、拜金主义、享乐主义等不良观念容易使大学生产生适应与发展困扰；一些绝对化、灾难化、概括化等不合理的信念容易使大学生产生心理上的困扰，甚至导致精神障碍。

2. 情绪调节能力

情绪调节能力对心理健康的影响比较大。在大学阶段，大学生正处于情绪强烈又比较动荡的时期，常摇摆不定，情绪跌宕起伏，时有冲动。大学生如果情绪调节能力不强，则容易产生心理困扰。

3. 个人行为风格

每个人都有自己特定或偏好的行为模式，如果人的行为不具备弹性和适应性，则会给人带来心理困扰。其中，对心理健康影响较大的是应对压力的方式。比如，很多大学生在上大学之前的学习是被动学习，只需跟着老师的安排和节奏学；而上了大学之后，则需要大学生更主动地去学习，会产生一定的压力。如果能积极应对并顺利完成这种转变，大学生就能更好地适应大学学习生活；反之，可能引发适应困难等问题。

4. 意志力

意志力是指人自觉地确定目的，并根据目的调节支配自身的行动，克服困难，实现预定目标而产生的心理状态。大学生的生活自理能力、自主学习能力、注意力控制能力、时间管理能力、自我控制能力等，都会受到意志力的影响。

5. 个性特征

一些消极或负面的个性特征，比如神经质、内向性、完美主义、自我中心、偏执等，可能会使人产生适应与发展困扰，严重的甚至会引发精神障碍，比如抑郁症、焦虑症等。

（三）影响大学生心理健康的社会因素

1. 家庭因素

家庭是人生的奠基石，父母是孩子的第一任老师，家庭对一个人的影响是长久而深远的。家庭不是人的简单相加，而是一张关系网，某一家庭成员的变化会影响到其他家庭成员。要理解大学生的心理和行为，应该考察整个家庭系统。

（1）心理行为问题的代际传递

我们常说"父母是孩子最好的老师"，也就是说孩子很容易向父母学习。在心理学上，这被称为家庭间的代际传递。代际传递是怎样发生的呢？传递的又是什么呢？首先，代际传递的内容涉及方方面面，从生活习惯到人格组成等多个方面，最多的就是我们与他人的相处模式。父母与孩子之间的相处模式有很多种，比如父母可能是家庭中的权威，高度控制孩子；父母也可能是孩子的"奴隶"，对孩子无微不至；父母和孩子之间还可能是民主的，遇到问题共同协商解决……亲子之间的相处方式会影响孩子同其他人的相处方式。

代际传递的过程多种多样，十分复杂。有些代际传递可能是观察学习，比如父母之间经常发生冲突甚至大打出手，孩子看到这种行为就会"学习"这种解决问题的方式。有些代际传递可能是对父母的认同，父母作为孩子的监护人，是他们安全感的来源，出于对父母的爱，孩子会不自觉地认同父母的某些特点。

（2）亲子依恋关系

在 3 岁之前，家庭通常是婴幼儿的主要活动场所。在这一阶段，决定孩子人格发展和心理健康最重要的因素就是母婴互动的质量。对父母的依恋是早期影响心理健康最关键的因素，对一个人安全感的建立、自尊的形成、情绪的感知调节、人际交往和亲密关系等都有很大的影响，并且这种影响会持续人的一生。

形成安全依恋的婴幼儿内心安全感充足，情绪状态稳定，能够以平稳的心态去探索外在世界;对自己的需求能够觉察并恰当表达,也容易满足。总体来说,他们的心理功能良好,心理健康。

形成不安全依恋的婴幼儿内心缺乏安全感,时常惶恐不安,探索外界的行为容易被各种情况打扰,有的会退缩,有的会冒进;容易产生负面情绪,要么过分压抑自己,要么过度表达自己,让自己和他人感到痛苦和厌烦;不能准确地觉察和表达自己的需求与感受,也难以被外界接受。总体来说,他们的心理功能不良,容易心理不健康。

(3)父母的教养方式

父母的教养方式直接影响孩子的行为和心理健康。父母的教养方式一般有权威型、民主型、独断型、专制型、宽容型、溺爱型、放任型及忽视型等。其中,民主、理性、平等而非命令的教养方式,最有利于孩子的心理健康。

(4)家庭氛围

家庭氛围对孩子的影响是一种无形的影响。家庭成员长期处于某种特定的家庭氛围中,其心理和行为就会受到这种特定氛围的影响。比如父母关系不好、家庭冲突不断,会形成冲突、紧张的家庭氛围,影响孩子的心理健康。大量研究发现,父母之间经常发生冲突与青少年的抑郁、焦虑情绪及自伤、攻击行为等有密切的联系。

2.学校因素

大学是人一生中的重要时期,也是在生理和心理上走向成熟和定型的重要阶段。老师在给学生提供知识的同时,也通过自己的言谈举止,让学生懂得做人的道理;学校、班级、宿舍是大学生生活的小社会,也对大学生的心理健康有很大的影响。

(1)学校的客观因素

大学生就读学校的性质、所学专业、就读的年级、学业难度及任务量、住宿条件、学校的学习氛围等因素,都可能给一些大学生造成一定的影响。

(2)学校中的人际关系

对大学生来说,人际关系是一个重要话题。室友关系、师生关系、恋爱关系等,均会影响大学生的心理健康。因各种人际关系问题而去寻求心理咨询帮助的大学生不在少数。

(3)学业和就业的压力

学习是大学阶段的重要任务,考试失利、学业压力大、无法顺利毕业等问题,往往是大学生心理问题的重要应激源,严重的可能会引发精神障碍甚至自杀。

3.社会环境因素

每个人既独特又平凡。独特是因为天下没有一模一样的人;平凡是因为每个人都生活在社会环境之中,都会受到庞大的社会环境体系的影响。人从出生开始就在慢慢实现社会化。社会化是人在特定的社会环境中，发展出价值观，使其行为和态度能够适应社会并积极作用于社会的过程。在人发展出独特价值观的过程中，社会环境起着很大的作用。

（1）经济环境：物质生活优越

随着我国经济水平的提高，人们的物质生活水平与过去相比更加优越。这种环境对于大学生的成长是一把双刃剑，一方面，可以让大学生有充分的空间进行自我探索；另一方面，使大学生承担更多的父母期待和学业压力。

（2）科技环境：移动互联网和内容大爆发

社会环境对大学生的影响涉及方方面面。当下，对大学生影响最大的当属网络。当前，互联网的可获得性越来越高，内容出现了爆炸式增长。一方面，互联网的兴起使大学生在各个不同领域的探索更加自由和深入，如面对差异越来越包容，更重视自我形象的管理，愈加重视社会平等并关心自己所在的群体，等等；另一方面，互联网对大学生心理健康也存在潜在的负面影响，如不切实际的、高标准的比较会降低大学生对生活的满意度，过度的自我形象管理就是完美主义倾向，等等。

时代的作用远不止这些，社会环境中的经济、政治、文化等多方面均在无形中塑造着每个人。

讲堂二　揭秘心理健康：常见心理问题

一般人对于心理咨询总有一些误区，认为心理咨询的对象是精神病人，只有精神病人才会去心理咨询，其实并不是这样的。心理咨询针对的是心理正常但是不健康的人，而精神科医生服务的对象是心理异常的人。对于正常心理和异常心理（精神病性问题），我们应该怎么来区分呢？（见图1-1）

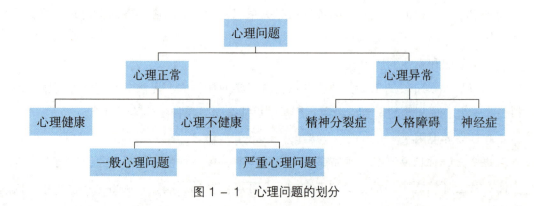

图 1 - 1　心理问题的划分

一、心理正常与异常

（一）心理异常

心理异常是指人的心理过程和心理特征发生异常，包括认知、情感、意志以及人格等方面，通常伴有以下几个特点。

1.具有强烈的心理反应。心理异常会出现思维上的判断失误，思维敏捷性下降，记忆力下降，有头脑空白感、强烈自卑感以及痛苦感，缺乏精力，情绪低落、阴郁、紧张、焦虑，行为失常，意志减退，等。

2.明显的躯体不适感。心理异常会影响消化系统，出现食欲不振或便秘、腹泻等症状；会影响心脑血管系统，出现心慌、胸闷、头晕等症状；还会影响内分泌系统。

3.社会功能受损。心理异常会出现极为强烈的痛苦感，"哪里都不舒服"是他们内心真实的感受。

（二）心理正常与心理异常区分三原则

我国心理学家郭念锋教授根据心理学对心理活动的定义，提出了区分心理正常与异常的三条原则。

1.主观世界与客观世界的统一性原则

心理是客观现实的反映，所以任何正常的心理活动或行为，都与客观环境保持一致，否则就是异常。如一个人说他看到了五颜六色的东西，而其他人都没看到；一个人说他听到了有人在跟他说话，但现实中并没有人跟他说话。那么就可认为，出现这种情况的人精神活动不正常，产生了幻觉。

2.心理活动的内在协调性原则

人类的心理活动分为认知、情绪情感、意志行为等，各种心理活动具有协调一致的关系。用低沉的语调，向别人述说令人愉快的事；对痛苦的事，做出快乐的反应；在焦虑时给朋友打几十个电话……这些情况就是人的心理活动失去了协调一致性，是异常状态。

3.人格的相对稳定性原则

每个人都会形成自己独特的人格心理特征，有相对的稳定性，一般不会轻易改变。如果一个用钱很谨慎的人，突然挥金如土；一个待人接物一向很热情的人，突然变得很冷淡。而且在他的生活环境中，找不到足以促使他发生改变的原因，那么这些人的精神活动可能偏离了正常轨道。

当然，生活中我们也会有烦恼，如求职择业、社会适应、感情婚恋、人际纠纷、家庭关系等问题。我们或多或少会为这些问题苦恼，有些问题甚至对自己的生活、学习和工作造成了一定的影响，但如果其持续的时间短、程度轻、未出现躯体症状，就不是心理异常。

二、常见的心理异常

随着医学知识的不断普及，越来越多的人对精神疾病有了一定的认知，但仍有人对精神疾病存在着较大的误解和偏见。

知识拓展 ▷▷▷▷

精神疾病常见误区

1.误区一：在精神科就诊的全是精神疾病

不知从什么时候开始，"精神疾病"和"疯子"似乎画上了等号。有人一听说精神疾病，脑海里浮现的就是一种毫无自制力、满口胡言乱语、精神错乱的形象。其实，这只是一部分譬如精神分裂症这类重性精神病发作时的表现，并不能代表所有精神疾病。

一些常见的身心疾病，如抑郁症、焦虑症、躯体形式障碍、强迫症、创伤后应激障碍、失眠、痴呆、成瘾等也会去精神科就诊。这些患者大多能够正常的工作生活，不能用有色眼光看待他们。

2.误区二：精神疾病很难治愈

大多数的精神疾病都可以达到临床治愈（临床治愈是指某种疾病的核心症状已经消失或显著减轻，疾病本身不会再对患者日常生活造成影响，或者通过相关治疗，疾病本身并没有痊愈，但是患者的生存质量已经得到明显改善，不需要再给予过度治疗），只是需要一定的时间。

精神病不是不治之症，家属和患者本人千万不要失去治疗的信心，消极和自暴自弃均不可取，积极治疗才是最佳的选择。

3.误区三：精神疾病都是想不开造成的

有人认为，精神疾病就是平时自己郁郁寡欢、伤春悲秋，时间长了才会得的病，只要想开点、看开点就能好。其实，精神疾病的发病机制非常复杂，目前的研究认为精神疾病与大脑神经递质失调有关，所以药物治疗主要是调节大脑神经递质的平衡。

一时的心情不好，可以通过自己或者求助家人、朋友进行调节，但如果长期处于情绪低落状态，靠个人的努力很难缓解，就需要专业的治疗介入。目前常见的治疗方法有药物治疗、心理治疗、物理治疗相结合的综合治疗法。

4.误区四：抗精神病药物副作用大，不能长期服用

很多患者担心药物会有激素，服用抗精神病药物有长胖、成瘾、肝肾功能损害等风险。其实抗精神病药物的研究已经非常成熟，最常见的不良反应是便秘、口干等，只有极少数病人会出现严重不良反应，但这部分患者通过换药、减量等调整后，不良反应可进一步减小。

抗精神病药物的治疗意义是利大于弊的，且医生会在每次复诊的时候进行专业的精神状况评估及药物剂量的调整。

5.误区五：症状缓解后就可以停药了

大多数的精神疾病患者在正规医院进行规律治疗后，症状可以得到明显缓解，部分患者可能会因治疗费用、副作用等各种原因自行停药。这种擅自停药的行为会增加复发的风险，并且使病情加重。因此，不经医生同意，随意调整药量及停药的行为，都是不可取的。

最近几年，随着精神疾病不断被提及和科普，人们开始渐渐接受了心理问题是普遍存在的现象。但是很多人也只是一知半解，甚至把部分疾病归类为性格标签，如"我强迫症可严重了，玩游戏有一点操作失误就想重新开始"，"这有什么可焦虑的，你就是抗压能力太差"，"这个人总是临时变卦，我怀疑他有精神分裂症"。事实上，这些都是对心理疾病的误解，真正意义上的心理疾病并不是大家口中所说的那样简单。下面简单介绍几种最常见的精神疾病。

（一）抑郁症

1.定义

抑郁症是情绪障碍的一种表现形式，是一种心理障碍性疾病，具有持续性、广泛性，会导致工作学习、社交等方面能力的下降。女性的发病率要高于男性。

2.病因

病因和发病机制涉及神经内分泌学、神经免疫学以及心理、环境等多方面。当人长期处于压力过大的环境，或者遭受了精神刺激，就会在一定程度上导致神经递质紊乱，进而诱发抑郁症。

3.常见的症状表现

一般情况下，抑郁症以情感长时间低落、兴趣丧失、不愿与他人交往、内疚自责、自卑、自负以及感觉自己罪孽深重等为典型症状，而且患者头脑中会时不时伴有自杀

想法，严重影响患者的日常生活、社会功能，以及整体生活质量。

（二）强迫症

强迫症曾一度被拿来调侃，用它开玩笑似乎总是特别有意思。"我的强迫症特别严重，吃炸鸡的时候一定要配上可乐。"强迫症就像一个有趣的自我介绍，给自己添了那么一点小个性。因此，在真正的强迫症患者找人倾诉时，得到的回答可能是"我从小就有强迫症"，"哈哈，你也有强迫症啊？习惯就好"。这个时候，强迫症患者内心一定是崩溃的。因为这个被拿来调侃、被当作玩笑的强迫症，和那个将患者折磨得生不如死的"强迫症"完全不同。

那么，真正的强迫症到底是什么样的？强迫症是一种慢性、难治性疾病，主要症状是反复出现的强迫思维及强迫行为，这些思维和行为通常会导致显著的焦虑和功能损害。

（三）焦虑障碍

焦虑障碍往往是另外一个容易被人们忽视的心理问题。生活这么累，每个人的肩上都有一堆担子，谁还没焦虑过？确实，焦虑在我们当前的生活中非常常见，甚至在某种程度上对我们"好处"，比如焦虑可以促使我们更加努力向上。正常的焦虑是一种有用的情绪，一种当人们面对潜在的危险时，都会产生的情感反应。可一旦发展为焦虑障碍，我们就不能轻视了。

常见的病理性焦虑包括：广泛性焦虑障碍、恐惧症、社交焦虑症、广场恐惧症、特殊恐惧症以及惊恐障碍。病理性焦虑有以下特点：无明确致焦虑因素，致焦虑因素和反应不相称，程度严重，持续时间过长等。焦虑障碍不仅是慢性疾病，而且容易复发，也容易和抑郁症等其他心理疾病共发。如果你感觉自己的焦虑无法调节，请及时寻求专业医师的帮助。

（四）精神分裂症

一提到"分裂"两个字，大家最容易联想到的是人格分裂。从小说到影视剧，这种题材非常常见。但是，精神分裂症和人格分裂一点关系都没有。

精神分裂症属于精神病的范畴，是所有精神疾病中最严重的一类。精神分裂症的分裂是指人的主观感觉、思维、意志、情感等心理活动与客观现实之间的分离、不一致，而非指任何器质性的分裂样病变。

精神分裂症的主要症状与多重人格非常不一样，它的主要症状包括思维联想散漫、妄想、异己体验、幻听、情感淡漠、紧张症等。具体来说就是，患者会言语紊乱，思维奔逸，有各种妄想（比如被害妄想），也会幻听，甚至有时会产生视幻觉。所以，精神分裂症虽然严重，但是患者并没有分裂成很多人格。

三、心理异常的应对措施

（一）怀疑自己有精神障碍的应对

寻求专业人士帮助。在怀疑自己有精神障碍时，最好的办法就是调整好心态，没必要因社会病耻感而对疾病的康复造成负性影响，及时到精神疾病专科医院就医，寻求专业人士帮助。

如果对就医心存顾虑，可以先从身边容易获得的资源入手，比如学校里的心理咨询师、校医院的精神科医生、信任的老师等，把你的顾虑告诉他们，和他们一起想办法克服困难。

（二）身边有人有精神障碍的应对

1. 保持尊重

如果你发现身边有人疑似患有精神障碍时，你可以建议对方及时就医。同时，要放下自己心里对精神障碍的病耻感，为患者提供一个温暖支持和无偏见的关系环境；对患者保持尊重，不妖魔化精神病人，要怀着一颗"平常心"，像对待有身体疾病的人一样对待他们。

2. 调整好自己的心态

如果是身边亲近的人患有精神障碍，在建议和支持对方就医的同时，也要调整好自己的心态，做好自己的事情，并记住精神障碍患者的确需要一个温暖支持的人际系统，但最终痊愈依然要靠他们自己。

3. 保护自己和身边人

绝大部分有精神障碍的人不会伤害别人，但部分反社会型人格障碍、攻击型人格障碍、精神分裂症等患者可能会出现伤害他人的情况。这种情况比较少见，如果发现周围的精神障碍患者有伤害他人的倾向，要及时告知学校相关人员，保障自己和身边人的安全。

（三）将医疗资源与心理咨询资源相结合

心理咨询的服务对象与精神科的医疗服务对象有一定的交叉，但也存在明显不同。如何判断个体适用于心理咨询还是心理治疗呢？

如果怀疑自己或身边的人有严重的精神障碍（如重度抑郁），首选的是去精神科做一个明确的诊断。如果被确诊为精神障碍，那么是要服药还是心理咨询要由精神科医生来判断。如果不确定自己是否严重到要去精神科做药物治疗，也可以先选择和心理咨询师见面，通过初次评估，由心理咨询师来判断是否需要去精神科诊断和治疗。

（四）休学后重返校园的适应

痊愈后重返校园的一段时间，是一个新的适应时期，是社会功能逐渐恢复的时期，也是一个格外要留意的时期。当在应对适应问题力不从心时，可以利用学校里的心理咨询资源，向心理咨询师寻求帮助。

1. 学业方面

因为个体的注意力和记忆力可能还在康复期，容易产生挫败感，所以要为自己设定符合当前阶段的学习目标，循序渐进。

2. 人际方面

因为长时间和社会关系的脱离可能会在人际适应上存在一定困境，可以选择一些团体咨询的支持资源，慢慢恢复人际关系。

四、觉察到自身有危险的情况

（一）出现自杀意念时

由抑郁症所导致的自杀意念和行为是我们需要识别的首要信号。想要结束生命的想法长期存在且经常出现，表现出固执的自杀意念，就是一个正处于危险中的信号。此时，要及时向专业人员和身边的人寻求帮助。

（二）出现幻觉的某些情况

伴有精神病性症状的精神障碍的一些个体会因病产生幻觉，出现幻听和幻视觉。幻听到的声音会使个体产生自杀想法是一个危险的信号。如果你听到有人让你自杀的声音，一定要及时就医，进行有效治疗，保障自己的生命安全。

讲堂三　修炼心理素质：健康心理培养

一、维持健康心态

（一）建立正确价值观与做好人生规划

1. 建立正确价值观

建立一个属于自己的正确价值观可以帮助我们明确人生目标和规划未来，同时也可以在困难时为自己提供精神支持，使生活更有方向和目的；能够保持自己的独立思考和判断力，坚守自己的原则和信仰；在与他人交往过程中，可以更清晰地表达自己的观点和想法，避免不必要的误解和冲突。

要建立自己的正确价值观。我们首先需要思考自己真正看重的东西，如道德、家庭、友谊、工作、个人成长等。这些东西对于每个人的意义不同，只有自己认真思考过，在明确了自己真正看重的东西后，才能找到自己的核心价值观。

建立正确价值观很重要，但更重要的是坚守这些价值观。在面对各种挑战和诱惑时，我们需要更加坚定地遵循自己的价值观，才能在生活中获得更多的成功和幸福。人是会变的，我们的价值观也会随着时间和情况的变化而进行调整。所以，我们需要时常检查自己的价值观，看看是否需要进行调整，以适应环境和生活的变化。

2. 做好人生规划

人生规划是我们对未来的期望，是在有了自己价值观的基础上，为人生设定的目标和执行计划。人生规划可以帮助我们更好地应对生活中的挑战和困难；可以帮助我们明确未来的目标和期望，以及达成这些目标所需要的步骤和时间表，从而提高我们的紧迫感和人生动力，更加专注地努力向前；可以降低因不确定性带来的焦虑和压力，对自己更有信心，无形中增强掌控自我的能力，避免产生持久的情绪问题。

在规划人生时，我们首先需要认真思考和探索自己的内在需求、动机、优势和限制，并找到自己真正感兴趣、重视的领域和梦想。做人生规划时，要兼顾挑战和现实情况，学会正确客观地评价自己，认清自己的能力范围。合理的人生目标和切实可行的人生规划，既能够充分发挥自身的潜力，又能够在现实生活中获得可持续的成长和进步空间。有了人生规划之后，还需要将其分解为一个个具体的、可执行的阶段性目标。

（二）接受和善待自己

接受和善待自己是自我成长的重要基础，想要身心健康，以下建议可能对你有所帮助。

1. 接受自己的不足

每个人都有不足之处，这些不足可能是由生理条件、家庭环境、教育背景等因素造成的，并不受你的主观意愿控制。接受自己的不足，首先需要有一种成熟态度。一个成熟的人既有接受自己不足的勇气和自信，也不会被消极情绪左右。

2. 爱自己的优点

每个人都有自己的闪光点，这些优点可能是性格、能力、外貌、习惯等。虽然每个人都不是完美的，但我们应该放大自己的优点，珍视自己的闪光点，并尝试享受和发挥它们，以增强自己的自信心和自尊心。认识和欣赏自己的优点，我们会感受到自己与众不同的地方，发掘自己的潜力，更好地发挥自己的能力和创造力，在未来取得更多成就。

3. 对自己给予关注

在现代社会，人们往往忙于工作和生活中的琐事，很容易忽略对自己的关注，易导致身心疲惫、压力过大等心理问题。给自己一些时间，独自一人做自己喜欢的事情可以有效地减轻内心的压力。比如，听自己喜欢的音乐，看心仪的电影，写日记，或者安静地冥想。这些活动能够使大脑放松下来，舒缓紧张的情绪和压力。

4. 学会表达需求和感受

在日常生活中，人们会面对各种情感和需求，但是并不一定能够有效地表达出来。很多人害怕表达自己的感受和需求，担心被他人拒绝或者被误解。我们应该认识到自己的感觉是真实的，不存在对错，不要让别人来决定自己的情绪。如果你感到难过、不安或者沮丧，这完全正常。在进行表达的时候，要尽量明确、具体。同时，在表达自己的需求和感受的过程中，也要尊重他人的情感和需求，这是一个双向的过程。

5. 承认自己的成就

在日常生活中，很多人倾向于忽视自己的成就，而过度关注自己的失败和缺陷。这种思维方式往往会给个人带来负面情绪，降低个人的自信心。我们应当对自己的成就和进步给予正确的价值认可，发掘成就和进步的积极意义。我们也要注意，不应将别人给予的奖励和认可作为自己成就的唯一标准，而忽略自我观察。

6. 坚定自己的立场

在面对选择、做决策时，坚持自己的信念和原则，不随意妥协或放弃自己的意愿。人们在追求自己的愿望时，往往会为了迎合别人，受到外界的干扰、影响和压力，妥协自己的想法和原则，这样很容易失去自我，影响个人的心理健康。当你能够坦然地表达自己的想法和立场，不轻易妥协自己时，才可以获得他人的尊重。

7. 学会选择

在生活中，我们经常会遇到各种各样的选择，如职业发展、人际关系、爱情问题等。对于不同的选择，人们做出的决策也不同。在面对选择时，首先需要梳理自己的需求和意愿，了解自己的价值观、兴趣爱好、优势和弱势等方面的信息。其次，需要看清每个选择背后的利弊和风险，理性思考，避免仅凭感觉或者一时冲动做出决策。对于一些复杂的选择，还可以寻求他人的意见或建议。

8. 避免过度的自我批评和反思

过度的自我批评和反思会对我们造成多方面的负面影响。首先，它会让我们对自己产生负面评价，让自尊心受损。其次，它会引起负面情绪，如沮丧、焦虑、压力等，进一步影响我们的心理健康。再次，它会让我们忽略自己的优势。最后，它还可能导致我们对他人的言行非常敏感，从而影响人际关系。

9. 不后悔

后悔是指对已经发生的事情感到遗憾、悔恨、自责等。沉浸在后悔思维中会成为一种习惯，而且这种习惯非常浪费时间。因为一些事情一旦发生，你无法再改变它们。对于那些对错误或失误感到内疚和羞耻的人来说，后悔经常会带来强烈的情绪反应，增加焦虑和压力，引起身体和心理上的不适；容易导致自我批评和否定，让人感到自己缺乏能力和价值，从而影响自尊心和自信心；潜在地影响人际关系的健康和稳定，导致孤独和社交隔离。

（三）保持健康的身体

健康的身体是心理健康的基本保障和前提。身体健康可以使人们有更强健的体力和充足的精力去面对生活中的各种挑战和压力；身体健康可以促使人们积极乐观，有更多的信心和勇气去面对生活、学习和工作中的各种挑战和困难。人们处于身体不适或受到疾病的困扰时，会感到心理上的压力和焦虑，变得烦躁和消沉，可能会进一步引起情绪障碍、抑郁和焦虑症等情况。

为了保持健康的身体，我们需要做到以下几方面：

1. 平衡饮食

在饮食上，我们应该避免过量摄入高糖、高脂、高盐等不健康食物，多选择一些健康食品，如新鲜蔬菜、水果、谷类和肉类。另外，多尝试各种不同的食品，在饮食中兼顾健康、美味、有趣。

2. 戒烟限酒

吸烟是导致多种健康问题的重要原因，可以引发心血管疾病、慢性支气管炎和肺癌等，同时也会增加患心理问题的风险。

过度饮酒会对身体造成严重的危害，如肝炎和肝硬化等疾病，同时也会增加心理问题的风险，如情绪不稳定、焦虑和抑郁等。因此，我们需要适量饮酒，控制摄入量。此外，我们应当避免在情绪不稳定或有心理问题时饮酒。

3. 多喝水

水是身体运转所必需的物质，建议不要等到口渴才喝水，保持规律饮水。避免饮用过多含咖啡因和糖分的饮料，如咖啡、茶和碳酸饮料等。因为这些饮料会影响某些营养物质的吸收或增加患病的风险，也会引起情绪波动。

4. 定期锻炼

锻炼对身体健康、心理健康和压力缓解等有极大的益处。具体来说，锻炼可以激活脑部化学物质，如多巴胺和内啡肽，提高情绪水平，减少压力、焦虑和抑郁症状；可以增强体能，让人感到更有力量和自信；可以促进血液循环和氧气供应，提高大脑功能和认知能力；可以减轻身体和脑部的压力，改善睡眠质量，更易入睡。我们可以规划好每周的锻炼，保持日常锻炼的稳定性和持续性。

5. 保持良好睡眠

保持良好睡眠能帮助大脑恢复到最佳状态，提高身体的适应力和免疫力。睡眠还有助于巩固记忆，提高新知识的学习能力；可以减轻焦虑、抑郁和其他情绪问题；可以提高人们的创造力和创新性思维。

为了保持良好睡眠，有以下几点建议：（1）每晚尽量保持相同的睡眠时间和睡眠环境；（2）制订一个睡眠日程表，确保在临近睡眠前适当地放松；（3）保持固定的睡前仪式，如泡热水澡、阅读或练瑜伽等，以放松身心；（4）减少观看电视和使用电子设备的时间，因为这些设备会刺激大脑活动，干扰睡眠质量；（5）避免饮用含咖啡因的饮料、酒，不要吸烟；（6）创造一个安静、黑暗、温度适宜的环境。

（四）培养兴趣爱好

兴趣爱好是我们逃离现实生活的压力和焦虑的途径之一。当聚焦于自己热爱的事物时，我们会感到情感的充实和内心的平静。

1. 保持好奇心

保持好奇心是保持心理健康的一项重要方式。好奇心可以激活我们的思维，使我们善于思考、探索和发现新事物，在遇到特殊情况时能保持冷静和乐观；可以激发我们的积极性和创造力。

想要养成好奇的习惯，首先要放下既有的观念和偏见，以开放的心态去面对不同的事物。我们也可以尝试去做一些平时不敢或不愿意做的事情，打破自己的舒适圈，发现更多新奇的东西。加入兴趣相近的社群或组织，与志同道合的人相互交流和探讨，分享新鲜的生活经验和知识，阅读不同类型的书籍和文章，都是不错的方法。

2. 多元的生活节奏

重复相同的生活习惯和活动会让我们感到单调和无聊，而多元的生活节奏可以让我们更加充实和满足，提升幸福感。我们可以尝试做一些平常不常做的事情，或给自己设置一些具体的生活节奏规划。例如，每周安排一次户外活动或一次社交活动等。

如果想要进一步拥有多元的生活节奏，可以考虑探索一些"意外"，如尝试度假、短期去做不同的工作、学做新菜、写作、绘画等。这些新鲜的尝试既可以让我们体验不同的生活，也可以让生活充满乐趣和惊喜。

（五）参加社交活动

1. 交值得信赖、可以互相帮助的朋友

拥有值得信赖、互相帮助的朋友对于心理健康至关重要。朋友的鼓励、赞赏、支持和建设性的反馈，可以让我们感到更加安全和舒适，减轻焦虑和抑郁，从而更有效地应对挑战和压力。和值得信赖的朋友一起做有意义的事情还可以提高幸福感，并带来更多乐趣。要建立和维护支持性的友谊关系，可以通过参加社交活动、志愿服务、兴趣班等方式拓展社交圈。

2.学会与他人沟通

学会与他人沟通是非常重要的人际交往基础和技能。在和别人交流时，我们应该用清晰、明确、简单的语言来表达自己的想法和感受。要注意方式和语气，避免使用错误的评价或言语攻击他人。同时，我们也应多关注对方，留意对方的情感和感受。学会倾听，给予对方足够的耐心和尊重。

3.与积极心态的人交往

具有积极心态的人往往可以为周围的人带来好的心态，提供精神上的支持、理解、鼓励和建议。和这类人相处可以帮助我们形成同样积极、乐观和自信的态度。

4.形成多元的社交圈

不同的社交圈意味着可能认识来自不同背景、有着不同生活和思考方式的人，给我们带来差异化的观点和经验，开阔我们的思维，形成更为包容友善的价值观。

5.与老朋友一起回忆过去

与老朋友一起回忆过去的美好时光，可以使我们的心理放松，提高我们的抗压能力，缓解或减轻因压力带来的情绪困扰；帮助我们激发心中深处的情感体验和记忆，让我们更好地了解自己的成长历程、身份认同和情感需要。

6.向身边的人表达爱

面对压力时，向身边的人表达爱可以帮助我们缓解负面情绪，增强内心的安全感和归属感。与心爱的人分享感受和困惑可以增强双方之间的信任，增强彼此之间的了解，让彼此关系更加亲密。在向身边的人表达爱的时候，应该选择一个合适的时间和地点，用亲近和温馨的语言表达自己的感受和需求。

7.学会接受帮助

人们有时会误认为接受帮助意味着软弱或失败，但事实上，寻求帮助并不是一种弱点或失败，而是智慧和勇气的表现。当我们遇到难以解决的问题时，如果我们一味地坚持自己的想法，可能会导致问题的恶化，不如寻求他人的帮助。

（六）积极面对压力

1.采取行动

过度的压力会对人们的心理健康造成不良影响。在面对压力时，如果只是抱怨、等待和担忧只会加剧情绪波动，并不能解决任何问题。而面对压力时，积极地采取行动，不仅可以缓解紧张情绪，还能帮助你找到导致压力的原因，促使你采取各种应对方法和步骤。适时的认真思考压力来源和自己的处境，反思和调整自己的想法、心态和行为，不要让压力和不良情绪积累到一定程度。

2. 找到适合自己的减压方法

为了保持心理健康，我们需要找到合适的减压方法来缓解身心压力、放松心情。良好的生活习惯，例如足够的睡眠、健康的饮食、合理的时间管理等可以帮助我们更好地减轻压力。

如果我们尝试过多种减压方法后仍无法缓解压力，应及时寻求专业的心理咨询师的帮助。他们可以根据我们的个人情况和情感状态提供针对性的建议，帮助我们更好地应对和克服压力。

二、寻求专业帮助

（一）寻求和接受心理咨询

在专业人士的指导下调节自己的情绪，可以帮助我们更好地了解自己的心理特点，了解自己的心理问题，提高个人的心理健康水平。

由于许多心理问题都具有潜在性和隐蔽性，及早发现和治疗是非常重要的。如果错过了治疗的黄金时间，可能会导致症状加重、生活质量降低。因此，要学会及时察觉自己的心理问题，并积极寻求心理帮助。

1. 需要接受心理咨询的情况

心理问题持续性地影响正常生活；多数时间都觉得沮丧、失望、压抑、无助，被负面情绪围绕；经常感到焦虑、不安、害怕，担忧甚至恐惧未来；长期无法从过去不好的经历中走出，已经影响到个人的日常生活；酗酒、滥用药物或依赖其他化学物质；情感非常强烈或极端，情绪波动非常大，常因不可控的愤怒而爆发冲突；不可控的暴饮暴食或厌食；不喜欢社交，沉溺于虚拟空间。

2. 区分心理问题与精神疾病

心理问题包括各种心理正常与心理异常情况，而精神疾病则指那些由于神经元功能障碍、遗传、药物或环境等多种因素引起的思维、情感、行为等方面严重障碍的疾病。这些疾病的界定和诊断都有严格的规范，不论是精神医生还是心理咨询师，都必须依据《中国精神疾病分类方案与诊断标准》来完成。

通常来说，以下情况需要寻求精神科医生的帮助：严重的情绪或行为障碍，例如强迫症、恐惧症、失眠、抑郁症等，导致日常生活、学习或工作严重受阻；患有精神疾病，例如精神分裂症、双相情感障碍、强迫症等，需要药物治疗和长期监护；患有药物成瘾和物质滥用等问题，需要戒毒治疗和心理干预；遭受创伤、暴力等心理刺激，导致精神失调，影响日常生活和工作。

综合治疗是目前治疗心理问题最有效的方法，包括心理治疗、药物治疗、社会支持等多种方法的综合运用。综合治疗不仅可以更全面地解决患者的症状问题，而且能够使患者在治疗过程中增强自我调节、自我控制能力，提高生活质量。同时，综合治疗还可以缩短病程、缩短服药期、减轻负担，避免病情反复和不必要的复发。

3.接受心理咨询前的准备

在接受心理咨询前需要做好充分的准备，以确保获得理想的效果。以下是一些可以帮助你准备接受心理咨询的建议。

首先，需要清晰地了解自己要解决的具体问题，并明确自己的期望和目标。

其次，在接受心理咨询时，你需要坦诚地描述问题。但心理咨询不是解决人生所有问题的灵丹妙药，也不是所有问题都一定与心理问题有关。当你有不止一个问题时，要分清先后，理清每个问题的重要性。你可以在咨询之前写下你的问题，并准备好这些问题的具体表现，帮助你的治疗师或医生更好地了解你的问题，明确你对心理咨询的需求和期待。

最后，如果你认为需要向身边的人寻求支持，请不要犹豫，敞开心向他们倾诉。有时候，家庭成员的支持和理解可以对病情的治疗产生非常积极的影响。同时，你还可以请他们配合治疗师或医生提出的建议和计划，这样可以使你的治疗进程更加顺利。

（二）选择咨询师

首次与咨询师或医生接触时，你需要留意自己的直觉和感受，判断自己是否能够与该咨询师或医生建立信任和积极的合作关系。留意观察该咨询师或医生是否专业，是否有经验，是否具备必要的资质证书，以及是否在类似病症的治疗中有过成功的案例等。

接受心理咨询是一个逐步进行的过程，需要分阶段进行。因此，你需要设定具体的目标，帮助你完成整个治疗并确保治疗的进展可跟踪。同时，设定治疗期限也能更好地规划时间和精力，以获得持续的支持和帮助。你应该与咨询师或医生一起确定治疗时间和治疗目标。在咨询过程中，咨询师或医生与来访者应该制订阶段性计划，如咨询6~8次后停下来共同做评估。评估的目的是判断以下几个方面：咨询师或医生与来访者之间的匹配程度，使用的干预方式是否有效，来访者在思维和行为上是否出现明显、可量化的改变，当前阶段的咨询目标是否达成，是否继续进行咨询，下一阶段的目标是什么。

（三）咨询中应该做什么

在接受咨询过程中，需要你有一定的配合，以确保咨询的有效性。

1.对咨询师或医生坦诚

心理咨询过程中向咨询师或医生坦诚，可以更好地让咨询师或医生了解情况，从而制订更好的咨询方案。受过专业训练的咨询师或医生会恪守职业道德，不会与他人分享你的隐私。

2. 积极配合，完成任务

心理咨询师或医生通常会根据每个人的情况，制订不同的目标和疗程。完成咨询师或医生安排的任务是非常重要的。完成任务有助于你在咨询中更好地了解自己，也有助于你更好地理解和改善自己的情况。

3. 聚焦于亟待解决的问题

咨询师或医生了解你的情况后，会帮助你找到需要解决的问题并设定治疗目标。当你开始咨询时，需要聚焦在你最需要解决的问题上，以便及时调整治疗方案。同时，要只关注自己的问题，避免和其他人比较、竞争，从而达到治疗的目的。

心理训练 ▶▶

一、测量有方：房树人测验

（一）测验介绍

房树人测验是由美国心理学家贝克最早在美国《临床心理学》杂志上进行系统论述的。20 世纪 60 年代，日本引进了房树人测验并加以推广应用。

所谓房树人测验，就是给被测者铅笔、橡皮以及白纸，要求他们在白纸上描画出房子、树、人，然后根据一定的标准，对这些图画进行分析、评定、解释。房树人测验不仅是一种人格测验，也是一种智力测验。

房树人测验方法多种多样，在测验的形式上有许多变通。例如，有的只要求被测者简单画出房、树、人；有的要求被测者在画完房、树、人后，再用蜡笔对画面进行涂抹上色；还有的要求画性别相反的两个人物。

（二）操作步骤

1. 测试前准备

便于绘画的桌椅、1 张 A4 纸、1 支铅笔、一块橡皮。

2. 测验指导语

请用铅笔在这张白纸上任意画一幅你喜欢的房子、树木、人物在内的画。你愿意怎么画就怎么画，但是不要采取写生或临摹的方式，也不要用尺子。希望你能认真完成这幅画。

3. 测验记录

在测验的过程中，要求测验者进行以下记录：首先，要记下描画时间，即指导语结束后到被测者画好的时间，即一幅画画完所需时间；其次，对于被测者在描绘房、树木、人时要正确记录画面部分的顺序，如先画房顶，然后画墙壁，再画门、窗，画完房子开始画树，等等；最后，被测者在描绘过程中，可能会提出某些疑问或自言自语，如"这还需要加一条河""房子上还要有鸟"等，将这些记录下来；被测者绘画时的停顿、情绪变化、行为变化等也要记录下来。在同样的条件下，进行房树人的集体测验也是有效的。被测者的范围在 30 ~ 50 人，在 30 分钟以内完成。

（三）分析

该测验认为，房屋作为人居住的地方，可以引起对家庭及亲人的联想；树的图画则可反映被测者的无意识；画的人则反映被测者的自我形象以及与人相处的情形。

测验者通过房树人测验，可以对被测者的人格特征和气质类型有一定的了解。比如，被测者将树冠画得夸大，可以看出其注重心智（知识、经验、能力）的发展，或者认为自己在这方面有缺陷，需要弥补。这样的人比较积极进取，有一定的责任感，经常充实自己各方面的知识。再如，被测者将树画得很小，说明其对自我价值不肯定，自信心不足，把自己看得很低。又如，被测者在画人物时，会出现有缺失的情况，缺失双手说明其缺乏安全感，不易适应环境，应对能力差；缺失胳膊说明其感觉自己非常软弱，缺乏办事能力；缺失腿说明其感觉自己得不到感情上的支持；缺失嘴巴说明其在沟通方面有较大的困难；缺失耳朵说明其不愿认真听取别人的意见，自以为是。

二、健康有法：幸福账本

（一）活动介绍

幸福账本是一种幸福获取练习，学生可以记录近期令自己感到幸福的事，增加自己的幸福体验。

（二）操作步骤

1.测试前准备

便于绘画的桌椅、1张A4纸、1支中性笔。

2.步骤

环节1：给你的幸福打分。学生预先准备好幸福账本，给自己对近期的幸福感受打分，满分100分，最低分0分。学生自己打完分后，教师再讲授主观幸福感的定义。（5分钟）

环节2：记录你的幸福账本。写一写，近期令你感到幸福的事情。（5分钟）

环节3：分享你的幸福账本。学生以4人为一组，交换各自的幸福账本，并每人说一说近期令自己感到幸福的一件事。本环节的目的是让学生通过叙事，再一次提升主观幸福感。教师总结学生分享的幸福小事情，让学生再次感受幸福就在平淡的生活中。（10分钟）

环节4：寻找你的幸福源。以小组为单位，让学生讨论分享具体在哪里、什么时候、通过什么方式可以找到幸福源，讨论完后，由小组长代表发言。本环节的目的是让学生通过头脑风暴集思广益，再一次让学生学会观察生活中的细节，体验感受点滴幸福，从而以更加积极乐观的人生态度面对学习和生活。（10分钟）

环节5：再一次给你的幸福感受打分。请同学们拿出幸福账本，再次为幸福打分，看看是不是有所提高。本环节的目的是让学生通过两次的打分对比，再次思考幸福的标准，同时也可检测本活动教学目标的实现程度。（5分钟）

心灵成长 ▶▶

一、学以致用：三件好事

（一）活动介绍

"三件好事"源于积极心理学之父——马丁·塞利格曼的著作《持续的幸福》。"三件好事"是指在入睡前记录下一天中发生的3件感到舒服、快乐、感恩或者进展顺利的小事。马丁·塞利格曼的实证研究发现，"三件好事"参与者在坚持 6 个月的练习后，幸福指数平均比对照组提高 5%，抑郁指数降低 20%。

（二）操作步骤

每天晚上在微信朋友圈或 QQ 好友动态等记录、发布 3 件好事，并配图表达自己的心情，连续打卡 7 天。具体步骤如下：

1. 回顾

当你结束一天的学习并准备上床睡觉时，请坐在床上或附近的椅子上，轻轻闭上眼睛，在脑海中回顾今天发生的事情。

2. 发现

找出你这一天中的三个温暖明亮的时刻。当你发现自己自然而然想到一些负面的事情时，请及时提醒自己把它们放下，重新去回忆那些温暖的时刻。

3. 记录

一旦找到三个让你微笑并感到快乐的事件，即使是很小的事，也请你把它们记录下来。在微信朋友圈或 QQ 好友动态等发表并配图表达心情，可公开分享，也可设为私密模式。

4. 反思

用 15 到 20 秒反思每个事件，想想它与今天的任何其他事件有何不同，以及为什么你会记得它。

示例：

"三件好事" 7 天打卡活动（2023 年 3 月 11 日）

（1）早晨看到柳树枝头发的嫩芽，它们努力生长的样子真美。

（2）今天提前完成了作业，感到很轻松。

（3）晚上和舍友们尝试静坐了 30 分钟，效果很好，大家都感觉很舒服。

"三件好事" 7 天打卡活动（2023 年 3 月 12 日）

（1）……

（2）……

（3）……

5. 注意事项

（1）"三件好事"中的三是虚指，如果你能想起更多的好事，也可以多写一些，但不要少于三件。

（2）好事不一定是惊天动地的大事，也可以是我们身边微不足道的小事。比如自己养的花开了，读到了一句感人的句子，失败后获得了宝贵经验，等等。

二、心随"影"动：《我们诞生在中国》

《我们诞生在中国》以四川大熊猫、三江源雪豹、川金丝猴三个中国独有的野生动物家庭为主线，讲述了动物宝宝们各自出生、成长的感人故事。

影片以交叉剪辑的方式，将这三个动物家庭的故事相互穿插，展现了它们各自在自己的活动区域中出生、成长的过程。大熊猫的故事发生在四川的茂密竹林中，讲述了大熊猫妈妈丫丫和女儿美美之间的亲情与成长。雪豹的故事则发生在高原地带，讲述了雪豹妈妈达娃抚养两个孩子的艰辛与挑战。而金丝猴的故事则发生在神农架的原始丛林中，讲述了小金丝猴淘淘因为妹妹的出生而倍感失落，离开家人成为流浪猴的历程。

影片还通过藏羚羊等中国珍稀野生动物的故事，展现了生命轮回的自然史诗。影片中的动物们不仅需要面对严酷的自然环境和天敌的威胁，还要遵循自己种群千百年自然进化中形成的生命轨迹和生长发育规律，完成自然的轮回。这些动物们的生活和成长，不仅展示了中国丰富多样的自然地貌和独特的物种，也传递了生命顽强、珍惜家庭、勇敢面对困难等深刻的人生哲理。

《是负担，还是礼物？》

参考文献

1. 张福全．心理学应用技术［M］．合肥：合肥工业大学出版社，2011．
2. 袭开国，顾雪英．房树人测验——一项人格评估的技术［J］．文教资料，2007，13．
3. 梁瑞琼，任滨海．心理评估与测量学［M］．广州：广东高等教育出版社，2024．
4. 李元榕．我懂你的心：HTPC 房树人绘画识人技术［M］．北京：中国财富出版社，2016．
5. 美国精神医学学会．精神障碍诊断与统计手册（第五版）［M］．北京：北京大学医学出版社，2015．
6. 傅小兰，张侃．中国国民心理健康发展报告（2021-2022）［M］．北京：社会科学文献出版社，2023．

学会欣赏自我
——大学生自我意识健全

心灵悟语

不识庐山真面目，只缘身在此山中。 ——苏轼

我是我自己的主宰，我是我灵魂的舵手。 ——威廉·亨利

当你开始欣赏自己，世界才会欣赏你。 ——佚名

学习目标 ▶▶

知识目标

1. 了解自我意识的含义，以及大学生认知心理的特点。

2. 了解大学生存在的不良认知和偏差有哪些。

3. 掌握不良认知的调适方法。

能力目标

1. 能够掌握完善健康自我意识的各种方法。

2. 能够对自己当下行为进行正确评价。

3. 能够结合自己的实际情况，运用有效的方法调节不良认知。

素质目标

1. 结合大学生自我意识发展的特点，构建正确的自我认知。

2. 养成悦纳自我的正确态度。

心随我动 ▶▶

朋友多多多：滚雪球

"滚雪球"是一个以团队协作为核心的游戏，其灵感来源于自然界中雪球越滚越大的现象。在这个游戏中，学生需要共同努力，将雪球从小滚到大，并通过合作完成一系列的任务挑战。

（一）活动时间

约 30 分钟。

（二）活动目的

游戏旨在提升学生之间的默契与配合，锻炼大家的团结协作能力。

（三）操作步骤

1. 大家随意走动，与尽量多的人握手，告诉对方你的名字，过程约 5 分钟。

2. 当主持者喊停时，请学生握着对方的手站住。看看在规定的时间里谁握过的手最多，谁记住对方的名字最多。

3. 问完后正在握着的两个人成为一对朋友，请每对朋友坐下来，彼此自我介绍，如院系、家乡、爱好、性格等愿意告诉对方的情况。接着相邻的两对组成四人一组，互相介绍。最后结成八人一组，互相连环介绍。

（四）引导讨论

从大家的自我介绍中，你感受到了哪些自我认知的不同？

心灵讲堂 ▶▶

讲堂一 "我"的万花筒：自我意识概述

猎豹是陆地上奔跑速度极快的动物，它通常会偷偷接近猎物，在距猎物 10～30 米时开始猎捕猎物。猎豹猎捕时的奔跑速度最高可达到 100 千米／小时，且仅一脚着地。但猎豹由于自身生理构造，这个速度每次持续的时间不超过 30 秒，否则它会因身体过热而死亡。奔跑 3 分钟后，猎豹要花很长的时间来休息。猎豹在 1 分钟内成功猎捕到猎物的概率只有 1/6。

猎豹遇到鹿群的时候，通常会飞快地奔向鹿群，鹿群则快速分散。猎豹会选中一只鹿为目标，朝它冲刺，而那只被追逐的鹿也以惊人的速度狂奔。鹿没有跑直线，而是不断地改变奔跑的方向，迫使猎豹消耗体力从而减慢速度。奔跑一段时间后，猎豹便没有体力再跑了，那只鹿便可以逃脱了。

"认识你自己。"人的一生就是在不断地探索"我是谁"，在认识自己的过程中，更加科学地认识自我，评价自我，最终悦纳自我。

一、自我意识的定义

意识是人对内部和外部刺激的知觉，是人类特有的高级心理活动。自我意识既是心理活动的主体，又是心理活动的客体，是涉及认知、情感、意志过程的多层次、多维度的心理现象。自我意识具有目的性、社会性、能动性等特点。自我在个性的形成与发展过程中起着调节、监督的作用。

与自我意识相关的概念主要有自我概念、自我同一性、自我认识、自我认同、自我评价等。自我意识是一个主观的过程，每个人心里的"自我"比现实的"自我"对个人产生的影响要大，因此培养健康的自我意识有助于个体的心理健康。

二、自我意识的结构

自我意识表现为认知的、情感的和意志，分别称为自我认知、自我体验和自我调控，三者相互联系、相互制约，构成了一个有机统一的系统。

（一）自我认知

自我认知是自我意识的认知成分，是主我对客我的认知和评价，包括自我感觉、自我观察、自我印象、自我评价等。其中，自我评价集中代表了自我认识发展的水平，是自我意识的核心，也是自我体验和自我调控的前提。自我认知解决"我是一个什么样的人""我如何看待我自己""我为什么是这样的人"等问题。

自我认知是自我体验和自我调控的基础，一个人对自己有怎样的了解和认知，会影响到自我体验和自我调控。比如一个人认为自己是一个精力充沛、喜欢冒险的人，那么他可能愿意克服困难、愿意去冒险，以达到自己的目标。

（二）自我体验

自我体验是自我意识的情感成分，是主观自我在自我认知的基础上对客观自我产生的情绪体验，体现了主我对客我的态度。自我体验的内容包括自我价值感、自尊、自爱、肯定、接纳、成功体验和失败体验、自豪感、羞愧感、内疚、自卑、否定等。

自我体验最重要的部分是自我价值感，核心内容是"我对我自己感觉怎么样"，主要涉及"我是否接受自己""我是否满意自己""我是否悦纳自己"等。自我认知决定自我体验，而自我体验又强化自我认知，并决定了自我调控的方向和行动力度。

（三）自我调控

自我调控是自我意识的意志成分，是主我对客我的制约、调节、控制，以期达到理想自我。自我调控是伴随自我认知、自我体验而产生的各种思想倾向和行为倾向，常常表现在对个人思想和行为的发动、支配、维持和定向上，因而又被称为自我调节。它包括自主、自强、自立、自律、自我监督、自我激励等。自我调控能力较强的人，在做事的过程中往往更自制、自律、独立和坚定，有详细的计划，不太容易受内在和外界的影响；相反，自我调控能力较弱的人更容易受内部情绪的影响和外在因素的诱惑，缺乏主见，遇到困难产生退缩和畏难情绪。

自我调控是自我意识结构中的最高层次，其核心是"我将如何实现理想的人生""我将如何改变自己"。自我调控也会对自我认知和自我体验产生调节作用，比如一个人能积极地调控自己，朝自己理想的目标努力和前进时，会产生自豪、自信等积极的情绪体验，同时也会产生"我真的好棒""我是有毅力的"等积极的自我认知。

大学生健全自我意识的标准就是要有正确的自我认知、良好的自我体验和有效的自我调控。

三、自我意识的内容

世上没有两片完全相同的树叶，同样我们每个人也都是独一无二的个体。

（一）生理的自我、社会的自我和心理的自我

1. 生理的自我

生理的自我又称为物质的自我，它是一个人对自己身躯的认识，包括占有感、支配感和爱护感。美国心理学家奥尔波特等人认为，婴儿出生以后，不能区分属于自己与不属于自己的东西，对于自己的手、脚和周围的玩具，都视为同样性质的东西加以摆弄。3个月的婴儿能对人发出微笑，这表示婴儿对外界的刺激产生了反应。8个月的婴儿开始关心自己在镜子里的形象，但10个月的时候依然不知道镜子里的形象就是自己。一般认为，婴儿要到2岁零2个月以后，才会认识自己在镜子里的自我形象。与此同时，婴儿开始学会使用"你"这个人称代词。心理学家大多认为儿童要到3岁的时候，开始更多地使用人称代词"我"字，自我意识中的生理自我才能形成。这时候儿童所表现出来的行为，大多是以我为中心的，所以有些心理学家称这一时期为"自我中心期"。

2. 社会的自我

社会的自我时期又称为个体客观化时期，大约是从 3 岁到青春期之前，即到 13 ~ 14 岁的时候。这段时间是个体接受社会影响的重要时期，也是个体实现社会的自我最关键的阶段。这期间儿童的游戏，往往是成人社会生活的缩影，他们在游戏中扮演某种社会角色。这是他们学习角色行为的一种方式，体验角色间的相互关系。儿童通过学校中的社会化生活，会加速他们社会的自我的形成过程。

3. 心理的自我

心理的自我又称为精神的自我。这个阶段主要是从青春期到成年，大约有 10 年的时间。这期间，个体无论在生理上还是在心理上，都发生了一系列急剧的变化：骨骼增长、性器官成熟、想象力丰富、逻辑思维能力日益完善。这些变化意味着个体自我意识的发展进一步趋向主观性。个体开始独立认识多彩世界，个人的价值体系也逐渐形成，开始追求自我理想，抽象思维得到发展，逐渐形成自我理想和自我价值，同时个体的自我意识也确立了。

（二）本我、自我和超我

1. 本我

本我是一个原始的、与生俱来的和非组织性的结构。它是人出生时人格的唯一成分，也是建立人格的基础。本我过程是无意识的，是人格中模糊的部分。本我是非道德的，是本能和欲望的体现者，为人的整个心理活动提供能量，强烈地要求得到发泄的机会。本我遵循着唯乐原则工作，即追求快乐、逃避痛苦。奥地利心理学家弗洛伊德说："我们整个的心理活动似乎都是在下决心去追求快乐而避免痛苦，而且自动地受唯乐原则的调节。"

2. 自我

自我是意识结构部分，是个体通过后天的学习和对环境的接触发展起来的。弗洛伊德认为无意识结构部分的本我，不能直接地接触现实世界，为了促进个体与现实世界的交互作用，必须通过自我。个体随着年龄的增长，逐渐学会了不能凭冲动随心所欲，开始考虑后果，考虑现实的作用。自我是遵循现实原则的。因此，它既是从本我中发展出来，又是本我与外部世界的中介。弗洛伊德在《自我与本我》一书中把自我与本我的关系比作骑士和马的关系，马提供能量，而骑士则指导马朝着他想去游历的路途前进。这就是说，自我不能脱离本我而独立存在，然而由于自我联系现实、操纵现实，于是能参考现实来调节本我。这样，自我按照现实原则进行操作，现实地解除个体的紧张状态以满足其欲望。因此，自我并不妨碍本我，而是帮助本我最终合理地获得快乐和满足。

3. 超我

超我，简而言之，就是道德化了的自我。它是从儿童早期体验的奖赏和惩罚的内化模式中产生的，即根据父母的价值观，儿童的某些行为因受到奖赏而得到促进，而另一些行为却因被惩罚而受到阻止。这些奖赏和惩罚的经验逐渐被儿童内化，当自我控制取代了环境和父母的控制时，就可以说超我已得到了充分的发展。充分发展的超我有良心和自我理想两部分。良心是儿童受惩罚而内化了经验，它负责对违反道德的行为做惩罚；自我理想是儿童获得奖赏而内化了的经验，它规定着道德的标准。超我的主要功能是控制个体的行为，使其符合社会规范的要求。

本我、自我和超我之间相互补充、相互对立。本我和超我之间是一对矛盾，经常处于不可调和的状态，自我则力图调节本我和超我的冲突。弗洛伊德把自我比喻为三个暴君统治下的臣民，必须尽力满足本我贪婪的欲求，应付残酷的外部事件，还要被严厉的超我监视。一个健康的人身上强大的自我在这三方力量之间进行周旋、调节，以达到一个平衡的状态。

四、大学生自我意识发展的特点

（一）大学生自我认识发展的特点

1. 自我认识的全面性

大学生生活在宽松自由的大学校园里，随着年龄的增长，身体各方面的发展趋于成熟，使得他们对自身生理、心理和社会各方面的认识更加全面。

2. 自我认识的独立性

自我认识的独立性是自我评价的一个重要指标。事实上，自我的产生意味着主体与客观环境、他人的分离和独立。个体自我评价的发展大致经历两个阶段。

第一阶段是自我评价开始摆脱对成人、权威的依赖，表现出反叛与对抗倾向。在评价标准上由儿童期的成人评价标准取向，变为同龄团体评价标准取向，成为一种相对独立的自我评价与认识。

第二阶段是自我评价既摆脱了对成人的依赖，又逐渐克服了同龄团体的强烈影响，形成个体独特而鲜明的自我评价。大学生的自我认识随着年龄与环境的变化由以往依赖于成人和同龄群体逐渐发展为根据自己的价值标准取向进行自我评价和调整，表现出真正独立的倾向。

3. 自我认识的矛盾性

青年期自我意识的确立，是在自我明显分化的基础上完成的。在这一阶段，出现了两个"我"，一个是作为被观察者的"我"，另一个则是作为观察者的"我"。主体我与客体我的这种分化意味着青年期自我矛盾冲突的加剧，对自我的肯定和否定导致客体我与主体我的矛盾斗争。这种矛盾一旦激化，将使青年难以确立自我形象，也就无法形成自我意识，从而引起情感急剧波动，导致青年一时难以自我接纳，许多心理上的不适应由此而来。对于大学生而言，如果在主体我与客体我分化的基础上，能够形成新认知水平上的协调统一的自我，那么就能建立良好的自我意识，反之则可能出现自我意识的混乱。

（二）大学生自我体验的发展特点

1. 自我体验的丰富性

随着大学生知识经验的增长，人际交往范围的扩大，生理、心理的进一步成熟，以及对自我内心活动的关注，个体出现了许多以往少有的自我体验，如自爱自怜、自责自怨、自负自卑等。

2. 自我体验的深刻性

大学生的自我体验不仅丰富，其深度也在不断发展。从自我体验的内容上来说，少年时期人们往往关注的是外貌长相及因此产生喜怒哀乐的情绪体验，青年期的个体则将注意与能力、品行等内在的个性品质、社会价值、事业成就、地位等联系在一起。从自我体验的程度上来说，大学生由于生活环境的特殊性，对自己往往抱有更大的期望，这些问题所引起的自我体验尤其强烈深刻。

3. 自我体验的波动性

自我体验的波动性是大学生自我意识发展的必然规律。青年期是个体一生发展最重要，也是最波动的时期。生理的成熟、知识的丰富与人生体验的贫乏，都对青年的心理形成了巨大的冲击。外界种种复杂变化的刺激目不暇接，所有这些都造成了青年情绪上的不稳定。表现在自我体验上，就是自我体验的波动，即容易产生积极肯定的情感体验，又容易遭受打击走向另一个极端。现在，大学生面对的社会环境与以往不同，社会经济发展的不平衡、家庭背景的巨大差距、人才竞争的剧烈、就业问题的日益严重等问题复杂多样，都会对大学生的内心世界产生强烈冲击，导致心理失衡。如果大学生自己不能加以妥善的自我调节，就很容易走向自我体验的极端化，影响自我的身心健康水平甚至产生不良的社会后果。

（三）大学生自我调控的发展特点

1. 自我控制的自觉性提高

大多数学生在经历了大一时期的角色转变、学习生活和人际关系等方面的心理适应过程之后，便很快进入了一个角色定位的稳定时期。这时大学生的自我监督、批评和教育的认识水平提高了，不仅能在感知水平、表象水平上驾驭自我，而且能在信念水平上驾驭自我。

2. 自我控制的主动性增强

大学生自我控制主动性的增强主要表现为独立性的发展。这种独立意识促使他们对自己的控制方式逐步从外部控制转变为内部控制，即主动掌握自己的心理变化，特别是在规划自己的职业理想、生活理想和人格理想时，基本上改变了由家长、老师和长辈帮助规划的被动情况，开始依照自己的想法来主动规划。

3. 自我控制的社会性突出

一方面，大学生有自己的兴趣爱好，他们非常希望按照自己的主观需要广泛阅读感兴趣的书籍，从事感兴趣的工作；另一方面，学校、家长和社会对大学生提出了不同的要求，严峻的择业现实迫使大学生的自我天平由主观自我向客观自我倾斜，按照社会标准、社会期望、社会条件来规划自己的未来。大学生自我控制水平明显提高的同时，也易陷入意志发展的种种误区，如逆反、盲从、懒惰等。

总之，大学生自我控制能力有较大提高，但仍有明显不足。一般情况下，大多数同学能够理智地处理同学之间的矛盾与冲突，克服自己对专业学习的厌倦情绪，顺利通过考试，按学校的规章制度和要求管理自己。但少数同学还存在自我控制力差的一面，违纪现象时有发生，同学间矛盾激化的情况也时常出现。

五、自我统一性的建立

自我统一性是美国精神分析学家埃里克森提出的一个用于描述个人自我一致的心理感受的概念，被认为是 20 世纪系统描述人类发展的最有影响的概念之一。自我统一性是指对自我有一个恒定的认识，体验到自己的整体性，在过去、现在和将来的自己之间，在个体知觉到的自己和个体认为他人所知觉的自己之间，体验到恒定性和逐步前进的连续性。换句话说，自我统一性就是形成稳定和统一的自我概念，是人格发展的连续性、成熟性和统合感。

自我统一性包括自我肯定（我是谁），以及找寻自己的认识目标（我将走向何方）。个体主要从自我现状、个性特征、社会期待、以往经验、现实环境、未来希望等方面去思考"我是谁"和"我将走向何方"这两大问题。自我认同能帮助个体明确而清楚地认识自己的生活现状、生活经历及理想规划等方面的个体因素。

自我统一性形成的过程就是人格形成的过程。能认同自己、接纳自己，对自己的过去、现在和将来产生连续感，认同自己与他人在外表、性格上的异同，认同自己在社会生活中的现在和未来，这就达到了自我统一性。

青年早期是个体自我统一性发展和形成的关键时期。这一阶段的核心问题是自我意识的确立和自我角色的形成。青年人对周围世界有了新的观察与思考方法，他们经常考虑自己到底是怎样的一个人。他们从别人对他们的态度中，从自己扮演的各种社会角色中，逐渐认清自己。此时，他们逐渐疏远自己的父母，从对父母的依赖关系中解脱出来，而与同伴们建立亲密的友谊，从而更好地认识自己，建立自我统一性。自我统一性的形成有助于大学生的社会合作和人际信任的形成，对于其意志品质和自我价值感的确立有积极的影响。

讲堂二　"我"的多棱镜：自我意识偏差

某大学生一直都认为自己无论外表还是能力，都比周围人优秀，心存宏伟的抱负。可进入大学后，面对众多的竞争对手，他不切实际的梦想一次次被击碎，班干部竞选中受挫，各类比赛失利，人际关系紧张。他不想"大材小用"，结果小事不想做，大事做不了，时常抱怨自己运气不好，怀疑身边那些"远不如他"的人是用了卑劣的手段取得了暂时的成功。他不是努力缩小"理想我"与"现实我"的距离，而是选择自我放弃，经常逃课。最后，他成了全系最差的学生，无法正常毕业。

他由于盲目的自我悦纳，造成自负的心理状态，无法找准自己努力的方向，更无法切合实际地制订自己的人生目标。自我定位不准，挫折承受力较差，一旦遇到较大的压力，容易产生过激行为。

在大学阶段，大学生自我意识高度发展，正是积极探索、寻求自我的关键时期，然而积极的探索也会带来发展偏差。我们要在这一阶段多多了解自己会出现怎样的自我意识偏差，主动积极地调节自己，以获得更加健康的自我。

一、自我意识偏差

（一）自我认知偏差

1. 以自我为中心

适度的自我关注、自我分析有利于正确、客观地认识自己，有助于正确地认识自己采取的行为和做法，从而及时适当地提醒自己不当的行为，克服自己的不足。但也有大学生对自己过于关注，一切以自我为中心，不去考虑他人的感受，凡事都认为自己正确，由此而筑起一堵墙，与同学对立，产生种种矛盾冲突。大学生生活在集体环境里，每个人都必须学会与人相处。

2. 从众

从众是一种普遍存在的心理现象。它是在群体舆论的压力下，放弃个人意见而与大多数人一致的自我保护行为。从众心理人皆有之，但如果过强，就会有碍心理发展。在自我认识过程中，主观的我是因"自省"而来的，就是"我如何看待我自己"；客观的我是因"人言"而来的，就是"我在他人眼里是个怎样的人"。主观的我和客观的我之间常常产生矛盾。主观的我和客观的我经过比较、匹配，最后形成一个现实的我。

有些大学生过于看重自己在别人心目中的形象，对别人的看法和评价过于敏感，一味受"人言"左右。一位大学生这样自述："我是内向的人，我不喜欢打牌，而同宿舍的其他人却非常热衷于打牌，常常会为此熬夜。起初，我总是不愿意参与他们的活动，可时间一久，我感到他们也在疏远我。比如我一回到宿舍，他们就中止了正在进行的谈话，为此我感到很不安。现在，如果他们三缺一叫我时，我也会参与进去。我尽管不感兴趣，但不会拒绝。有时我在努力地参与其中时，又感到自己很堕落和空虚。我好像越来越不了解自己了……"这位大学生由于过分看重别人对自己的评价，变得患得患失，敏感多疑，形成了畏缩、胆小的性格，从而产生了忧虑、抑郁、悲伤等负面情绪，对心理的健康发展产生不利影响。

（二）自我体验偏差

1. 自卑

自卑是个体由于自我认知偏差等原因所形成的自我轻视和自我否定的情绪体验，表现为对自己认识不足，对自己的能力或品质评价过低，总认为自己很多方面或某一方面不如别人，对自己不满、鄙视，担心他人不尊重自己的心理状态。这种影响在性格内向者身上表现得尤为明显。

自卑源于不合理的认知，是一种常见的心理状态。大学生产生自卑的原因有很多，例如由于身体或生理等，觉得自己身材矮小、外貌不佳而自卑；基于家庭经济等，觉得自己生活条件相对较差而自卑；由于能力等，觉得自己技不如人而自卑；经历过挫折，觉得自己屡屡失败而自卑。表面上看，自卑都有客观的原因，但实际上，自卑主要来自主观认知，即个体没有正确地认识这些问题，对自己缺乏正确的认识和评价。现实我与理想我总是存在差异，有的大学生总盯着自己的缺点、不足，认为现实我与理想我的差距太大，从而痛苦、逃避、退缩。此外，自卑往往也是自尊屡屡受挫的结果。当一个人自尊需要得不到满足，又不能恰如其分、实事求是地分析自己时，就容易产生自卑心理。

2. 自负

自负是个体自以为是、自命不凡的一种情感体验和情绪表现。大学生能独立思考，对自己的未来踌躇满志，自信是当今大学生较为普遍的优秀品质。但有时部分大学生过度自信，就变成了自负。

自负常常产生于现实我与理想我的矛盾中。一般来讲，现实我与理想我总是不一致的，两者之间总是有一定的距离，如何看待这两者的距离直接关系着自我体验。当对缩短两者距离充满信心时，个体处于积极体验，即认为自己可以努力提高现实我以实现理想我。但有些大学生自信过度，过高评价自己，在生活与学习中，处处显示自己的优越感，这种自我膨胀过度的自信即是自负。自负的人往往目空一切，骄傲自大，过分相信自己的能力，一意孤行，听不进师长的教诲，听不进同龄人的意见。由于缺乏自知之明，自负的人容易失败，也容易受伤害。

（三）自我控制偏差

1. 逆反

逆反是指个体在生理上基本成熟、心理上迅速走向成熟而又未真正成熟的时候，渴望在思想上、行动上乃至经济上尽快独立，从而表现出较强的独立意识。大学正处在这样的时期。从本质上讲，逆反是个体试图确立自我形象、寻求自我肯定、强调个人意志的一种手段，也是个体心理发展的自然要求。但在这个时期，个体的智力发展虽已达到成熟，但阅历有限，经验不足，容易感情用事，甚至出现偏激的行为。

过分的逆反会影响大学生的心理发展和人格成熟，是不容忽视的自我意识缺陷。其主要表现为对师长的教育或周围的正常事物持消极、冷漠、反感甚至抗拒的态度，甚至有时会为了反抗而反抗；越是被禁止的或感兴趣而不让做的事情越要做，常常以与他人对着干来显示自己的与众不同；对正面教育和宣传表现出一种怀疑、不认同的抵制态度，对社会、人生和个人前途玩世不恭。

2. 放纵

在大学里，不管是学习还是生活都依赖于个人的自我管理、自我教育，要过好大学生活，需要高度的自觉性。与中学生相比，大学生在自我控制上开始有了明显的自觉性、主动性。但是，处于青年期的大学生最大的特点是理智让位于情感，感情易冲动，对待问题容易偏激和情绪化，自我控制能力不足。放纵，是指大学生不能约束自己的行为和克制自己的情绪，"跟着感觉走"，明明确立了一个目标，却缺乏恒心与决心，在困难面前望而生畏，虎头蛇尾，半途而废。

自制、自律、自觉等是积极的自我控制，而逆反、放纵等则是消极的自我控制。自制力强的人，常会克制自己的情绪，做事有计划性，自我发展方向明确；自制力弱的人，常会不顾场合宣泄一番，行为充满情境性。逆反和放纵都是消极的自我控制，这些都会给大学生的健康成长带来消极的影响。

从以上的分析我们可以看到，大学生自我意识发展过程中出现的偏差，是其心理还不成熟的表现，是由其身心发展和成长背景决定的，并不是缺点。这些发展中的偏差是可以也是必须调整的。

二、大学生自我意识的矛盾性

如果说儿童依赖成年人所形成的自我意识是初认同的话，那么，随着年龄的增长和所处环境的变化所形成的自我意识可被称为再认同。如果两种认同一致，自我意识就会得到顺利发展；如果两种认同存在矛盾冲突，再认同不以初认同为基础，个人又缺乏自我塑造能力，就难免陷入困难，甚至会在前进中丧失自我。自我意识的分化带来的矛盾是大学生自我意识发展过程中的正常现象。它会给年轻人带来不安、疑惑与困扰，可能还会影响到他们的心理健康与心理发展，但也会促使大学生努力解决矛盾，实现自我意识的统一，从而推动自我意识向着成熟发展。

（一）主观的我与客观的我之间的矛盾

进入大学以后，随着学习、生活方式的改变和心理意识的发展，大学生的自我意识有了明显的变化，出现了主观的我和客观的我的分化，并且迅速发展，矛盾冲突日益明显。主观的我是个人对自己的认识和评价，客观的我是社会上其他人对自己的认识和评价。二者存在不合拍、不一致的现象。

（二）现实的我与理想的我之间的矛盾

理想在头脑中的形象化构成了大学生的理想自我，大学生本身的现实经历构成了现实的自我。大学生对自我缺乏客观认识，往往在对现实的我不满的情况下否定自己。他们时而能客观地评价自己，时而又高估或低估自己；时而感到自己很成熟，时而感到自己很幼稚；时而对自己充满信心，时而对自己不满，感觉自己什么都不行。

当理想的我占优势时，往往会将客观的我萎缩到实际能力以下，认为自己事事不如人，从而产生较强的自卑感，甚至放弃努力，形成自我怜悯或伤感的心理状态。相反，当现实的我占优势时，往往表现出较强的虚荣心和自我陶醉感，特别在乎别人对自己的评价，担心暴露自己的缺点。大学生往往会对自己做出不符合实际的评价，要么过高，要么过低，一旦接触社会生活，接触现实生活中的其他人，便发现自己并不像自己想象的那样高明或低能。

（三）独立意识与依附心理之间的矛盾

进入大学以后，大学生生理与心理的成熟使他们渴望独立，其独立意识迅速发展，这使他们希望独立自主地处理自己生活、学习上的一切问题，希望能在思想、学习、生活甚至经济等方面自立，希望摆脱家庭和学校的约束。有些大学生会错误地认为，独立就是不需要任何人的帮助和指导，不依赖任何人。但由于长期生活在校园环境中，他们的社会阅历与经验相对匮乏，当突发事件出现时，却又希望亲人、老师、同学能够替自己分忧。此外，大学生心理上的独立与经济上的不独立也形成了明显的反差。

大学生要认识到独立性的培养需要一个过程，对这一过程的认识不足和过分苛求都会阻碍自我的正常发展。过分的依附会使大学生缺乏对客观事情的判断能力与决断能力，显得优柔寡断，缺乏主见；而过分的独立又会使大学生陷入"不需要社会支持"及"凡事都要靠自己"的误区，采取我行我素、孤傲自立的行为方式，在遭遇挫折时不知如何寻求帮助。事实上，任何心智成熟的、独立的现代人都需要他人的帮助，广泛的社会支持是个体心理健康不可或缺的。

（四）自信心与自卑感之间的矛盾

心理学家认为，自信是一种健康的心理，是一种健全自我意识与成熟人格的标志。但是，自卑也是人类成长过程中必不可少的东西，因为任何人的能力都会有所不足，因而也就容易产生自卑感。为了克服自卑，很多人都会选择更加努力奋斗。然而，自卑并非能激励所有人，许多人会因为自卑不停地进行自我否定，在消沉中萎靡不振，在忧郁的情绪中越陷越深且不能自拔，形成恶性的"自卑情结"，阻碍自己的正常发展。还有人会因为自卑而产生强烈的反抗心理，急于改变使自己产生自卑的环境，而不顾他人的利益，显出极端的自私。

由于大学生的自我意识尚在发展过程中，心理尚未完全成熟，因而对自己的认知往往会出现偏差——自卑或自负。他们渴望成功，不甘落后，特别是当小小的成就来到身边时，很容易表现出骄傲自大、唯我独尊、以自我为中心，好像世界尽在自己手中。当遭遇失败与挫折时，有时甚至是小小的失利，如考试失败、恋爱失败等，他们便开始怀疑自己的能力，进而产生自我否定、自我怀疑甚至自暴自弃，陷入强烈的自卑之中。

（五）渴望交往与自我封闭之间的矛盾

大学生在人际交往中有追求爱与归属的需要，更加渴望同辈群体的认同与归属感。他们从家庭中获取亲情，从同学和朋友处获取友情，从异性朋友中获取爱情，愿意与他人分享快乐、分担痛苦、沟通信息和交流情感。同时，他们为了自我保护，而在人际交往中存有戒备心理，常常把自己内心世界的真实想法封闭起来，与他人保持一定的心理距离，不能完全敞开心扉交流与沟通思想。这种盼望有个好人缘（理想的我）与社交的恐惧（现实的我）的冲突常常使大学生无所适从，常常感到"大学的交往不如中学的那么自如真诚"。

面对自我意识的种种矛盾，大学生便开始通过各种活动来重新认识自己，自觉或不自觉地在调节矛盾中认识自我、完善自我。经过一段时间的矛盾冲突和自我探究后，大学生的自我意识就会在新的水平和方向上趋于一致，达到暂时的自我统一。然而新的自我意识矛盾又会产生，仍需要不断地自我调控和自我探究。但大学生的这种自我调控能力相对较弱，往往需要借助外界环境的影响。即便如此，在自我意识的统一过程中，也会出现消极的、错误的和不利于心理健康的统一。例如，想得多，做得少；自我认识清楚，但自我调控能力较低；过多关注自己，过于看重自己，而对他人、集体、社会考虑较少。

讲堂三 "我"的调色盘：自我认知重构

《自卑与超越》是个体心理学创始人阿尔弗雷德·阿德勒的代表作。作者通过深入剖析与研究个人生命中的一系列自卑、不足情结，提供了化自卑为动力，不断超越自己，追求优越，实现个人与社会和谐发展的有效途径。在书中，作者告诉我们，理解一个人，就要从他的过去入手，他的生活风格与他对过去经验的认识和理解是一致的。自卑并不可怕，关键在于怎样认识自己的自卑，克服困难，超越自我。

全书立足于个体心理学观点，从教育、家庭、婚姻、伦理、社交等多个领域，以大量的实例为论述基础，阐明了人生道路的方向和人生意义的真谛，帮助人们正确面对缺陷，正确对待职业，正确理解社会、理解生活、理解性，具有极深的哲理性和巨大的学术价值，是人们了解心理学的经典读物。

自我意识对人的心理健康起着很重要的作用，影响着人格的形成和发展，在人格优化中发挥着强大的动力功能。健全的自我意识是心理健康的重要标准，是人类自身内在的一种成功机制，在人生发展中发挥着重要作用。

一、大学生健康自我意识的标准

（一）自我定位准确

自我定位准确就是能够准确地认知与评价自我，能够不夸大自己的优势与不足，对现状与未来有明确的认识、准确的评价和符合实际的规划；既不好高骛远，也不妄自菲薄。

（二）积极而客观

积极而客观是健康自我意识形成的重要内容。进入大学后，大学生由于学习和生活方式发生了很大的变化，生活空间拓宽了，人际交流也增加了，自我评价能力迅速发展，自我体验也受到社会需要和主体与客体相互关系的影响，逐步由矛盾、困惑向平衡过渡。在这个发展过程中，大学生面对的压力是多方面的，压力源更是多元的，如果不能进行正确的自我评价，则会产生消极的自我体验，其后果也是多方面的，例如放弃学业、采用暴力、封闭自我、消极厌世、以偏概全、行为夸张、偏激主观等。

（三）自尊与自信

自尊是指一个人尊重自己，对自己持肯定态度的情绪体验。它是一种要求尊重自己的言行和人格，维护一定的荣誉与社会地位的自我意识倾向。自信则是个体在充分肯定的基础上建立的一种信心，推着人的心理与行为向积极的方向发展。

（四）自主并善于合作

所谓自主，是指能够独立地分析思考问题，有明确的自我意识倾向，有独立的见地，不受他人暗示，但同时不拒绝和他人合作。所谓合作，是指在社会互动中，人与人、群体与群体之间为了达到互动各方都有某种益处的共同目标而彼此相互配合的一种联合行动。自主与合作是相辅相成的。

（五）自我统一性良好

埃里克森将自我认同称为自我统一性，认为这是青少年自我发展的一个重点。自我统一性是指生理自我、心理自我与社会自我的综合统一。生理自我、心理自我与社会自我是密切联系、相互影响的，它们都包含着不同的自我认知、自我体验和自我控制，但由于三者比例和搭配的不同，构成了个体自我意识的差异，使得每个人都有对人、对己、对社会独特的看法和体验。三者统一协调发展，自我统一性就处于良好的状态。相反，三者矛盾冲突，则自我统一性发展不良，容易导致各种心理问题的发生。因此，尽快完成自我统一性的建立，对心理健康尤为重要。

（六）能有效自我控制

没有自我控制就如同没有方向盘的汽车，其结果是显而易见的。从心理角度看，自我控制是自我心理结构中最重要的调节机制，也是心理成熟的最高标志。因此，自我控制的培养应从小事入手。当意志成为一种习惯时，自我控制便转变为"自动化的程序"，形成自我控制能力。

二、大学生自我意识完善的途径

（一）树立正确的自我观念

1.建立多元化的自我概念

大学生在自我认知与自我评价中易走极端，要么觉得自己一无是处，要么觉得自己一切皆好。一旦在某方面稍有成绩，便沾沾自喜；一旦在某方面受挫，又会全盘否定自己。所以，要纠正单一的自我概念，建立多元化的自我概念，全面认识自己。

2. 建立合理的比较体系

比较是大学生认识自我、了解自我和发展自我的重要方法。

（1）通过与他人进行客观比较来正确认识自己。他人是反映自我的镜子，大学生纠正自我意识偏差的关键是把自己与自己类似的人作客观的比较。大学生每时每刻都处在人际交往中，尤其是与教师、同学交往甚密。对此，大学生要自觉地寻找比较对象，在比较中取长补短，发展自己。

（2）通过别人的评价来正确认识自己。有人将对自我的认识比喻为看画，从一定的距离和角度看，许多画栩栩如生，但若过于贴近地只盯住一处，满眼不过几个墨团，便无甚意趣了。看画如此，看人也是如此。大学生自我认识上的偏差，就是因为缺乏距离感，从而造成了"当局者迷"。因此，大学生要注意父母、长辈、教师和同学的评价，不要因为忠言逆耳便充耳不闻、我行我素，要接受别人评价中的合理部分，避免自我评价的偏差。

（3）通过反省自我来正确认识自己。孔子说："吾日三省吾身。"没有自我反省，就无从实现自我完善。反省是自我监督、自我调整的出发点。在反省过程中，要分析自己成败的原因，善于解剖自我，敢于批评自己，提高自我认识，调整自我评价，从而正确地定位自我。

（4）通过活动复盘来正确认识自己。大学生可以通过自己参加各种活动时的动机、态度、表现、取得的成果来分析、认识自己。良好的活动效果可以使个体增强进一步认识自我的能力，发现自我的价值，从而激发自信，开发潜能。例如，一个原本有些害羞的大学生在同学的鼓励下参加了一个演讲比赛，并获了奖，他在复盘中就会发现自己具有这方面的能力，对他克服害羞情绪、增强自信、发现自我能起到积极的作用。

（二）积极地悦纳自我

悦纳自我就是对自己持肯定、认可的态度，悦纳自我是发展健康自我体验的关键和核心。具体地说，积极悦纳自我包括以下两点。

1. 全面看待自己的优缺点

要悦纳自己的优点，也要接受自己的缺点。所谓"尺有所短，寸有所长"，每个人都既有长处又有短处。人既不会事事行，也不会事事不行，要肯定自己的价值，善于扬长避短，充分地发挥自身潜力。

2. 保持乐观，活泼开朗

进入大学后，大家经常面临各种生活、学习压力，经常遇到挫折和冲突。有的同学碰到挫折时，会把挫折当笑话讲给其他人听，使自己保持一种愉快、充实的心境。其实，生活中谁没有烦恼呢，只要我们换一个角度，乐观地看待，我们就会收获快乐。

（三）有效地控制自我

有效地控制自我是健全自我意识的根本途径，有效地进行自我调控是为了保证自我的健康发展。

1.培养顽强的意志力

很多大学生为自己树立了远大的目标和理想，但在努力的过程中，却没有足够的自制力和意志力，经受不住挫折和打击，无法实现自我理想。因此，大学生要发展自制力和意志力，增强挫折耐受力，使自己能自觉主动地认清目标，为实现目标而努力排除干扰，克服困难。

2.建立合乎自身实际的目标

要使自我控制积极有效，大学生应该建立合乎自身实际的目标。首先，要合理定位理想的我。理想的我是大学生将来要实现的目标，在确立目标时，要立足社会需要，符合社会对大学生的要求和规范。其次，要从大学生自身的实际出发，既不好高骛远，也不过于简单，不苛求自己，不被他人的要求左右，把远大的目标分解成一个个远近高低不同的具体目标。只有明确这一点，才可能真正地认清自己，规划自己的发展方向，最终建立独立的自我。

3.积极参加社会实践

自我评价、自我锻炼和自我教育是一个实践过程。因为参加社会实践，用学到的知识和智慧为社会服务，可以认清自己的责任和义务，学会用乐观的情绪和积极的心态去对待问题，客观、公正地看待事物，增加自我意识中的理性成分，消除偏激和肤浅，实现自我和谐发展。

4.塑造健全人格

人格不仅是人的心理面貌的集中反映，而且是人心理行为的基础。它在很大程度上决定了人对外界的刺激做出怎样的反应，直接影响人的身心健康、活动效果、社会适应情况等，进而影响一个人的生理、心理和社会文化素质在内的综合素质的发展。健全自我意识的形成，除了要有正确的自我认识外，还要有健全的人格支持。

（四）培养自信心

"只有自己才能救自己。"不论现在还是将来，不论你身处逆境还是顺境，也不论周围的人与事如何变迁，只有你自己才是你永远的依靠。你应该自始至终信任自己、珍惜自己、帮助自己、激励自己，坚定地捍卫自己的自信。人并不是天生就有自信，自信来源于自觉地维护和积极地增进自信；人也不是天生就不自信，不自信往往是长期缺乏自我肯定、自我激励以及被动接受外界消极评价的结果。

（五）不断地超越自我

健全自我的过程是一个塑造自我、超越自我的过程。对于大学生而言，超越自我是终生努力的目标。在行动上，无论对人、对事，大学生均应全力以赴，最大限度地发挥自己的能力，做一个"自如的、独特的、最好的自我"。

一、测量有方：自我意识量表

（一）测验介绍

自我意识量表是严肃、严谨的心理学量表，用于测评个体的自我意识能力，即个体对自我的觉察、认识和理解能力，包括心理状况、人际关系等几个方面，从内在自我和公众自我两个维度进行评分。

（二）操作步骤

首先要设定测量的主题，下面以自我控制为例，进行测验。

题项	完全不符合（A）	比较不符合（B）	不确定（C）	比较符合（D）	完全符合（E）
1. 我经常试图描述自己	0	1	2	3	4
2. 我关心自己做事的方式	0	1	2	3	4
3. 我对自己是什么样的人不太清楚	4	3	2	1	0
4. 我经常反省自己	0	1	2	3	4
5. 我关心自己的表现方式	0	1	2	3	4
6. 我能决定自己的命运	0	1	2	3	4
7. 我从不检讨自己	4	3	2	1	0
8. 我对自己是什么样的人很在意	0	1	2	3	4
9. 我很关心自己的内在感受	0	1	2	3	4
10. 我常常担心我能否给别人留下一个好印象	0	1	2	3	4

题项	完全不符合（A）	比较不符合（B）	不确定（C）	比较符合（D）	完全符合（E）
11. 我常常考察自己的动机	0	1	2	3	4
12. 离开家时，我常常照镜子	0	1	2	3	4
13. 有时，我有一种自己在看着自己的感受	0	1	2	3	4
14. 我关心他人看我的方式	0	1	2	3	4
15. 我对自己的心情变化很敏感	0	1	2	3	4
16. 我对自己的外表很关注	0	1	2	3	4
17. 当解决问题时，我清楚自己的心理	0	1	2	3	4

计分方法：

代表内在自我的题目包括 1、3、4、6、7、9、11、13、15、17，代表公众自我的题目包括 2、5、8、10、12、14、16。

第 3 题和第 7 题为反向题，即选 A 得 4 分，选 B 得 3 分，选 C 得 2 分，选 D 得 1 分，选 E 得 0 分；其余各题为正向题，即选 A 得 0 分，选 B 得 1 分，选 C 得 2 分，选 D 得 3 分，选 E 得 4 分。对于大学生群体而言，内在自我的平均得分为 26，而公众自我的平均得分为 19。

（三）分析

自我意识是指个体把自己当作注意对象时的心理状态，这种状态分为内在自我意识和公众自我意识。有内在自我意识的人对自己的感受比较在乎，他们常常坚持自己的行为标准和信念，不太会受到外界环境的影响。有公众自我意识的人过于在意外界的影响，所以常担心别人对自己有不好的评价，产生暂时性的自尊感低落。

二、健康有法：我的自画像

（一）活动目的

强化大学生的自我认识，促进自我觉察。

（二）活动准备

30 张 A4 纸、4 盒彩色水笔或油画棒。

（三）活动时间

约 50 分钟。

（四）操作步骤

1. 给每位学生发放纸和笔，然后请学生画出自己。可以有主题，也可以无主题。若有主题，可选大学生活中的我、我的梦等。无主题则让学生随自己的意愿，用任何形式来画出自己，如抽象的、形象的、写实的、动物的、植物的……总之，把自己心目中最能代表自己的东西画出来。这种方法可以使学生发现隐藏在潜意识层面的自我，在不知不觉中对自己做出评估和内省。

2. 画完后挂在墙上，举办"画展"，让学生自由观看他人的画，不加评论。欣赏完毕，请每一位"画家"对自己的画作出解释并答疑。

3. 分小组讨论分享，完毕后每组派一位代表进行交流。

一、学以致用：认识我你很幸运

（一）活动目的
让学生初步认识自己的优点。

（二）活动时间
40 分钟。

（三）操作步骤

1. 所有人在教室里自由走动，遇到想交流的人停下，握手做自我介绍，然后说"认识我你很幸运，因为我具备许多优秀品质，比如说……（至少说出三种优秀品质）"

2. 双方都讲完后，继续自由走动，

3. 10 分钟后停止，看 10 分钟内谁找到分享的人最多。

（四）引导讨论

1. 第一次说出自己的优秀品质时有什么样的感受？

2. 第二次或以后几次说自己的优秀品质跟第一次有什么不同？为什么？

3. 我们平时在生活中是怎样面对自己好的方面的？现在有什么不同的感觉？

二、心随"影"动：《哪吒之魔童降世》

《哪吒之魔童降世》是一部由饺子编剧并执导的中国动画电影，于 2019 年 7 月 26 日在中国大陆上映。影片根据中国神话故事改编，讲述了哪吒虽生而为魔却逆天而行斗争到底的成长经历。

影片的主人公哪吒是由天地灵气孕育出的一颗能量巨大的混元珠投胎转世而来。他本应是灵珠英雄，却因太乙真人的失误，被申公豹用调包计调换成了魔丸，导致他出生后就被视为妖怪，遭受了陈塘关百姓的歧视和排斥。在成长过程中，哪吒不断地与命运抗争。他想要证明自己，得到大家的认可和接纳。在一次偶然的机会中，哪吒结识了灵珠转世的敖丙，两人成了朋友。然而，他们的命运却注定是相互对立的，敖丙肩负着龙族的使命，而哪吒则面临着天劫的考验。最终，哪吒在亲情和友情的感召下，选择了与命运抗争，与敖丙一起共同面对天劫，用自己的力量保护陈塘关的百姓。

哪吒以魔丸转世的身份降临人间，一出生便被贴上了"妖怪"的标签。陈塘关的百姓对他充满了恐惧和偏见，纷纷避而远之。在这种恶劣的成长环境下，哪吒变得孤独、叛逆和暴躁。他渴望得到他人的认可和接纳，但外界的排斥让他陷入了自我怀疑和迷茫。然而，正是这种孤独和困境，成了哪吒自我成长的催化剂。

父母的爱与教育是哪吒成长道路上的重要支撑。李靖夫妇深知哪吒的特殊身份和命运，但他们始终没有放弃对儿子的关爱和教导。母亲殷夫人为了陪伴哪吒成长，不惜牺牲自己的休息时间，陪他踢毽子玩耍，用母爱温暖着他孤独的心灵；父亲李靖则以深沉的父爱为哪吒默默付出，他为了让哪吒能够在三年后的天劫中存活下来，不惜以命换命。父母的爱让哪吒感受到了人间的温暖，也让他明白了自己存在的价值和意义。在这份爱的滋养下，哪吒逐渐收敛了自己的叛逆和暴躁，开始尝试控制自己的力量，努力学习法术。

朋友的陪伴和信任也是哪吒成长的关键因素。敖丙与哪吒本是宿敌，但在机缘巧合下，两人成了彼此唯一的朋友。他们一起踢毽子、嬉戏玩耍，度过了一段美好的时光。敖丙的出现让哪吒感受到了友情的珍贵，也让他明白了自己并不孤单。在敖丙为了龙族的使命，企图活埋陈塘关时，哪吒没有因为两人的身份和立场而放弃这段友情，而是选择相信敖丙，用自己的行动感化他。最终，两人携手共同对抗天劫，拯救了陈塘关的百姓。这段友情不仅让哪吒学会了信任和包容，也让他懂得了责任和担当。

哪吒的自我觉醒是他成长的核心动力。在得知自己是魔丸转世，且三年后将遭受天劫的命运后，哪吒并没有选择自暴自弃，而是喊出了"我命由我不由天"的豪言壮语。他开始正视自己的身份和命运，不再被外界的偏见和误解左右。

影片通过哪吒的成长历程，深刻诠释自我成长的内涵和意义。自我成长是一个不断认识自我、接纳自我、超越自我的过程。在这个过程中，我们会遇到各种各样的困难和挑战，但只要我们拥有坚定的信念、勇敢的精神和不懈的努力，就一定能够战胜困难，实现自我价值。同时，影片也告诉我们，家庭的关爱、朋友的支持和自我的觉醒是推动自我成长的重要力量。在这些力量的共同作用下，我们在人生的道路上不断前行，书写属于自己的精彩篇章。

《舞后阳光》

参考文献

1. 张娜，崔玲，刘玉龙.新编大学生心理健康教育［M］.北京：中国民主法制出版社，2021.

2. 杜安国，王玉洁.新时代大学生心理健康教育［M］.广州：广东教育出版社，2021.

3. 王林坡.大学生自我意识发展的特点及其培养［J］.郑州航空工业管理学院学报（社会科学版），2004，5.

项目三

探索人格密码
——大学生人格发展与培养

心灵悟语

夫君子之行，静以修身，俭以养德。非淡泊无以明志，非宁静无以致远。

——诸葛亮

每件促使我们注意到他人的事，都能使我们更好地理解自己。 ——卡尔·荣格

我们的生命就是做自己、成为自己的过程。 ——卡尔·罗杰斯

学习目标 ▶▶

知识目标

1. 掌握人格的内涵、人格的定义和人格的构成。

2. 了解大学生人格的特点。

3. 正确区分人格、个性、性格。

能力目标

1. 增强对人格的理解。

2. 掌握人格特质。

3. 了解自己人格的不足，并掌握完善的途径。

素质目标

1. 领会人格的可塑性。

2. 关注自身人格的培育与发展。

3. 理解并尊重他人人格。

心不对口：言行不一

（一）活动目的

增进成员间的亲和力，体察生活中的自己。

（二）操作步骤

全体成员围成一圈站好。指导老师做出一个动作，例如看书，他左边的同学问他："你在干什么？"指导老师要说出与自己正在做的动作不一致的行动，例如，"我在散步"。然后，他左边的同学应立即做出散步的动作。下一个同学再询问时，仍说出一个与自己正在做的行为不一致的动作。以此类推，循环进行。

（三）讨论

1. 在你的生活中，你会有言行不一的时候吗？若有，是什么原因造成的？
2. 当你在生活中言行不一时是什么感受？

讲堂一　面具下的自己：人格概述

有一位记者在采访一位知名专家时，问道："决定你成功的条件是什么？"专家毫不掩饰地说："性格。"记者又问："你觉得智商和勤奋哪一个更重要？"专家答道："勤奋比智商重要，但最重要的还是性格。"

确实，翻开这位专家的奋斗史，他人生中很多重要的成就，都取决于他坚持和敢于创新的性格。若没有这样的性格，恐怕付出再多也没有用。无论是在工作中还是在生活中，都是性格决定命运。性格好比水泥柱子中间的钢筋铁骨，而知识和学问则是浇筑在上面的混凝土。

一、人格的内涵与构成

（一）人格的内涵

英语中的"人格（Personality）"一词来自拉丁文"面具（Persona）"。面具是在戏台上扮演角色时戴的一种特殊面罩，与今天戏剧舞台上不同角色的脸谱相类似，用于表现剧中人物的身份。后来心理学借用这个术语，用来指每个人在人生舞台上扮演的角色及其不同于他人的精神面貌。一般来说，人格是在一定社会历史条件下，通过社会实践活动形成和发展起来的。一个人的人格是他过去的整个生活历程的反映。

人格的构成主要有兴趣、爱好、能力、气质、性格等，一个人的人格表现在知、情、意等心理活动的各个方面，包括认知能力特征、行为动机特征、情绪反应特征、人际关系协调程度、态度、道德价值特征等。

弗洛伊德将人格视为本我、自我和超我三个层面所组成的动力系统，对应的三种人格为自然人格、实有人格和道德人格。本我包含所有的本能；自我是人格的控制部分，以满足现实中本我和超我的需求；超我是道德化的自我，包含良知和自我理想，是追求臻善的终极需求。健全的人格是本我、自我和超我的和谐统一。

（二）人格的定义

对于如何描述一个人的人格，以及人格包括哪些内容，心理学家从不同的角度给出了不同的界定。这也正反映了探索人格的框架非常复杂和丰富。在日常生活中，人们经常将人格、个性、性格混用，但从严格意义上说，它们的含义不尽相同，代表了心理学人格概念的不同成分。为了更好地学好后面的内容，下面列举4个易混淆的概念。

1. 你这样做是侮辱我的人格

这里的"人格"通常等同于品格或尊严，是从道德、伦理或法律的角度来使用。人格，指人格尊严，用来对人进行道德评价，如评价某人人格高尚、某人人格卑劣等。

2. 他只有在家里才展示出真实的性格

这里的性格指心理学上的人格特质，心理学家把特殊的、稳定的性格特点称为人格特质。我们可以从一个人的性格推断他的人格特质，有些人格特质非常稳定，在不同的场合都会表现出来；有些人格特质则受情境的影响，只在某些情境下展现。一个人可以拥有多个人格特质，比如一个人可以既活泼又坚强。

3. 这人天生就这样的个性

这里的个性通常是人格中的气质类型。心理学中的气质与日常生活中所说的气质（特指行为举止、谈吐修养）不同，指一个人生来具有的典型而稳定的心理活动的动力特点。气质受生物因素制约较多，是形成人格的"原料"之一，是人格的先天遗传。即使在新生儿身上，他们也有气质的差别，如有的新生儿只要一醒就爱哭闹，有的新生儿则比较安静。

4. 他是一个什么样的人？

通常这个问题是在问这个人的人格类型，比如这个人是实干型的人、是研究型的人或者是艺术型的人等。属于同一人格类型的人具有若干共同的人格特质。

从上面的描述中不难发现，人格的内涵非常广泛。心理学家普遍认为，广义的人格等同于个性特点，指相对稳定的和独特的认知、情感与行为模式，体现了一个人独特的精神风貌。我们可以把它理解为一个大家庭，它具有多种成分和特质，如能力、气质、性格、兴趣、价值观及行为习惯等。为了便于理解，我们一般把"人格"与"性格""个性"或"人格特质"替换使用。人格的形成过程离不开我们与他人的人际互动，外部环境对人格有重要的作用。父母的教养方式、社会文化等因素都在影响我们人格的形成。

（三）人格的构成

人格是一个多层次、多成分构成的开放系统。人格结构系统包括认知、动机、气质、性格、自我调控等成分，其中，气质和性格是人格的重要方面。

气质是遗传的，是神经系统的生理功能，主要表现在心理过程的强度、速度、稳定性、灵活性及指向性上。比如，个体情绪体验的强弱，意志努力的大小，感知或思维的快慢，注意力集中时间的长短及转移的难易程度，等。气质作为人的心理活动的动力特征，与人的心理活动的内容、动机无关，一般不受个体活动的目的、动机和内容的影响，具有较强的稳定性，且较多地受到神经系统的影响。古希腊医生希波克拉底最早提出气质的概念，并把人的气质分为胆汁质、多血质、黏液质和抑郁质。这四种基本气质类型在情绪和行为方式，以及心理活动方面有不同的典型表现。

性格是人的行为方式和对现实的态度上比较稳定的心理特征，是后天形成的，是个体在社会实践活动中所形成的习惯化了的行为方式。性格具有一定的道德评价意义，积极的性格表现为诚实、勤劳、自信、勇敢、果断等，消极的性格表现为虚伪、懒惰、自卑、怯懦等。性格具有比较复杂的结构，蕴含了不同的特征。一是对现实和对自己的态度特征，如踏实、坦率、勤劳、谦逊、自私、狡诈、自豪等；二是性格的意志特征，包括对行为目标的明确程度、对行为自学的控制水平特征，以及在紧急或困难情境下表现出来的特征，如有目的性、纪律性、主动性、果敢性等；三是性格的情绪特征，如热情、冷漠；四是性格的理智特征，如感知的速度和精确性，思维的敏捷性、独创性、深刻性和逻辑性等。

气质是性格的基础，是遗传的，难以改变；性格是后天形成的，相对气质而言，更容易改变。个体在自己性格的形成过程中不是消极被动的，而是会随着年龄的增长，通过与社会的接触，对不同的性格有所认知，并从模仿逐步过渡到某种程度的追求。大学生走向社会，应深刻认识自己的性格，并主动改变自己的某些性格特征。

二、人格的特点

（一）独特性和共同性

所谓"人心不同，各有其面"，就是指人格的独特性。每个人都具有各自特有的人格，如有的人外向，有的人内向；有的人聪明敏捷，有的人反应迟缓；有的人顽强果断，有的人优柔寡断；有的人扶危济困，有的人恃强凌弱。但人格的独特性并不意味着人与人之间的个性毫无相同之处。生活在有着共同的社会道德准则、同一地区、同一教育环境的人们，会具有相似的人格特征。如北方人的豪爽和南方人的细腻就是人格独特性的体现，他们都能吃苦耐劳则是人格共同性的体现。

（二）稳定性和可塑性

人格的稳定性是指那些经常表现出来的特征，偶尔表现出的特征不能称为人格。某种人格特点一旦形成，就会相对稳定下来了，要想改变较为困难。俗话说："江山易改，禀性难移。"这里的"禀性"就是指人格。当然，人格的稳定并不意味着它在人的一生中一成不变，随着生理的成熟和环境的变化，人格也会产生或多或少的变化。这就是人格可塑性的一面。正因为人格具有可塑性，我们才能培养和发展人格。

（三）统合性和独立性

人格是由多种成分构成的一个有机整体，具有内在统一的一致性，受自我意识的调控。人格的统合性是心理健康的重要指标。当然，人们在不同的场合表现出的不同人格特征，就是人格独立性的体现。当一个人的人格结构在各方面均和谐统一时，他的人格就是健康的；当人格的统一性受到破坏时，就可能出现适应困难，甚至出现人格分裂等。

（四）生物性和社会性

人的生理特点是人格发展的物质基础，为人格的形成提供了必要的生理前提，并影响着人格发展的方向和方式。而人格的形成在很大程度上又受社会环境、历史文化的影响。当一个新生命降生时，他只是一个自然人，不具有任何社会特性，但在成长过程中，社会制度、伦理道德、习俗观念等无时无刻不影响着他人格的发展，带有明显的社会性。

讲堂二 "我"是多面手：气质与性格

一、气质

气质是不以人的活动目的和内容为转移的典型的、稳定的心理活动。人生下来就会表现出某些气质特征。一个人的气质类型和特征是相对稳定的，但是气质又不是一成不变的，会在生活和教育条件的影响下发生缓慢的变化，以符合社会实践气质的要求。气质既有稳定的一面，又有可塑的一面，是稳定性和可塑性的统一。

（一）气质的类型

气质是个体出生后最早表现出来的一种较为明显而稳定的个人特征。在婴儿各种个体心理特征中，气质，是最早出现但变化最缓慢的心理特征之一。目前，心理学家们对气质的定义、本质内容和生理基础等问题，有不同的观点，所以对气质类型的划分也有不同的看法，现介绍较为传统的类型划分方式。

气质的四重类型说是从古希腊开始逐渐传播并发展起来的，到现在仍具有很强的生命力。它把人的气质分为以下四种最基本的类型。

1.胆汁质型

胆汁质型又称为不可遏止型或战斗型。这种气质类型的主要特征是直率热情，表里如一，精力旺盛；易感情用事，容易冲动，脾气暴躁；反应速度，思维敏捷；情感体验强烈、外露，但持续时间不长，具有外倾性的特点。

这种气质类型的人具有顽强拼搏的精神和坚强果敢的优点，但缺乏耐心和自制力，易急躁激动。典型代表人物有《三国演义》中的张飞、《西游记》中的孙悟空、《水浒传》中的鲁智深等。

图3-1 张飞卡通画像

一般来讲，胆汁质型的人适合管理者、外交家、驾驶员、服装纺织业、餐饮服务业、医生、律师、运动员、冒险家、新闻记者、演员、军人、公安干警、图案设计师、实业家、企业中外勤工作者、业务员、营销员等外向型的职业。

2.多血质型

多血质型又称为活泼型。这种气质类型的典型特点是活泼好动，喜欢交往，善于交际；反应迅速，动作敏捷，思维灵活，在工作和学习上富有精力且效率高，但往往不求甚解，注意力易转移；容易接受新鲜事物，环境适应能力强；情绪不稳定且容易表露出来，做事粗枝大叶，具有外倾性的特点。

这种气质类型的人通常精神愉快，朝气蓬勃，对工作有热情，对自己充满信心，有较强的活动能力，喜欢体验和锻炼，能迅速地把握新事物，但其情感易变，注意力容易转移，热情容易消失。典型代表人物有《西游记》里的猪八戒、《红楼梦》里的王熙凤等。

图3-2 猪八戒卡通形象

一般来讲，多血质气质的人适合政治家、外交家、律师、广告从业者、导游、推销员、节目主持人、演讲者、外事接待人员、演员、市场调查员、监督员等职业。

3.黏液质型

黏液质型又称为安静型。这种气质类型的典型特点是安静、沉稳，喜欢沉思，行动缓慢而沉着，严格恪守既定的生活秩序和工作制度；情感不外露，情绪稳定，不易激动，不易发脾气；注意力稳定而不容易转移，能长时间坚持不懈、有条不紊地从事自己的工

图3-3 沙僧卡通形象

作，在生活中是一个坚持而稳健的辛勤工作者；其思维灵活性不足，比较刻板，不容易适应新环境和工作，反应缓慢，善于忍耐，具有内倾性。

典型代表人物有《西游记》中的沙僧、《水浒传》中的林冲等。

一般来讲，黏液质气质的人适合外科医生、法官、管理人员、出纳员、会计、播音员、话务员、调解员、教师、人力人事管理主管等职业。

4.抑郁质

这种气质类型的主要特点是安静迟缓，有较强的感受能力，能观察到别人不容易察觉到的细节，对外部环境变化敏感；易动感情，情绪体验深刻持久；在工作中做事积极认真，努力向上，毫不懈怠，喜欢与团体在一起，富有协调精神；行为迟缓，忸怩，怯懦，怀疑，孤僻，优柔寡断。

典型代表人物有《红楼梦》中的林黛玉等。

一般来讲，抑郁质气质的人适合校对、打字、排版、检察员、雕刻、刺绣、保管员、机要秘书、艺术工作者、哲学家、科学家等职业。

图3-4 林黛玉画像

拓展训练 ▷▷▷▷ ·········

气质类型测验

请认真阅读下列各题，做出最符合自己的判断。选择非常符合得 2 分，选择比较符合得 1 分，选择不确定得 0 分，选择比较不符合得 −1 分，选择完全不符合得 −2 分。

1. 做事力求稳妥，不做无把握的事。

2. 遇到可气的事就怒不可遏，把心里话全说出来才痛快。

3. 宁肯一个人干事，也不愿跟很多人在一起。

4. 到一个新环境能很快地适应。

5. 厌恶那些强烈的刺激，如尖叫、噪音、危险的镜头等。

6. 和人争吵时，总是先发制人，喜欢挑衅别人。

7. 喜欢安静的环境。

8. 善于和人交往。

9. 羡慕那种能克制自己感情的人。

10. 生活有规律，很少违反作息制度。

11. 在多数情况下是乐观的。

12. 碰到陌生人觉得很拘束。

13. 遇到令人气愤的事，能很好地自我克制。

14. 做事总有旺盛的精力。

15. 遇到问题常常举棋不定、优柔寡断。

16. 在人群中从不觉得过分拘束。

17. 情绪高昂时，觉得干什么都有趣；情绪低落时，又觉得什么都没意思。

18. 当注意力集中于一件事时，其他事很难使我分心。

19. 理解问题总比别人快。

20. 碰到危险情境，常有一种极度的恐怖感。

21. 对学习、工作、事业怀有很高的热情。

22. 能够长时间做枯燥、单调的工作。

23. 干感兴趣的事情劲头十足。

24. 一点小事就能引起情绪波动。

25. 讨厌做那种细致的、需要耐心的工作。

26. 与人交往不卑不亢。

27. 喜欢参加有热烈氛围的活动。

28. 爱看感情细腻、描写人物内心活动的文学作品。

29. 工作、学习时间长了，常感到厌倦。

30. 不喜欢长时间谈论一个问题，更愿意实际动手干。

31. 宁愿侃侃而谈，也不愿窃窃私语。

32. 别人说我总是闷闷不乐。

33. 理解问题常比别人慢些。

34. 疲倦时，只要短暂休息后就能精神抖擞，重新投入工作。

35. 心里有话宁愿自己反复琢磨，也不愿说出来。

36. 认准一个目标就希望尽快实现，不达目的誓不罢休。

37. 学习、工作一段时间后，常比别人更疲倦。

38. 做事有些莽撞，常常不考虑后果。

39. 老师或师傅讲授新知识、新技术时，总希望他讲得慢些，多重复几遍。

40. 能够很快地忘记那些不愉快的事情。

41. 做作业或完成一件工作总比别人花的时间多。

42. 喜欢运动量大、剧烈的体育活动，或者喜欢参加各种文娱活动。

43. 不能很快地把注意力从一件事转移到另一件事上去。

44. 接受一个任务后，就希望把它迅速完成。

45. 认为墨守成规比冒风险强些。

46. 能够同时关注几件事情。

47. 当我烦闷的时候，别人很难使我高兴起来。

48. 爱看情节起伏跌宕、激动人心的小说。

49. 对工作持有认真严谨、始终如一的态度。

50. 和周围人的关系总是相处不好。

51. 喜欢复习学过的知识，重复做熟练的工作。

52. 希望做变化大、花样多的工作。

53. 小时候背的诗歌，似乎比别人记得更清楚。

54. 别人说我出语伤人，可我并不这样认为。

55. 在体育活动中，常因反应慢而落后。

56. 反应敏捷，头脑机智。

57. 喜欢有条理而不甚麻烦的工作。

58. 兴奋的事情常使我失眠。

59. 老师讲新概念，常常听不懂，但是弄懂了以后很难忘记。

60. 假如工作枯燥无味，马上就会情绪低落。

一、记录得分

胆汁质	题号	2	6	9	14	17	21	27	31	36	38	42	48	50	54	58	总分
	得分																
多血质	题号	4	8	11	16	19	23	25	29	34	40	44	46	52	56	60	总分
	得分																
黏液质	题号	1	7	10	13	18	22	26	30	33	39	43	45	49	55	57	总分
	得分																
抑郁质	题号	3	5	12	15	20	24	28	32	35	37	41	47	51	53	59	总分
	得分																

二、结果反馈

如果某一项或两项得分超过20分，则为典型的该气质类型。如，典型的胆汁质，典型的黏液—抑郁质混合型。

如果某一项或两项得分在10～20分，其他各项得分较低，则该项为一般气质类型。如一般多血质、一般胆汁—多血质混合型等。

若各项得分都在10分以下，但某项或几项得分较其余项高（相差5分以上），则为略倾向于该项气质类型（或几项混合）。如略偏黏液质、多血质—胆汁质混合型等。

一般来说，正分值越高，表明越具有该项气质的典型特征；反之，正分值越低，表明越不具备该项特征。

（二）气质对能力的影响

1.气质与智力活动

不同的气质对智力有不同的影响，每一种气质类型都既有积极的一面又有消极的一面，比如胆汁质的人热情开朗但容易冲动，多血质的人反应灵敏但注意力不稳定，黏液质的人沉着稳重但反应缓慢，抑郁质的人观察力敏锐但耐受力差。归纳起来气质对智力的影响表现在两个方面：一是心理活动的速度和灵活性方面，二是心理活动的强度方面。

研究发现，在心理活动的速度和灵活性方面，多血质和胆汁质类型的学生答题速度明显地超过黏液质和抑郁质的学生。因此，心理活动的快慢和灵活性的高低势必会影响到人的智力活动的快慢。

2.气质与运动能力

气质虽与能力不同，但彼此又相互影响。有研究表明，某些气质特点有利于某些能力的发展，而有些气质特点则会阻碍某些能力的发展。例如，乒乓球运动员中进攻型选手以多血质、胆汁质者为多，防守型选手则以黏液质者为多；短跑、跳高、击剑、摔跤等运动项目中，胆汁质者较为适宜；体操等运动项目中，多血质者为宜；长跑、登山活动等运动项目中，黏液质者表现较佳。

二、性格

常言道："性格决定命运。"性格是指一个人对现实比较稳定的态度，以及与之相适应的习惯化的行为方式。性格是一个人最鲜明、最重要的标志，在后天的社会环境中逐渐形成。人与人之间的差异首先表现在性格上。例如，有的人大公无私，有的人自私自利；有的人热情奔放，有的人冷若冰霜。

性格有不同的类型，表现为一类人身上共同具有的性格特征的独特结合。目前，对于性格的分类主要有以下几种观点。

1.功能优势学说

英国心理学家培因、法国心理学家李波特等人按照理智、意志、情绪三种心理功能在性格结构中的优势情况，将性格分为理智型、意志型和情绪型。理智型者以理智来看待事物，支配自己的行动。意志型者行动目标明确，行为主动、自制、坚定而持久。情绪型者情绪体验深刻，言行举止比较容易受到情绪的影响。

2.内外倾向学说

瑞士心理学家荣格依据个体的心理活动是倾向于外界还是倾向于内在，将人的性格分为外倾型和内倾型。外倾型者情感外露，善于交际，不拘小节，独立性强，容易适应外界环境。内倾型者情感深沉，交际面窄，处事谨慎，深思熟虑，不善于灵活地适应环境。

3. 独立顺从学说

美国心理学家威特金依照一个人的独立性程度把性格分为独立型和顺从型。独立型者善于独立地发现问题和解决问题，不容易受到次要因素的干扰，在紧急情况下临危不乱，善于发挥自己的优势和力量，但这种人喜欢把自己的意志强加于别人。顺从型者独立性较差，容易接受暗示，喜欢不加批判地接受外界的意见，在紧急情况下容易惊慌失措。

4. 文化社会学说

德国心理学家斯普兰格依照人类社会意识形态的倾向性对人的性格进行区分。斯普兰格将性格分为理论型（或追求知识型）、经济型（或实际型）、审美型、社会型（或同情型）、权力型（或管理型）和宗教型六种类型。

讲堂三　接纳与完善：大学生的人格发展

一、大学生的人格特点

大学时期，正是人格发展的重要时期，自我意识由矛盾、分化逐渐走向和谐、统一。国内学者认为我国大学生的人格特点主要表现在以下几个方面。

1. 能正确认知自我。对自己能形成积极的看法，对自己的优缺点比较清楚明确，能看到现实的我与理想的我之间的差距，具有乐观向上的生活态度。

2. 智能结构健全而合理。具有良好的理解力、思维力、观察力、注意力、记忆力和想象力，没有认知障碍。

3. 对社会环境的适应能力较强。对外部世界的兴趣浓厚，爱好广泛，能不断进行社会化活动，具有和谐的人际关系，能容忍别人与自己持不同的价值观和信念，能客观地看待事物，不主观臆断。

4. 富有事业心，具有一定的创造思维和竞争意识。能把事业看成生活的重要方面，有较强的责任感和进取心，思想开放，勇于创新，独立性强，踏实肯干。

5. 情感饱满适度。情绪的稳定性与波动性、内隐性与外显性并存，情感丰富，积极的情感体验在生活中占主导。

6. 具有强烈的道德责任感，表现出诚实正直、谦虚谨慎、热忱勇敢等高尚的品格。

二、大学生的人格问题与健康

快节奏的生活，让人们压力倍增，紧锁眉头，连走路的脚步也不自觉地越来越快，身体也越来越不健康。人们面对压力的反应不仅受外界环境的影响，而且受人格因素的影响。某些人格可能会引发健康问题，甚至可能带来功能不良或毁灭性的后果。

人格素质是当代大学生综合素质的重要组成部分，综合素质的发展和提高包含着人格素质的发展和提高，而人格素质的发展和提高对综合素质的发展和提高有着重要的促进作用。随着社会文明的不断进步，人们的生活节奏日益加快，竞争也日趋激烈。只有具备良好心理素质的人，才具有真正的竞争力。因此，提高大学生心理健康水平，增强大学生心理素质，健全大学生人格已成为高等院校普遍关注的重要课题。

1. 自卑。自卑是自我评价过低的心理体验，在心理学上又称为自我否定意识。主要表现为对自己的能力、学识、品质等自身因素评价过低，心理承受力脆弱，经不起较强的刺激，谨小慎微，多愁善感，常产生猜疑心理，行为畏缩，做事瞻前顾后。

2. 社交障碍。社交障碍是一个人自我防御心理过强的结果，他们常常过于担心，过于谨小慎微，过于关注自己，自信心不足。

3. 懒惰。懒惰是不少大学生为之感到苦恼又难以克服的一种人格发展缺陷，是意志活动无力的表现。懒惰是影响大学生积极进取、张扬青春活力的天敌。

4. 抑郁。抑郁是大学生常见的情绪困扰，是一种因无力应付外界压力而产生的消极情绪，常伴有厌恶、痛苦、羞愧、自卑等情绪体验。

5. 焦虑。焦虑是个体主观上预料将会有某种不良后果产生或模糊的威胁出现的一种不安感，并伴有忧虑、烦恼、害怕、紧张等情绪体验。

6. 以自我为中心。随着自我意识的发展，大学生越来越感到自己内心世界的千变万化、独一无二，他们越来越多地把关注的重心投向自我，容易出现以自我为中心的倾向。当这种倾向与一些不健康的思想意识（如个人主义、自私自利）和心理特征（如过强的自尊心、唯我独尊等）结合时，就会表现出过分的、扭曲的自我中心。

三、人格优势与成长

除了关注极端不适应的人格偏差和人格障碍对心理健康的负面影响，积极心理学家也关注人格与健康的关系，尤其关注人格对健康的积极影响，旨在发现与人类幸福和健康密切相关的优势人格。

（一）识别优势

积极心理学家彼得森和塞利格曼从上百种人格特质中发现了24种优势人格，并归纳为六大类美德（见表3-1）。这些优势人格对幸福感、生活满意度、积极情绪及身心健康都有积极的影响。

表3-1　24种优势人格

分类	人格品质
智慧与知识	创造力、好奇心、热爱学习、思想开放、洞察力
勇气	热情、勇敢、有毅力、真诚
仁慈	善良、爱、社交智慧
公正	公平、领导力、团队合作精神
节制	宽容、谦虚、审慎、自控力
精神超越	欣赏美、卓越、感恩、希望、幽默

（二）发挥优势

积极心理学家认为每个人都拥有这些优势人格力量，但是每个人最常用的标志性优势人格并不相同。人们把自己的目标定在发挥自己的优势人格，要比只着眼于弥补自己的不足更能长久的幸福和健康。因此，找到属于自己的标志性优势人格，并在生活中加以运用，真正做自己擅长和有优势的事情，能够提高幸福感。例如，你的优势人格是爱的能力，如果你要发挥自己的优势人格，就可以主动表达爱，常给所爱的人写一张关心的便条，陪朋友或家人做他最喜欢的事情等。

拓展训练 ▷▷▷▷ ⋯⋯⋯⋯⋯⋯⋯⋯⋯⋯⋯⋯⋯⋯⋯⋯⋯⋯

五大优势探索

请从表3-1的24种优势人格中，选出你认为自己具备的五大优势人格，并填写在下面横线处。

① ＿＿＿＿＿；② ＿＿＿＿＿；③ ＿＿＿＿＿；④ ＿＿＿＿＿；⑤ ＿＿＿＿＿。

反思它们分别归属于哪些类别，归类是否合理，看看你的优势人格集中在哪个领域。

＿＿＿＿＿＿＿＿＿＿＿＿＿＿＿＿＿＿＿＿＿＿＿＿＿＿＿＿＿＿＿＿＿＿

＿＿＿＿＿＿＿＿＿＿＿＿＿＿＿＿＿＿＿＿＿＿＿＿＿＿＿＿＿＿＿＿＿＿

＿＿＿＿＿＿＿＿＿＿＿＿＿＿＿＿＿＿＿＿＿＿＿＿＿＿＿＿＿＿＿＿＿＿

接下来请思考：你在生活中做什么事情时可以应用这些优势人格呢？每个优

势人格想3点。

_____

_____

_____

_____

_____

心理 *训* 练 ▶▶

一、测量有方：大五人格量表

请仔细阅读以下问题，每个问题都有5种选择。如果该描述明显不符合你或者你十分不赞同，请选择"1"；如果该描述多数情况下不符合你或者你不太赞同，请选择"2"；如果你无法确定该描述是否符合你或介于中间，请选择"3"；如果该描述多半符合你或者你比较赞同，请选择"4"；如果该描述明显符合你或者你十分赞同，请选择"5"。

序号	问题	非常不符合	不太符合	不确定	比较符合	非常符合
1	我不是一个容易忧虑的人	1	2	3	4	5
2	喜欢周围有很多朋友	1	2	3	4	5
3	很喜欢沉浸于幻想和白日梦中，去探索、发现所有可能实现的东西	1	2	3	4	5
4	尽量对每一个遇到的人彬彬有礼，非常客气	1	2	3	4	5
5	让自己的物品经常保持整洁干净	1	2	3	4	5
6	有时候感到愤怒，充满怨恨	1	2	3	4	5
7	我很容易笑	1	2	3	4	5
8	喜欢培养和发展新的爱好	1	2	3	4	5
9	有时候，会采用威胁或奉承等不同的手段，去说服别人按我的意愿去做事	1	2	3	4	5

序号	问题	非常不符合	不太符合	不确定	比较符合	非常符合
10	比较擅长为自己安排好做事进度，以便按时完成任务	1	2	3	4	5
11	当面对极大的压力时，会感觉好像要被压垮了似的	1	2	3	4	5
12	喜欢那些可以单独做事，不被别人打扰的工作	1	2	3	4	5
13	对大自然和艺术中蕴含的美十分着迷	1	2	3	4	5
14	有些人觉得我有些以自我为中心，不太考虑别人的感受	1	2	3	4	5
15	许多时候，事到临头了，才发现自己还没做好准备	1	2	3	4	5
16	很少感觉孤独和忧郁	1	2	3	4	5
17	很喜欢与别人聊天	1	2	3	4	5
18	认为接触有争议的学说或言论只会混淆和误导自己的思想	1	2	3	4	5
19	如果有人挑起争端，随时准备反击	1	2	3	4	5
20	尽量认真地完成一切分派给我的任务	1	2	3	4	5
21	经常因为感到紧张而心神不定	1	2	3	4	5
22	喜欢置身于激烈的活动之中	1	2	3	4	5
23	对诗词基本上没有什么感觉	1	2	3	4	5
24	觉得自己比大多数的人都优秀	1	2	3	4	5
25	有一些明确的目标，并能以有条不紊的方式朝它迈进	1	2	3	4	5
26	有时感到自己完全一文不值	1	2	3	4	5
27	通常会回避人多的场合	1	2	3	4	5

续表

序号	问题	非常不符合	不太符合	不确定	比较符合	非常符合
28	对我来说，让头脑无拘无束地想象是一件困难的事情	1	2	3	4	5
29	受到别人粗暴无礼的对待后，会尽量原谅他们，让自己忘记这件事	1	2	3	4	5
30	开始着手学习或工作之前，会浪费很多时间	1	2	3	4	5
31	很少感到恐惧或焦虑	1	2	3	4	5
32	常常感到自己精力旺盛，充满能量	1	2	3	4	5
33	很少留意自己在不同环境下的情绪或感觉变化	1	2	3	4	5
34	相信人性是善良的	1	2	3	4	5
35	努力做事以达到自己的目标	1	2	3	4	5
36	别人对待我的方式常使我感到愤怒	1	2	3	4	5
37	我是一个乐观开朗的人	1	2	3	4	5
38	经常体验到许多不同的感受或情绪	1	2	3	4	5
39	很多人觉得我对人有些冷淡，经常和别人保持一定距离	1	2	3	4	5
40	一旦做出承诺，就会贯彻到底	1	2	3	4	5
41	很多时候，当事情不顺利时会感到泄气，想要放弃	1	2	3	4	5
42	不太喜欢和人聊天，很少能从聊天中获得乐趣	1	2	3	4	5
43	阅读一首诗或欣赏一件艺术品时，会感到非常兴奋或喜悦	1	2	3	4	5
44	我是一个固执倔强的人	1	2	3	4	5
45	有时候，自己并不是那么可靠和值得信赖	1	2	3	4	5
46	很少感觉忧伤或沮丧	1	2	3	4	5
47	我的生活节奏很快	1	2	3	4	5

序号	问题	非常不符合	不太符合	不确定	比较符合	非常符合
48	我对思考宇宙规律或人类生存状况没有什么兴趣	1	2	3	4	5
49	尽量对他人做到体贴周到	1	2	3	4	5
50	做事情总是善始善终，是一个很有做事能力的人	1	2	3	4	5
51	经常感觉无助，希望有人能帮助我解决问题	1	2	3	4	5
52	我是一个十分积极活跃的人	1	2	3	4	5
53	对许多事物都很好奇，充满求知欲	1	2	3	4	5
54	如果不喜欢某一个人，就会让他知道	1	2	3	4	5
55	好像总不能把事情安排得井井有条	1	2	3	4	5
56	有时会感到十分羞愧，以至于只想躲起来，不见任何人	1	2	3	4	5
57	宁愿自己独自做事，也不愿领导指挥别人	1	2	3	4	5
58	喜欢研究理论和抽象的问题	1	2	3	4	5
59	如果有必要，会利用别人来达到自己的目的	1	2	3	4	5
60	对于每件事都力求做到最好	1	2	3	4	5

该问卷共有 60 个问题，采取五级评分，包括五个分量表，每个分量表各有 12 个条目。

计分方法：

（1）神经质量表：1、6、11、16、21、26、31、36、41、46、51、56，其中 1、16、31、46 为反向计分。

（2）外向性量表：2、7、12、17、22、27、32、37、42、47、52、57，其中 12、27、42、57 为反向计分。

（3）开放性量表：3、8、13、18、23、28、33、38、43、48、53、58，其中 18、23、28、33、48 为反向计分。

（4）宜人性量表：4、9、14、19、24、29、34、39、44、49、54、59，其中 9、14、19、24、39、44、54、59 为反向计分。

（5）责任心量表：5、10、15、20、25、30、35、40、45、50、55、60，其中 15、

30、45、55 为反向计分。

（1）神经质量表：评估情感的调节和情绪的不稳定性。神经质得高分的个体倾向于有心理压力、不现实的想法、过多的要求和冲动以及不适应的应对反应。虽然这方面的高分并不预示着存在临床上的障碍，但患有临床综合征的个体往往会在这个量表上得高分。

（2）外向性量表：表示人际互动的数量和密度、对刺激的需要，以及获得愉悦的能力。这个维度将社会性的、主动的、具有个人定向的个体和沉默的、严肃的、腼腆的、安静的个体作对比。这一量表可由两个品质加以衡量，即人际的卷入水平和活力水平。前者评估个体喜欢他人陪伴的程度，后者反映个体的节奏和活力水平。

（3）开放性量表：经验的开放性是评鉴对经验本身的积极寻求和欣赏，以及对不熟悉情境的容忍和探索。这个维度将那些好奇的、新颖的、非传统的以及有创造性的个体与那些传统的、无艺术兴趣的、无分析能力的个体作比较。在大五因素中，这一维度是充满争议的，对它的探索也是最少的。

（4）宜人性量表：考察个体对其他人所持的态度，这些态度既包括亲近人的、有同情心的、信任他人的、宽大的、心软的，也包括敌对的、愤世嫉俗的、爱摆布人的、复仇心重的、无情的。

（5）责任心量表：评估个体在目标导向上的组织、坚持和动机。这个维度把可信赖的、讲究的个体同懒散的、马虎的个体作比较。同时反映个体自我控制的程度，以及延迟需求满足的能力。

二、心安有法：价值观拍卖

（一）活动目的

1. 激发学生思考自己的价值观念积极性，使学生学会抓住机会，不轻易放弃。
2. 帮助学生体验和澄清自己的人生态度。

（二）操作步骤

1. 事前准备

将拍卖的东西事先写在硬纸板（最好是不同的颜色）上，以增加拍卖的趣味性及方便拍卖进行。

2. 宣布游戏规则

每个学生手中有 5 000 元（道具钱），代表了一个人一生的时间和精力。每个人可以根据自己对人生的理解随意竞买表 3-2 中的东西。每样东西都有底价，每次出价都以 500 元为单位，价高者得到东西，有出价 5 000 元的，立即成交。

表 3-2　价值观的起拍价

1. 爱情	500	12. 金钱	100
2. 友情	500	13. 欢乐	500
3. 健康	1 000	14. 长命百岁	500
4. 美貌	500	15. 豪宅名车	500
5. 礼貌	1 000	16. 每天都能吃美食	500
6. 名望	500	17. 良心	1 000
7. 自由	500	18. 孝心	1 000
8. 爱心	500	19. 诚信	1 000
9. 权力	1 000	20. 智慧	1 000
10. 拥有自己的图书馆	1 000	21. 名牌大学录取通知书	500
11. 聪明	1 000	22. 冒险精神	1 000

3. 举行拍卖会

（1）由主持人或学生主持拍卖。

（2）按游戏方式进行，直到所有的东西都被拍卖完为止，然后请学生认真考虑买回来的东西。

4. 讨论交流

（1）你是否后悔你买到的东西？为什么？

（2）在拍卖的过程中，你的心情如何？

（3）你是否后悔自己刚才争取的东西太少了？

（4）争取过来的东西是否是你最想要的？

（5）钱是否一定会带来快乐？

（6）有没有一种东西比金钱更重要，或比金钱带来的满足感更大呢？

（7）你是否甘愿为了金钱、名望而放弃一切呢？有没有比上面所说的这些更值得追寻的东西呢？

一、学以致用：心理成长笔记

请仔细阅读以下资料，结合具体的学习生活及个人观念，就如何培育健康人格进行分组讨论，并提出自己的观点（100字以上）。

　　苏轼是继李白、杜甫之后成就最大、影响最深远的文学家。他旷达、幽默、情感丰富，一生际遇坎坷，几经沉浮，历经磨难依然笑对人生。诗文是他对人生最直接的表达。他高兴的时候写诗作文，郁闷的时候也写诗作文。他一生勤于创作，在他短暂的生命中，为世人留下了2 700多首诗，300多首词，4 000余篇文章。他在诗、词、散文里表现出豪迈气象和优美情致，有丰富的思想内容和独特的艺术风格。

　　苏轼不是完人，他豁达的人生态度，是在失意、被贬的过程中一步一步练就的。在他的作品中，我们可以清晰地看到那个真实的东坡。妻子王弗去世十年，每逢妻子故去之日，他都哀伤不已：

十年生死两茫茫，不思量，自难忘。千里孤坟，无处话凄凉。

（选自《江城子·乙卯正月二十日夜记梦》）

　　我们看到了一个重情义，又不那么坚强的苏轼。

　　在被贬黄州的时候，他的内心也是纠结万分，还做不到那么豁达。但有时，他又看起来好像什么都不怕：

莫听穿林打叶声，何妨吟啸且徐行。竹杖芒鞋轻胜马，谁怕？一蓑烟雨任平生。

（选自《定风波·莫听穿林打叶声》）

喝醉酒，烦心往事一时涌起，他或许想要抛弃世界：

长恨此身非我有，何时忘却营营？夜阑风静縠纹平。小舟从此逝，江海寄余生。

（选自《临江仙·夜饮东坡醒复醉》）

　　皇帝读到这首词，以为他要浪迹天涯，紧急传召让人确认苏轼还在。在黄州，苏轼的日子非常难。此时的他，没有权力，没有薪水……在朋友的周旋下，他在城东借了一块山坡，扛起锄头种地，跑到田地筑房。大有安心做农夫的架势，从此，他有了一个新称号"东坡居士"。

去年东坡拾瓦砾，自种黄桑三百尺。

今年刈草盖雪堂，日炙风吹面如墨。

（选自《次韵孔毅父久旱已而甚雨三首》）

　　想要的生活和现实总是有差距。苏轼在经历过那么多的坎坷际遇后，还能及时调整，让自己拥有一个豁达的心胸。闲来无事，可以读一读《苏东坡全集》，在字里行间体味属于自己的东坡。

二、心随"影"动：《十二公民》

　　《十二公民》改编自外国经典电影《十二怒汉》，讲述的是一桩满带争议与疑问的富二代弑父案在一个充满实验意味的虚拟法庭的智斗。

12 个毫无联系并代表着社会各阶层的陪审员围绕"富二代弑父"的案子展开激烈辩论，他们的讨论将决定被告的"生死"。陪审员们来自中国社会的各个阶层，出租车司机、房地产商、数学教授、河南小保安、北京土著、小商贩、保险推销员等。在密闭的废弃体育馆内，12 名陪审员必须达成一致，才能结束审判。在 11 人投票认定"富二代"有罪，所有人证、物证都指向这一结果的情形下，这位年轻的犯罪嫌疑人离死亡只有一步之遥。所有的线索都被逐一讨论，随着讨论的进行，疑点出现，每个人背后的故事也慢慢浮出水面。

对人物性格的深刻描写是该影片的一个经典之处，每个人都代表了一个社会阶层，一种人性的选择，一种生活的态度。看了之后会让人忍不住深思人性到底是怎样的。

《觉醒》

参考文献

1. 方晓义，夏翠翠．大学生心理健康教育［M］．北京：人民邮电出版社，2022 年．

2. 刘爱华，王利华．高校心理健康教育教程［M］．北京：机械工业出版社，2022 年．

3. 张娜，崔玲，刘玉龙．新编大学生心理健康教育［M］．北京：中国民主法制出版社，2021 年．

4. 蔺薇，鄂诚湘，李晓琴．大学生心理健康教育［M］．北京：新华出版社，2021 年．

第二篇

调适应对篇

项目四　快乐学习妙招

项目五　揭秘爱情魔法

项目六　解锁情绪秘籍

项目七　走出人际孤岛

快乐学习妙招

——大学生学习策略

学习目标

知识目标

1. 了解记忆、思维的心理规律。

2. 了解动机与需要的关系。

3. 掌握有效的学习策略。

能力目标

1. 思考学习的意义，了解大学学习的特点。

2. 培养学习动机，制订属于自己的学习计划。

3. 借助学习策略，进行有效学习。

素质目标

1. 树立正确的学习态度。

2. 培养积极的学习兴趣。

3. 正确对待大学阶段的学习，减少学习焦虑。

热身活动：学习动机的探索

（一）活动目的

探索学习动机。

（二）活动准备

每人1张A4纸、1支笔。

（三）操作步骤

1.指导者发给每人一张A4纸，让大家思考后填写完成"我学习是为了 _____"的句式。每人至少填写5个。

2.填写完毕后，先在小组内交流，然后进行集体交流。

（四）引导讨论

在平时的大学生活中，你有没有想到这些目标？你是否正在为目标而努力？

讲堂一　爱上学习：思考学习的意义

在梁家河的七年岁月里，青年习近平手不释卷、熟读经典、博览群书、学而深思。在山上放羊，他把羊赶到山坡上吃草，自己就坐在旁边读书；每天晚上，他都要在煤油灯下，读到深夜；到延川县城来，他总是背着鼓鼓囊囊的一挎包书，随时随地都在想尽办法找书、看书……2014年10月，习近平总书记在文艺工作座谈会上谈道："我年轻时读了不少文学作品，涉猎了当时能找到的各种书籍，不仅其中许多精彩章节、隽永文字至今记忆犹新，而且从中悟出了不少生活真谛。"2018年5月，在与北京大学青年学生交流时，习近平总书记分享自己的读书故事："那时候，我读了一些马列著作。15岁的我已经有了独立思考能力，在读书过程中通过不断重新审视，达到否定之否定、温故而知新，慢慢觉得马克思主义确实是真理，中国共产党领导确实是人民的选择、历史的选择，我们走的社会主义道路确实是一条必由之路。这种通过自己思考、认识得出的结论，就会坚定不移。"

青少年时代正是人生的"拔节孕穗期"，读书是培育心智、锻造本领的重要方式，我们要像习近平总书记那样如饥似渴地读书，既要惜时如金、孜孜不倦，下一番心无旁骛、静谧自怡的功夫，又要突出主干、择其精要，努力做到又博又专、愈博愈专，不负青春韶华，不负时代期许。

同学们，大学是你未来人生的起点，有意义、主动的学习与无意义、被动的学习之间存在巨大的差异。例如，某学生高考志愿报的是英语专业，但这是他父母的决定，他最喜欢的专业是经济学。由于当前很多经济学研究都是用英语写的，因此，他决定开始读经济学英文原著，这样既有助于增进对经济学的了解，又能提高自己的英语水平。就这样，学习英语成了他实现人生目标的关键一步。

我为什么要学习？学习对我的独特意义是什么？学习和我的梦想是怎样的关系？我今天的学习和明天的生活又有什么样的联系？在思考这些问题时，我们要了解什么是学习以及大学学习的特点，明确学习的目标和意义；学好专业，提升自身能力，深刻认识到学习乃是自己将来的安身立命之本；摆脱"学习无用论""学得好不如嫁得好""学不学无所谓，混张文凭就行"等错误观点，从内心真正重视学习，提高学习的积极性。

一、学习的概念

狭义的学习特指学校学习，而广义的学习是指基于经验而导致行为或行为潜能发生相对一致的变化的过程，发生在生活的方方面面。初次开始集体生活，接触真正的专业知识，甚至开始尝试与一个人谈恋爱都是在学习。

你如何对待你的学习呢？你是主动出击，尝试新事物，还是坐等同学的攻略笔记？美国著名的学习教育心理学家戴维·保罗·奥苏贝尔等人按照学习方式和学习内容能否与学习者联系起来，对学习进行了分类。

表4-1　学习的分类

标准	类别	
学习方式	接受学习	发现学习
	将别人的经验变成自己的经验，例如听音乐、学唱新歌	个人独立发现、创造经验，例如发现新的旅游线路
学习内容能否与学习者联系起来	机械学习	有意义地学习
	在缺乏某种先前经验的前提下，靠死记硬背来进行新的学习，例如开始学一门新的语言	学习者利用原有经验来进行新的学习，理解新的信息，例如为了提升学历进行专升本考试

二、大学学习的特点

（一）自主性

大学的学习具有高度的自主性，学习的内容既包括基础知识和专业知识，也包括本专业、本行业的前沿知识和技术发展情况，知识的深度和广度与中学均有所不同。课堂教学往往只是提纲挈领式的，学习的主要方式依赖于大学生自己对知识的理解和把握。除此外，大学生对学习内容也有很大的选择权。除了必修课外，大学还开设了很多选修课，大学生可以根据自己的需要和兴趣去学习。

（二）专业性

大学教育具有明显的专业性。学生必须学习自己的专业，但又不能局限于这个范围，需要开阔自己的视野。如何处理好专业与非专业学习的关系，如何正确处理基础课与专业课之间的关系，是大学学习的一个中心问题。基础知识属于基本的、系统的、规律性的知识，具有稳定性，而专业知识是以基础知识为基础的，二者缺一不可。因此，大学生应根据自己的时间和精力，合理安排专业知识和非专业知识的学习。

（三）综合性

大学学习实际上是一种高层次的专业学习，这种专业性是随着社会对本专业要求的变化和发展而不断深入的。为适应当代科技发展的高度分化、高度综合的特点，高校在进行专业教育的同时，还兼顾科技发展的特点和社会对人才综合性要求的特点，尽可能提高大学生的综合能力，以增强大学生毕业后对社会工作的适应性。

（四）广泛性

学习的广泛性是指大学生在学习过程中可以通过各种不同的途径和渠道吸收知识，也可以靠广泛的兴趣去探索、获取课程以外的知识。首先，大学学习的途径反映了广泛性的特点。学术报告、知识讲座、专题讨论、社会调查、专业实习、查阅资料等众多形式为大学生多层面、多角度涉猎知识提供了条件。大学生只有广泛地学习，才能形成合理的知识结构，锻炼能力，增长才干。其次，大学生可以广泛发展自己的兴趣，按照自己的意志和兴趣有选择地学习一些知识。

讲堂二　力学笃行：培养学习动机

一、动机

动机是用来描述支配行为过程的动态概念，涉及三个问题：引发行为的起因是什么？使行为指向某一目的的原因是什么？维持这一行为的原因是什么？根据这三个问题，心理学家将动机定义为激发、引导和维持行为的内部过程。从定义可看出，动机有以下三种功能。

（一）唤醒功能

动机首先激发行为的产生，是行为唤起的原因。人类各种各样的活动总是由一定的动机引起的，没有动机也就没有活动。

（二）指向功能

动机像指南针一样使人的行为始终指向目标。曾有人把动机比喻为汽车的发动机和方向盘，即动机既给人以行动的力量，又可控制行动的方向，因此"动力"和"方向"被认为是动机概念的核心成分。

（三）维持功能

行为一经发生，要继续下去就需要动机的维持，否则就会中断或中止。动机对活动具有维持和强化的作用。

成长链接

动机与需要

动机是个人内心需要的外在表现。心理学家马斯洛认为，人们的需要分为 7 个层次，以从低级到高级的方式运行。这 7 个层次分别为生理需要、安全需要、归属与爱的需要、尊重需要、认知需要、审美需要、自我实现需要，如图 4-1 所示。请注意，图越往上越窄，这表示层次越高得到满足的人越少。

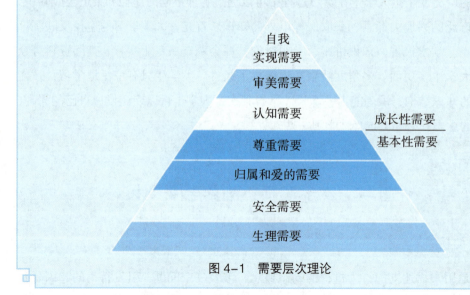

图 4-1　需要层次理论

二、学习动机

（一）学习动机的含义

学习动机是指直接推动学生学习的一种内部动力，是激励和指引学生学习的一种内部需要。学习动机主要包括认知内驱力、自我提高内驱力和附属内驱力。认识内驱力是指了解、理解和掌握知识的需要，以及系统地阐述问题并解决问题的需要；自我提高内驱力是指个体因自己的胜任能力或工作能力而赢得相应地位的需要，是成就动机的重要组成部分；附属内驱力是指为了持续获得外界的赞许或认可而表现出来的一种需要。

拓展训练 ▷▷▷▷

学习动机自我诊断测试

这是一份关于大学生学习动机的自我诊断量表，一共有20个问题，请你根据自己的实际情况，逐一对每个问题做"是"或"否"的回答。为了保证测试的准确性，请你认真作答。

1. 如果别人不督促你，你极少主动地去学习。

2. 你一读书就觉得疲劳与厌烦，只想睡觉。

3. 当你读书时，需要很长的时间才能提起精神。

4. 除了老师指定的作业外，你不想再多看书。

5. 在学习中遇到不懂的知识，你根本不会想方设法弄懂它。

6. 你常想：自己不用花太多的时间，成绩也会超过别人。

7. 你迫切希望自己在短时间内大幅度提高学习成绩。

8. 你常为短时间内成绩没有提高而烦恼不已。

9. 为了及时完成某项作业，你宁愿废寝忘食、通宵达旦。

10. 为了把功课学好，你放弃了许多感兴趣的活动，如体育锻炼、看电影、郊游等。

11. 你觉得读书没意思，想去找个工作。

12. 你常认为课本上的基础知识没什么好学的，只有看高深的理论、读大部头作品才带劲儿。

13. 你平时只在喜欢的科目上狠下功夫，对不喜欢的科目则放任自流。

14. 你花在课外读物上的时间比花在教科书上的时间要多得多。

15. 你把自己的时间平均分配在各科上。

16. 你给自己定下的学习目标多数因做不到而不得不放弃。

17. 你几乎毫不费力就实现了自己的学习目标。

18. 你总是同时为实现好几个学习目标而忙得焦头烂额。

19. 为了应付每天的学习任务，你已经感到力不从心。

20. 为了实现一个大目标，你不再给自己制定循序渐进的小目标。

计分方法：

记分时选"是"计 1 分，选"否"计 0 分，将各题得分相加，算出总分。总分在 0～5 分，说明学习动机上有少许问题，必要时可调整。总分在 6～10 分，说明学习动机上有一定的问题和困扰，可调整。总分在 11～20 分，说明学习动机上有严重的问题和困扰，需调整。

分析：

上述 20 道题目可分成 4 组，它们分别测试学生在以下四个方面的困扰程度：

1～5 题测试学习动机是否太弱；

6～10 题测试学习动机是否太强；

11～15 题测试在学习兴趣方面是否存在困扰；

16～20 题测试在学习目标上是否存在困扰。

假如你对某一组（每组 5 题）中大多数题目持认同的态度，则说明你在相应的学习欲望上存在一些不够正确的认识，或存在一定程度的困扰。

（二）学习动机的规律

首先，学习动机的产生与存在不仅需要外部客观条件的激发，还需要内部心理因素的维持。由此可知，在没有任何学习动机时，有目的、有计划地创设诱因，如目标与反馈——理智的诱因、奖励与惩罚——情绪的诱因、个人竞赛和团体竞赛——社会的诱因等对于激发外部学习动机是十分必要的。当有了一定的外部学习动机后，还应适时利用外部条件去激发内部学习动机。

其次，学习动机和学习效果相互制约。在一般情况下，动机水平增加，学习效果也会提高。但是，动机水平也并不是越高越好，动机水平超过一定限度，学习效果反而更差。美国心理学家耶克斯和多德森认为，最佳的动机水平与作业难度密切相关：任务较容易，效率随动机水平的提高而提高；任务难度中等，最佳动机水平也适中；在任务越困难时，较低的动机水平有利于任务的完成。这便是有名的耶克斯—多德森定律（简称倒"U"型曲线）。

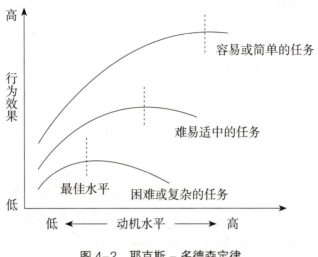

图 4-2 耶克斯 - 多德森定律

总之，学习动机和学习的关系是辩证的，学习能增强学习动机，而学习动机又可推动学习，提高学习效果，二者相互关联。正如奥苏贝尔所言，动机与学习之间的关系是典型的相辅相成的关系，绝非一种单向性的关系。

三、学习动机不当的表现

学习动机不当主要包括学习动机不足和学习动机过强，两者都会影响大学生的学习。

（一）学习动机不足

学习动机不足是指学习没有明确的方向，甚至厌倦学习、逃避学习。学习动机不足主要表现为：缺乏学习热情，懒于学习，学习比较被动，把主要精力放在娱乐等与学习无关的活动上。学习肤浅，满足于一知半解，缺乏持之以恒的学习毅力，对所学专业不感兴趣。对学习缺乏应有的兴趣、紧迫感和自觉性，学习带有盲目性，精力投入不足，对本专业的知识、技能要求缺乏认识。对学习环境怨气较多，如埋怨学校、院系和专业，指责教育教学条件不够如意，抱怨师生、同学关系的冷漠和冲突。

（二）学习动机过强

学习动机过强是指追求成就性动机水平过强，或追求奖励性动机水平过强。学习动机过强主要表现为：学习劲头十足；学习强度过大，严于律己；常希望得到老师和家长的称赞，并被寄予更大的期望。但有一些大学生太过关注自己的学习成绩，他们平时学习很努力，期末复习也很刻苦，但对自己的学习成绩总是处于一个不满意的状态。

习得性无助感

习得性无助感是指由于连续的失败体验而导致的个体对自己的能力失去信心、对行为成功不抱期望的一种无能为力、自暴自弃的心理状态。在学习、工作和交往中，人们常常遭遇失败、挫折而又感到无法控制行为结果，随之出现失望、自信心丧失、精神抑郁等状况，遇事束手无策、自暴自弃，表现出回避、退缩和放弃等行为倾向。

塞利格曼和梅尔于1967年在实验中首先发现了习得性无助感现象。实验以狗为实验对象，分两个阶段进行。在第一阶段，将狗用皮带缚在吊床上，给予许多无法预料的、痛苦的电击。第一组狗只要用鼻子推动吊床底部的嵌板，即能逃避电击；第二组狗则无论怎样做都无法逃避或控制电击；第三组狗只是被缚在吊床上，没有接受电击。24小时后进入实验的第二阶段，三组狗都被移放到一个双间穿梭箱内，每只狗只要跳过中间的栅栏，就可以逃避电击。结果发现，第一组和第三组狗很快学会对条件刺激做出反应，跳过穿梭箱中间的栅栏，躲避电击。然而，在第一阶段接受了无法逃避电击的第二组狗则无法学会如何避免电击，甚至不去尝试逃避电击，只是趴着不动，忍受电击，表现出痛苦和抑郁的表情。第二组狗之所以无法学会躲避电击，是由于先前对电击无法控制的经验所致。因此，塞利格曼和梅尔用"习得性无助感"这一术语来说明这种现象。

四、学习动机的培养与激发

（一）明确学习目的，提升学习自主性

大学生应认识到学习的社会意义，把个人需要与社会需要联系起来，有利于提升学习自主性。要想提高学习质量，就必须有明确的学习目标，包括总目标和阶段性目标。目标的制订不能用一些模糊词语，如"努力学习"等，而是要明确且具体。这对大学新生相当重要。另外，大学生在制订目标时要把重点放在近期目标上，因为实现近期学习目标是成功实现远期学习目标的关键，即所谓"千里之行，始于足下"。总之，确定目标时要遵循三个原则：一是求近不求远，即要完成某项学习任务是眼前的事而非未来的事；二是具体明确而非笼统模糊，做到有的放矢；三是分析自己的情况，目标要具有一定的挑战性。

（二）培养学习兴趣，增强内部学习动机

学习兴趣是推动学生学习的内部动力，它使学生在学习活动或探求知识过程中产生愉悦的情绪体验，从而触发进一步学习的需要。当广泛的学习兴趣成为学生的人格特征时，就不需要或很少需要外部的奖励了，即使他们离开学校仍能坚持学习。有了学习兴趣，大学生就会积极主动地学习。

与毅力相比，兴趣更能体现出"乐在其中"的优越性。大学生的学习是围绕专业方向进行的，因此专业兴趣的培养应放到第一位。特别是所学专业与报考专业不符的大学生，可以采取一些方法培养自己对所学专业的兴趣，达到专业认同。例如，了解该专业的学科分支、发展史以及前沿科学知识，与老师、同学讨论该专业的发展价值，通过阅读文献发掘自己感兴趣的问题，等等。这些方式不仅影响着大学生的学习兴趣，而且对于大学生未来的就业与职业生涯都具有重要的意义。因此，有必要通过各种途径，如挖掘知识、实践探索等活动来培养学习兴趣。

（三）积极归因，正确对待成功与失败

成功和失败的学习体验会影响后续的学习动机。一般来说，成功的学习体验有利于增加人的信心，激发学习热情，增强学习动机；失败的体验容易使人产生焦虑、自卑感，降低学习动机。但是，成功和失败的学习体验对学习动机的影响并不是绝对的，关键是要学会对成功和失败进行合理归因。在面临成功和失败时，大学生可能会把成功和失败归因于内部因素，如能力或努力等；也可能认为是由外部因素造成的，如任务难度、运气等。其中，能力、任务难度都是一些稳定的因素，而努力和运气则是一些不稳定的因素。

大学生对失败的归因方式可分为悲观的归因方式和乐观的归因方式。悲观的归因方式认为失败的原因是内因，而且认为造成这种结果的因素是稳定的和不可改变的，如个人能力；乐观的归因方式则把失败看作外部因素的结果，如考试不公平、学习环境太吵闹等不稳定的或可变化的特定事件。所以，那些将成功归因于外部因素的学生可能削弱自我效能感，因为外部因素是不可控的。将失败归因于内部因素的学生往往认为自己缺乏成功的能力，认为学习本身是不可控的，为了避免失败，会逃避学习，久而久之就对学习失去了兴趣。另外，大学生在面临失败的时候，要学会乐观的归因方式，找出那些自己可以控制的导致失败的原因，改进方法，增强后续学习的动力。

（四）积极参加校园文化活动，激发求知欲

大学校园中的文化活动是丰富多彩的，如科技制作活动、文化艺术活动、创业活动以及社会实践活动等。大学生可以根据自己的兴趣，有选择地参加一些自己喜欢的活动，这对激发自己的求知欲，增强自己的学习动机，尤其是对增强内在学习动机具

有重要意义。例如，大学生阿华原先对学习，尤其是对理论学习不感兴趣。后来他参加了学校举行的一次建模比赛，并获了奖。从此，他的学习态度有了明显转变，开始热爱学习，尤其喜欢探究。他对同学说，促使他转变的原因有两个：一是获奖结果的激励；二是建模制作过程需要大量的知识和技能，他在查阅资料、补充知识的过程中认识到了学习的重要性。

讲堂三　学海方舟：善用学习策略

知道了为什么学习，那么如何学习？人有不同，学习自然也不同，因此每个人的学习方法或学习策略也不尽相同。

你是否也曾陷入过这样的苦恼：同样是在一个班级里学习，总有人不仅能早早地完成既定的学习任务，还能抽出时间丰富自己的课外生活，而自己面对繁杂的事务却是一筹莫展。

"天才就是1%的灵感加上99%的汗水。"想要学习更加高效，就要学会选择适合自己的学习策略或方法！

一、了解学习风格

对于学习风格，长期以来并没有形成统一的界定。凯夫等人从信息加工的角度来界定学习风格，认为："学习风格由学习者特有的认知、情感和生理行为构成，它反映了学习者如何感知信息、如何与学习环境相互作用并对其做出反应的相对稳定的学习方式。"由此可知，学习风格实质上是一个人的认知风格在学习中的体现。认知风格也称认知方式，指个体偏爱的信息加工方式，表现在个体对外界信息的感知、注意、思维、记忆和解决问题的方式上。

学习风格具有独特性和稳定性。也就是说，学习风格是在学习者个体神经组织结构及其机能基础上，受特定的家庭、教育和社会文化的影响，通过个体自身长期的学习活动而形成，具有鲜明的个性特征。学习风格一经形成，即具有持久稳定性，很少随学习内容、学习环境的变化而变化。但是学习风格的稳定性并不表明它不可以改变，它仍然具有可塑性。

二、优化学习策略

（一）课前做好预习，在预习中把握纲要，提出问题

对于大学生来讲，预习并不是简单地翻翻课本，而是在把握下节课内容纲要的基

础上，提出自己对该方面内容的疑问。课前有了学习目标，课堂上注意力才会更加集中，思维也会更加活跃。有这样一个实验：甲组和乙组的学生学习同一个材料，对甲组的学生要求注意看标题并作为问题来思考（有意学习），对乙组的学生则没有什么要求（偶然学习）。结果表明，不论是即时成绩，还是一段时间以后的成绩，甲组学生均优于乙组学生。这充分表明了对学习内容进行思考的重要性。

（二）上课认真听讲，学会记笔记

大学阶段，老师往往要在课堂上增加新知识、新内容，并提出一些新问题。所以，注意力高度集中、认真听讲、积极思考是大学生掌握并深入理解所学内容的关键。理解了课堂内容，课后的复习、巩固才会变得相对容易。同时，听课时要学会记笔记。在听课、讲座中做笔记比只听不做更有效，利用笔记进行复习比仅仅抄笔记更重要。当然，记笔记并不是把老师讲的东西一字不漏地记下，而是以补充课本内容为原则，把要点、难点和有用的知识记下。一般来说，有四种常用的记笔记方法：概括、列提纲，列表，做评注、补充，重点部分用彩色笔或荧光笔画线。

（三）巧妙地使用认知策略

认知策略可以理解为人的一种高级认知能力，调节着信息加工的认知活动。合理的认知策略能够保证个体对学习内容更好地理解、记忆、保持和回忆。在大学生的学习过程中，如果认知策略使用得当，就能在很大程度上提高学习效率。

1.合理使用复述策略

在学习过程中，为了识记学习内容，必然要对所学的知识进行反复复习和记忆，这是一个复述的过程，此过程包括许多具体的策略。

（1）及时复习策略。人在识记完成后的最初时间里，对内容遗忘得较多，尤其在识记后的一天之内。换句话说，如果你仓促应考，几天后你不可能记得很多东西。这一敏锐的观察结论是由德国著名的心理学家艾宾浩斯于1885年提出。艾宾浩斯以自己为实验对象，以无意义音节为记忆材料，花了10年时间，得到了大量实验数据。然后，艾宾浩斯又根据这些数据描绘出一条曲线，这就是非常有名的揭示遗忘规律的曲线——艾宾浩斯遗忘曲线。遗忘的进程不均衡，记忆的最初阶段遗忘的速度很快，后来就逐渐减慢了，过了相当长的时间后，几乎就不再遗忘，这就是遗忘的发展规律，即"先快后慢"的原则。观察这条遗忘曲线，你会发现，一个人所学的知识在一天后，若不抓紧复习，就只剩下原来学的33.7%。随着时间的推移，遗忘的速度减慢，遗忘的数量也就减少。因此，为了防止学习之后，学习内容被迅速遗忘，我们须对当天学习的内容及时复习，否则间隔太长时间会遗忘大部分所学内容。

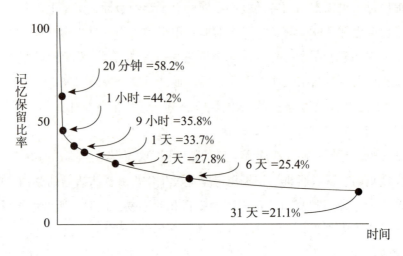

图4-3　艾宾浩斯遗忘曲线

（2）分散复习策略。集中复习是指集中一段时间多次重复学习。在大学里，尤其是到了期末考试，不少大学生采用考前"抱佛脚"的复习方式。这种方式虽然可能会帮助他们渡过考试这一关，可考完之后，脑子里就什么也没有了。这是因为短期的集中复习后，遗忘量很大。而分散复习则不同，将要学习的内容每隔一段时间重复识记，记忆效果会更好。因此，大学生在学习时要多用分散复习的方法。

（3）适当的过度学习。过度学习是指在记得、学会的基础上，再增加一些学习时间，使得对学习材料的掌握达到较高程度。一般来说，学习程度在150%时，记忆效果最好；超过150%时，记忆效果不再有显著增长。所以，过度学习也要适当。过度学习最适合那些必须准确记忆却没什么意义的操作性信息，如乘法口诀表、汉字书写和英语单词的拼写。

（4）多样化复习。在复习方式上，可以用朗读、背诵、提问、做练习、实验操作等灵活多样的方式。

2. 使用精细加工策略

学习不仅是对知识内容的识记，也要掌握和理解知识，将新的知识同自己已有的知识相结合，这个过程就叫作精细加工。下面给大家介绍两种具体的精细加工策略。

（1）做记号。不少大学生在阅读的时候都有在学习材料上涂涂画画的习惯。有人认为，我们在决定每段话中的哪一句话最重要的同时，对材料进行了较高水平的加工。因此，如果学习时能对一些重点的句子或词语进行标记，就会加深对句子的理解，记得更牢。做记号的方法有很多，如在关键句子下画线，给重点词语标上着重号，在重点段落前加星号，在有疑问的地方标上问号，将自己的思考注在旁边，等等。

（2）类比和比较。在学习的过程中，可以通过类比，即根据某些属性或形式上的相同或相似对新旧知识进行联结，寻找知识的异中之同。还可以用比较法，即区别事物之间容易混淆的关键点，或分析相对事物的特征属性以理解知识，发现知识的同中之异。用这两种方法进行复习，有利于对知识的理解和应用。

3. 合理运用组织加工策略

仅学习新的知识是不够的，还要建构新知识之间的内在联系，将分散的、孤立的知识集合成一个整体，这需要组织加工策略。以下简述一些常用的组织策略。

（1）列提纲

列提纲是以简要的语言写下主要和次要观点，也就是以金字塔的形式呈现材料的要点。提纲就是一本书的主要脉络，直观、概括，具有条理性，层次分明，脉络清楚。

（2）做图解

运用图解的方式说明信息之间的内在关系，用连线和箭头等方式形象地显示组织结构，如系统结构图、概念关系图、运用理论模型等。

（3）做表格

对于复杂的信息，采用各种形式的表格，如一览表和矩阵表，都可以对信息起到组织的作用，促进对信息的记忆和理解。

4. 发展自学能力

发展自学能力是大学生学习策略的重要方面。一方面，大学生在自学过程中，要掌握一些基本的学习方法，如循序渐进、学思结合、敢于质疑等；另一方面，大学生要学会利用多种学习资源，如文献检索、图书资料查阅等来扩展知识。

5. 养成良好的学习习惯

（1）学会评估自己的学习习惯。大学生可以利用表4-2进行自我评估，找出自己的问题后，制订方案，改善自己的学习行为，进而形成良好的学习习惯。

表4-2　学习策略自我评估表

学习方法	具体内容	自我评价	如何改进
学习环节	课前预习		
	课堂记笔记		
	课后整理笔记		
	课外阅读参考资料		

续表

学习方法		具体内容	自我评价	如何改进
认知策略	记忆策略	依据遗忘规律及时复习		
		尝试回忆（读背结合）		
		联想记忆（巧妙记忆术）		
		理解记忆（抽象与具体结合）		
	组织策略	区分知识重点		
		提取知识要点		
		归纳知识要点		
		表示知识要点（符号纲要法）		
	元认知策略	对学习方法的自我意识与调节		
		对学习进度的自我意识与调节		
实际运用		注重知识的运用，参加科学研究		

（2）营造适合学习的环境。学习需要一个安静、光线充足、没有干扰的环境。如有可能，应该在有一个专门用于学习的地方，在那里不能做任何其他的事情，没有游戏机、手机、食品及可能干扰学习的物品。

（3）自我检测。在真正的学习之前为自己安排几次练习性的测验，这对于提高学习质量很有益处。换句话说，学习过程中应该包括自测，要尽量多地向自己提问，并确信自己能够回答所有问题。学习不做自测，就好像在正式比赛前不做热身活动一样。

（四）掌握时间管理策略

时间是一种宝贵的资源，时间管理对于大学生来说是很重要的。下面提供了一个时间管理表，请根据自己的实际情况认真填写。

表4-3 时间管理表

项目	时间分配	每天占用时间（小时）	所占比例
休闲	睡觉的时间		
	吃饭的时间		
	下课休息的时间		
	闲聊的时间		

续表

项目	时间分配	每天占用时间（小时）	所占比例
	看课外书的时间		
	听歌、看电视的时间		
	每周休息的时间		
	节假日的时间		
学习	上学、放学的时间		
	上课有效学习的时间		
	有效处理作业的时间		
	有效复习的时间		

时间管理有优先顺序，即时间管理并不是盲目的，也不是完全相同的。时间管理还要求不断地突破限制，使目标更容易达成。重要的事情不一定紧急，紧急的事情不一定重要，分清轻重缓急是做事情的第一步。首先是紧急而重要的事情，其次是重要的但较不紧急的事情，再次是紧急的但不是很重要的事情，最后是不紧急、不重要的事情。这样就可以避免无谓的忙乱和日常事务的积压。以下是几种有效的时间管理策略。

1.树立时间紧迫的观念

目前，有不少大学生随意安排时间，想干什么就干什么，毫无时间观念。虽然自己知道时间宝贵但并不会在头脑中时刻提醒自己，更谈不上科学的时间管理。因此，大学生应加深对时间的认识，树立时间紧迫的观念，这是做好科学管理时间的前提。

2.养成时间管理的好习惯

首先，在面临很多事情时，要分清轻重缓急，学会筛选。对实现远期目标和近期目标没有积极意义的，放弃后不会出现不良后果的事情应果断予以淘汰，这样可以杜绝空忙、白忙，把时间用在有意义、有价值的事情上。

其次，对筛选出的事情通过相互比较得出完成先后的顺序，把握并区分出重要的、紧迫的、困难的和喜欢的事情。

再次，学会时间预算。事情完成过程中难免会碰到很多意料外的情况，因此，在做时间预算时要留有空间，否则时间被安排得过于紧张，人就会有被时间牵着走的感觉。

3.向"时间窃贼"宣战

研究发现，偷走我们时间的"窃贼"有：找东西、懒惰、时断时续、惋惜不已、白日做梦、拖拖拉拉、消极情绪、分不清轻重缓急等。相信这些"时间窃贼"在大学生身边经常游动，甚至好多"时间窃贼"已成为我们生活中的"伴侣"。因此，在学习生活中，我们需要和这些"时间窃贼"做顽强的斗争，努力防范，尽量不给这些"时间窃贼"机会，从而提升自己的生命质量。

心理 训 练 ▶▶

一、测量有方：认知监控问卷

（一）测验介绍

大学生要想对自己偏好的学习方式或处理信息方式进行评估，就要了解、认识自己的学习风格，以便于形成可以发挥自己学习潜力的学习策略。

（二）操作步骤

本调查表的目的是帮助大学生认识自己的学习风格。请尽可能忠实地回答下列40个问题。如果你对某一陈述持同意的程度超过不同意，就打个"√"；如果你对某一陈述持不同意的程度超过同意，就打个"×"。

1.只要我觉得合理，我经常做适当的、有理由的冒险。

2.我倾向于循序渐进、脚踏实地地解决问题，会主动回避任何怪诞的想法。

3.我有开门见山、直接点题的作风。

4.我经常发现感性的行为与那些经过认真思考分析后的行为是一样正确的。

5.判断一个建议或问题的解决方法是否正确的关键是它能否应用于实践。

6.当我听到一个新主意或办法后，我喜欢思考怎样尽快地将它应用于实际。

7.我遵循自律的态度、符合逻辑的思考方式，喜欢制订清晰的程序。

8.我以做事周到、有计划而自豪。

9.我与有逻辑分析能力的人相处得很好，与冲动、不理智的人相处得不那么理想。

10.我仔细分析所有我可利用的数据，避免直接跳到结论。

11.我喜欢在权衡很多选择后做出决定。

12.新的、不寻常的主意比注重实际的主意更吸引我。

13.我不喜欢那种自己无法切入其中的情形。

14.我办事喜欢遵循一般原则。

15. 我有个名声——开会时，不顾别人感受而直击要点。

16. 我更喜欢有尽可能多的信息来源助我更好地思考。

17. 处世轻率的人常使我恼怒。

18. 我更喜欢顺其自然地解决问题，而不是事先计划好。

19. 我非常讨厌迫于时间限制的压力而做出推论，我喜欢花很多的时间思考问题。

20. 通常我评价他人的观点主要是看他实践的成效。

21. 我讨厌那些做事莽撞的人。

22. 把握现实比沉迷过去、幻想未来更重要。

23. 我觉得经过周全分析所有资料而做的决定比依赖直觉而做的决定更好。

24. 在会上我喜欢一有想法就提出。

25. 总的来说，我说的太多，其实我应该多听。

26. 在会议上，我对那些无视主题的人很不耐烦。

27. 我喜欢与别人交流我的想法和观点。

28. 在会议上，人们应从实际出发，紧扣主题，避免沉迷于不切实际的空想。

29. 我喜欢在做决定前慎重考虑。

30. 比起同学们在会议上的反应，我认为自己更客观、冷静。

31. 在会议上，我喜欢坐在角落，而非积极参与发言。

32. 总的说来，我更喜欢听而不是说。

33. 在大多数情况下，我相信结果能验证方法。

34. 团体的目标应该高于个人情感和目标。

35. 对完成工作有用的事，我都去做。

36. 我很容易厌烦按部就班、细致的工作。

37. 我热衷于探究事物背后的基本假设、原理及理论。

38. 我喜欢会议有条理地开展，遵守定下的议事日程。

39. 我避开主观或模棱两可的主题。

40. 我欣赏冒险的戏剧性和兴奋性。

计分方法：

打"√"得 1 分，打"×"得 0 分，将你所得的分数填入下表并分项计算总分。

1	4	12	18	22	24	25	27	36	40	总分（行为主义者）

8	10	11	16	19	21	23	29	31	32	总分（反省主义者）

2	7	9	13	14	17	30	37	38	39	总分（理论主义者）

3	5	6	15	20	26	28	33	34	35	总分（实用主义者）

将你的得分乘以 2，并在下表中找出对应的数据，判断自己的学习风格。

行为主义者	反省主义者	理论主义者	实用主义者	得分情况
13~20	18~20	16~20	17~20	分数很高
11~20	15~17	14~15	15~16	分数高
7~10	12~14	11~13	12~14	分数中等
4~6	9~11	8~10	9~11	分数低
0~3	0~8	0~7	0~8	分数很低

下面是每种学习风格的特征分析。

行为主义者：能完全地投入新的体验中，开朗、不多疑。这种倾向使你热衷于新的事物；总是先行动而后考虑结果；合群，爱不断地与别人交往，而且你还总能使自己成为活动的中心。

反省主义者：喜欢退后仔细考虑事情，并且会从各种角度去观察它。你会尽可能地收集和分析与事情有关的各方面数据，所以你更倾向于尽可能地延期做出最后的结论；你会在提出自己的观点前先听听别人的想法并把握讨论的要旨。

理论主义者：擅于把自己的观察结果与复杂的理论结合，喜欢分析和综合。你热衷于基本的假说、基本原理的理论、模型和系统的思考。

实用主义者：热衷于在工作中实践观点、理论和技术，并积极地找出新的观点和在实践中寻找机会去检验它。你乐于在课堂上吸收新观点，并把它应用于实际。你充满自信，但对深思熟虑地讨论不耐烦。

作为一名学习者，你应该理性地看待上述描述，并且找出适合自己的分析。你可能具有不止一种风格，且你的风格可以改变。

二、心安有方：时间馅饼图

（一）活动介绍

我们常常有这种感觉，不知道做了些什么，一天的时间就过去了，浑浑噩噩。使用时间馅饼图，可以帮助我们直观清晰地看到一天的24小时，我们都做了些什么，在时间分配上是否存在明显的问题。

（二）操作步骤

1. 测试前准备

准备便于绘画的桌椅，1张A4纸，1支中性笔，一盒彩笔或彩铅。

2. 步骤

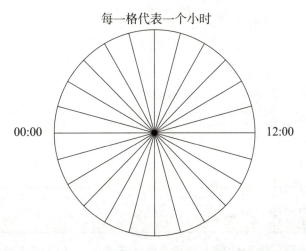

环节1：在A4纸中央画一个正圆形，将圆形分成如图24个格子。在时间馅饼图中，一个格代表一个小时。

环节2：回忆一天做的事情，进行简单的分类（例如睡觉、上课、自习、吃饭、打游戏、聊天、看影视剧、运动等），并计算出时间，然后分别使用不同颜色的笔进行填充。

环节3：分析自己的时间馅饼图，看看自己一天的时间都花费在了哪里。

环节4：使用同样的方法画出理想的时间馅饼图，与自己实际的时间馅饼图进行时间分配对比，思考如何优化时间分配，才能达到理想状态。

 心灵成长 ▶▶

一、学以致用：学会学习

（一）活动目的

1.建立课程学习目标。为每门准备学习的课程建立一个目标，可以使学习的目标更明确，从而产生主动学习的意识。

2.安排与控制学习时间。通过每天的自我监督，不断优化和提高自己对学习时间的安排和控制力，以培养良好的学习习惯，提高学习效率。

（二）操作步骤

1.在纸上画出课程计划表。

课程计划表

课程名称	
课程性质	
学时（学分）	
主要内容	
知识学习的目标	
技能学习的目标	
能力培养的目标	

2.填入课程名称、课程性质（包括必修或选修、专业课或基础课等）、学时或学分。向老师询问或查阅有关资料，了解并填写该课程的主要内容，要求简明扼要。

3.根据课程的要求及自己的情况和意愿，在知识学习、技能学习和能力培养方面分别写上自己的学习目标。

4.在确立目标时，要注意结合自己的特色，目标越具体详细越好。这里提供一些基本样式供参考。

知识学习的目标：①学习有关的基础知识；②了解这一学科的基本结构；③熟悉该领域的最新动向；④搜集某一问题的理论依据。

技巧学习的目标：①学习解决有关问题的方法；②掌握对未来工作有用的技术；

③了解该学科的思维方法。

能力培养的目标：①提高用事实说明各种问题的能力；②培养综合考虑问题的能力；③提高文字表达能力。

（5）平时复习和做作业前读一遍表，考试前和上课前也应读一遍，以使自己明确努力的方向和目标，增强学习的目的性和针对性。

二、心随"影"动：《银河补习班》

《银河补习班》是一部现实主义教育题材的电影，于2019年7月18日在中国内地上映。这是一部有关中国式父与子的故事，主要讲述了一对父子穿越漫长时光欢乐、温暖和充满泪水的故事。

电影里的情节告诉我们，人生路上的艰难和不如意是常态。马飞是幸运的，他有一位聪明、不认输和始终爱他、相信他的爸爸。在爸爸的信任和特殊的"补习"下，马飞越飞越高，最终成了万众瞩目的宇航员，飞向太空。

想看山顶的风景，就不可能一马平川地前进，沟壑、泥泞、荆棘都是无法避免的考验。心中有目标，眼里有方向，跌倒一次，爬起来再走，像马飞在洪水中、在太空舱外那样，想想自己还能做什么，踩稳并抓牢可以抓住的枝杈，不认输，就一定能爬上山顶！未来不远，即使现在的努力暂时没有达到想要的结果，但请你一定要坚持自己真正喜欢做的事，不认输，努力的汗水定会开出你想要的花朵。

参考文献

1. 张福全 . 心理学应用技术［M］. 合肥：合肥工业大学出版社，2011.
2. 袭开国，顾雪英 . 房树人测验———一项人格评估的技术［J］. 文教资料，2007，13.
3. 唐俪，胥明 . 房树人测验在人力资源管理中的运用［J］. 今日科苑，2011，10.

项目五 ▶▶▶

揭秘爱情魔法
——大学生恋爱及性心理

学习目标 ▶▶

知识目标

1. 了解爱情的含义。

2. 了解大学生恋爱心理发展的特点。

3. 了解科学的性知识、性心理及发展阶段。

能力目标

1. 理解大学生恋爱心理发展的规律。

2. 掌握大学生性心理问题及调试的方法。

3. 提高合理解决恋爱中常见问题的能力。

素质目标

1. 形成正确的恋爱观。

2. 培养积极的恋爱心态。

3. 树立正确的性意识。

心随我动 ▶▶

与爱同行：爱情是什么

（一）活动目的

增加对爱情的理解与思考。

（二）活动准备

准备几张印有不同图案的图片，并将每个图案剪成8片；提前收集一些自己认同的爱情格言。

（三）操作步骤

1.分组

为便于活动的开展，将学生进行分组。把所有碎图片摆在桌上，让每个学生任意拿一张碎片。拿到可拼成一个完整的图案的8位学生组成一个小组，并选出组长。

2.讨论

让学生把自己收集到的爱情格言与组员分享，并讨论对这些爱情格言的感受。

3.分享

每组请一名代表向其他组介绍小组讨论的情况。

心灵讲堂 ▶▶

讲堂一 揭开神秘面纱：恋爱及性心理概述

柏拉图有一天问老师苏格拉底什么是爱情，苏格拉底让他到麦田走一次，不能回头，在途中要摘一株最大、最好的麦穗，但只可以摘一次。柏拉图觉得很容易，充满信心地出去了，谁知过了半天他仍没有回来。最后，他垂头丧气地出现在老师跟前诉说空手而回的原因：看见一株不错的，却不知道是不是最好的，因为只可以摘一株，只好放弃，再往前走看看有没有更好的。直到走到尽头，才发觉手上一株麦穗也没有。

这时，苏格拉底告诉他：这就是爱情！

又有一天，柏拉图问老师苏格拉底什么是婚姻，苏格拉底就让他先到树林里，砍下一棵全树林最大、最茂盛、最适合放在家当作圣诞树的树，同样只能砍一次，以及同样只可以向前走，不能回头。柏拉图于是照着老师的话去做。这次，他带回一棵普普通通，不是很茂盛，亦不算太差的树回来。老师问他："怎么带这棵普普通通的树回来？"他说："有了上一次经验，当我走了大半路程还两手空空时，看到这棵树也不太差，便砍下来，免得错过了，最后又什么也带不出来。"老师说："这就是婚姻！"

爱情是每个青年人都憧憬和向往的，也是大学生很关注的话题。据统计，有三分之二的大学生谈过恋爱。恋爱对于大学生来说既熟悉又陌生，熟悉的是自己或者周围总有人在谈恋爱，总有人述说恋爱中的开心浪漫和烦心事儿；陌生的是从未有人教过自己恋爱该怎么谈。

现在让我们一起走近大学生恋爱及性心理，了解什么是爱情，大学生恋爱的心理特点是什么，大学生的性心理及发展阶段等内容。

一、爱情的概述

爱情是一种人与人之间产生的相互爱恋、相互依存的密切情感。爱情是男女之间基于一定的物质条件和共同的人生理想，在内心对对方真挚地仰慕，并渴望发展成为终身伴侣，强烈的、稳定的、专一的感情。爱具有亲密、承诺等属性，并且彼此信任、彼此理解、彼此包容。

爱情是一种细腻微妙的情感。爱情是平等的，是发自内心的情感表达，是建立在彼此相互确认的基础上的情感模式。不同的时代赋予了爱情不同的定义。古代的爱情由于社会生产力或者封建体制的影响，加上人们思想观念存在一定局限性，在爱情的选择以及表达方式上都受到很大的制约；在现代生活中，爱情是基于一定物质基础和共同理想而形成的真挚情感，双方渴望相伴一生，守护一世。

爱情是一场由化学物质引发的暴风雨。从信息素到多巴胺，再到苯乙胺，然后产生后叶催产素和肾上腺素，最后脑啡肽让我们的爱情尘埃落定。人类的爱情往往比化学更加复杂，也许来源于惺惺相惜，也许来源于青梅竹马，也许来源于一见钟情，抑或炽烈，抑或恬淡，抑或曲折。

爱情会受到多种因素的影响，除了类似物质条件这样的"硬件"，世界观、人生观、价值观的匹配等"软件"也极大影响了现代人的爱情观。

二、大学生恋爱的心理特点

大学生恋爱有自己独特的心理特点，有别于其他时期的恋爱。

（一）渴望爱与被爱

大学生正处于埃里克森所说的自我认同时期，这时候的大学生十分关注自己究竟是怎样的一个人，究竟有哪些优点和缺点，希望通过恋爱的方式来了解自己，实现自我认同。大学生对爱和被爱的需要非常强烈。在同异性交往的过程当中，大学生为了给对方留下好的印象，会不断地进行自我完善，从而发掘自我的潜力。

（二）追求过程，不重结果

"爱一个人就是要和他（她）天荒地老"，这是人们经常描绘的爱情观，为了一份忠贞不渝的爱情我们可以等待。但是如今只有少部分大学生觉得谈恋爱不一定是为了和对方结婚，更多的是为了有一个感情的寄托，至于将来怎么样，很少有人会考虑这个问题。

（三）观念开放，道德意识淡薄

你已经有了恋人，你会再接受别的异性的爱吗？持传统观念的人都会给出一个否定的答案，因为爱情是专一的、忠贞的。但在现代社会风气和媒体环境（第三者、婚外恋等的负面报道）的影响下，恋爱出现了变化。

（四）爱情受挫能力差

虽然现在大学生谈恋爱很普遍，可是一旦失恋或者遭到对方的拒绝，很多大学生会觉得很痛苦，不知如何应对。有些人觉得失恋是一种耻辱，不知道怎么度过这一关，重新开始生活；有些人会产生轻生的念头，甚至出现极端的报复心理。

（五）恋爱动机多元化

大学生根据环境和自己的需要，有着不同的恋爱动机。有的恋爱是带着对婚姻、家庭关系的一种憧憬；有的恋爱是为了攀比，看到别人都谈恋爱，自己也不甘落后；有的恋爱是为了寻找一份感情的寄托，打发空虚无聊的生活；有的恋爱迫于毕业的压力，希望通过恋爱对象实现一些现实的目的；还有的恋爱是认为大学是谈恋爱的黄金时期，没有恋爱的大学生活是苍白的，所以一定要谈一场恋爱。

（六）表达爱情的方式多样化

如果喜欢对方，你怎样表达自己的感情？现在的大学生如果喜欢对方，他们会积极地表达自己的感情，单刀直入，真正体现了"爱要说出口"的特点。在公共场合告白的新闻屡见不鲜。所以，现在的大学生谈恋爱的进展很迅速，两个人从认识到关系亲密的时间很短。他们觉得喜欢就是喜欢，不再羞涩。

三、"性"为何物

当你看到"性"这个字时，会想到什么？你的脑海里可能会出现以下关键词：抚摸、接吻、性感、做爱、怀孕、流产……性是一个人成长过程中最重要的组成部分之一，是一个人生命棋局中较为关键的一步，具有非同寻常的意义。性不是一个是否会到来的问题，而是一个"何时"和"怎样"到来的问题，有关性的决定会影响人的一生。

我们通常所说的"性"，多指"性行为"，是旨在满足性欲和获得性快感而出现的行为和活动。性科学研究按照性欲满足程度的分类标准，将人类性行为划分为三种类型：一是目的性性行为，二是过程性性行为，三是边缘性性行为。

（一）目的性性行为

从生物学角度看，人类的性行为是为了实现人类种群的繁衍。它通常包括能使精子与卵子结合的性交等行为动作。当然，在现代社会，人类的性行为目的逐渐多元化，除了生殖外，还包括情感交流、获得身心愉悦等，但目的性性行为主要强调生殖的目的属性。

（二）过程性性行为

这是性交前的准备行为，如接吻、爱抚等动作。这些动作是为了激发性欲，实行性交。性交后还可能以这些动作作为尾声，使性欲逐渐消退，这也属于过程性性行为。

（三）边缘性性行为

这种性行为的范围就比较广泛了。它的目的是表示爱慕，或者仅仅是爱慕之心的自然流露，而不是为了性交。边缘性性行为有时很隐晦，如眼角的一丝微笑。边缘性性行为有时只有行为发生者之间才能感觉到，其他人是无从得知的。

四、性心理及其发展阶段

性心理是指人对性生理、性征、性欲、性行为，以及两性交往关系的内心体验。它可具体分为性意识、性思维、性情感、性行为等，它们相互联系、相互制约，共同体现在与性有关的言行之中。

进入青春期后，青少年开始经历性意识的萌动、对性的好奇探索、对异性的爱慕追求等一系列心理过程，大致可以分为以下三个阶段。

（一）异性疏远期

这一时期的一系列生理变化使少男少女对两性的差别特别敏感，羞涩感与朦胧感交织在一起，彼此很少说话，互不理睬，即使是以前两小无猜的同伴也开始疏远起来。学校里男女界限分明，有时男女同学间的正常交往也会遭到起哄和嘲笑。因此，他们封闭自己，疏远异性，就连与自己平时最熟悉的异性交往也变得不自然。这种对异性的疏远，实际上是少男少女性意识萌动而产生的一种心理骚动，表面上的疏远掩盖了他们内心的不安，是一种短暂的、引发今后对异性兴趣与爱恋的前奏曲。

（二）性接近期

这一阶段的男女生不再满足于对异性朦胧的、泛泛的好感和爱慕，而是希望通过与异性交往，有选择地寻找心中的白马王子或白雪公主。这个时期的心理特点是：喜欢与异性在一起活动，力求成为异性眼中有吸引力的人；两性的畏惧感、陌生感消失，相互吸引和接近的心理强烈，喜欢在异性面前表现自己，以博得异性的好感。男生为了引起女生的注意往往喜欢高谈阔论、逞强、做危险动作，表现出男子汉气概，甚至起哄、开玩笑、恶作剧。女生则表现出类似单相思、钟情的幻想，用打扮、声调、细微的关心和体贴吸引对方，有的以异性成年人作为崇拜和模仿的对象。此阶段的少男少女正处于钟情、思春的朦胧状态，对异性的关注具有好奇性、实验性和盲目性。

（三）异性恋爱期

此时的青年男女开始对异性展开积极主动的追求，对特定的异性表现出特别的热情和关心，而对其他异性的关心明显减少，同时对心仪的异性充满浪漫气息的爱情向往。一般情况下，男性在恋爱的表达方面更加主动、大胆、直率而且热情奔放；女性更加含蓄、深沉、妩媚，略带羞涩和矜持。大学生的恋爱一般分为初恋期和热恋期。当大学生第一次对异性产生爱慕之情，并得到回应时，会产生一种从未有过的新奇感，激动不已，觉得世上的一切都是那么美好。初恋是强烈的，又是纯洁的，倾注着全部的真情和幻想。热恋是爱情走向成熟的标志，经过初恋的相互了解，双方的思想感情日趋一致，心理上高度相容，能够在相互接触中比较准确地表达自己的情感，并得到周围人的赞许和认可。

五、性心理成熟的标志

（一）性意识从朦胧到清晰

性意识，不仅是指对性生理的意识，而且包括对性心理和性的社会意义的意识，即意识到个人作为一个社会角色，应该用什么样的观点、态度对待异性及两性关系。人刚生下来并没有性别的意识和性的意识，大约在18个月时开始辨认自我性别，3～4岁才知道自己是男孩或女孩，有了性别的初步意识。直到青春期，由于性生理的成熟和对性别认识的提高，形成了关于性的意识，性意识开始萌发。

（二）性情感从失衡到平衡

性情感是指直接维系对异性的思慕、依恋的感情。性心理不成熟的人，对异性表现出情感动荡不定，或冷漠，或过分敏感，常出现"恋爱错觉"。性心理成熟者大多能正确把握两性关系中的性关系与非性关系，所以情感失衡的情况基本上能避免。

（三）性冲动从失控到调控

在特定的场合下，性意向与性驱力积聚到一定程度，就会表现为性冲动。心理成熟的人，会加强对性冲动的自我调控，使之与个人的健康状况和有关社会规范相适应。

（四）与异性相处从拘谨到自然

青春期的性发育改变着青少年的心声，他们看见与自己一起长大的异性常会感到拘束。到了青春期晚期，他们渐渐地适应了与年龄相近的异性相处，不再那么拘谨，其自然程度接近于与同性朋友共事的程度。

六、性心理健康的标准

性心理健康是心理健康的重要内容。随着人类文化和生活水平的提高，人类的性心理对个人健康的影响远比以前更为深入和重要。性的无知或错误观念将极大地影响人们的生活质量。那么，健康的性心理如何界定呢？

世界卫生组织制定的性健康标准有：

（1）有正常的性需要和性欲望；

（2）能够正确地认识自我，愉快地接纳自己的性别；

（3）性心理特点和性行为符合相应的性心理发展年龄特征；

（4）能和异性保持和谐的人际关系；

（5）性行为符合社会道德规范。

心理学家罗杰斯认为，保持健康的性心理应遵循如下标准：

（1）具有良好的性知识；

（2）对于性没有由于恐惧和无知所造成的不良态度；

（3）性行为符合人道；

（4）在性方面能做到自我实现，即能学会拥有、体验、享受性的能力，在社会、道德的允许下，最大限度地获得性活动的快乐与满足；

（5）能负责地做出有关性方面的决定；

（6）能较好地获得有关性方面的信息交流；

（7）接受社会道德和法律的制约。

罗杰斯的标准适用于广义的成年人。对于大学生而言，其标准应包含三项内容，分别为有正常的性需求和性欲望，有科学、客观的性知识，有正当、健康的性行为方式。只有三者协调、顺畅，才能具备健康的性心理。

七、大学生性心理的特点

从年龄上看，大学生正处于异性恋爱期，会表现出一系列的性心理行为，但由于他们受教育程度、文化影响以及所处的环境具有特殊性，性心理发展特点具有特殊性。一般而言，大学生性心理具有如下特点：

（一）本能性和朦胧性

相当一部分大学生的性心理尤其是低年级大学生的性心理，尚缺乏深刻的社会内容。这种萌动披着一层朦胧的轻纱。不少学生不了解性知识，性对于他们来说有浓厚的神秘感，对异性的兴趣、好感和爱慕主要还是由于异性的自然吸引。然而正是在此基础上，在朦胧纷乱的心理变化中，性意识逐渐强烈和成熟起来。

（二）强烈性和文饰性

随着性机能的成熟，大学生的性欲望和性冲动会表现得更加强烈，这是身体发育中的正常生理和心理现象。他们希望接近异性，迫切希望和异性交往。但由于这个时期具有闭锁性和强烈的求理解性特征，就导致其心理外显方式的文饰性。特别是性格内向、自卑感较强的女大学生在这方面表现得较为明显，她们十分重视自己在异性心目中的形象与他人评价，但表面上却表现得不屑一顾、无所谓，或者做出故意回避和清高的样子。像这样心理上的需要与行为上拒绝的矛盾表现，使她们产生了种种心理冲突和苦恼。

（三）动荡性和压抑性

大学生正值青年期，是人一生中性能量比较旺盛的时期，但由于不少大学生的心理还不成熟，尚未形成稳固的、正确的性道德观和恋爱观，自控能力较弱，加之现实生活中五花八门的性信息的传播，大学生的性心理很容易受外界的不良影响动荡不安。有的大学生对性持无所谓或放纵的态度，采取放荡的方式，导致精神空虚，情趣低下，沉湎于谈情说爱，甚至可能发生性过失、性犯罪。有的大学生对性冲动持否定、抵制的态度，采取压抑的方式，得不到合理地疏导、升华而出现扭曲的、不良的，甚至是变态的思想或行为，如窥视、恋物等。

（四）性别上的差异性

大学生的性心理因性别不同而有所差异。比如，在对异性感情的流露上，男生表现得较为外显和热烈，女生往往表现得含蓄和深沉；在内心体验上，男生更多的是新奇、喜悦和神秘，而女生则常常羞涩、惊慌和不知所措；在表达方式上，一般是男生较主动，女生则喜欢采取暗示的方式。

讲堂二　爱情魔方解读：恋爱及性心理困扰

恋爱的过程是感情发展的过程，是彼此深入了解、互相适应的过程。在这个过程中，两个人之间的感情往往会伴随着矛盾和冲突。意大利作家薄伽丘说："真正的爱情能够鼓舞恋人，唤醒他内心沉睡的力量和潜藏着的才能。"但是有些大学生却处理不好恋爱中出现的问题，未能获得全新的自我体验和人格塑造，出现了困惑和痛苦，从而迷失了自己。

一、爱情与友谊

在现实生活中，有不少大学生搞不清楚友谊与爱情的区别，常有人问：那个男生为什么总是帮我占座位、跑腿，一天到晚围着我转？为什么那个学生会的女生总是对我特别关心？……在与异性相处的过程中，对方的一个眼神、一个细微的动作都会被赋予特别的意义。难道这些都是爱情吗？

要想破解这些常见问题，让我们一起来学习下面的内容。友谊不同于爱情，那么它们的区别究竟是什么呢？

（一）交往对象的数量不同

爱情的显著特点是排他性。在爱情的世界里，只有男女双方，不允许出现第三方。爱情中的两个人，均会不同程度地出现排斥甚至是抗拒其他同性对自己爱慕对象亲近的心理。而当两者之间是友谊时，任何一方都不会因为对方有另外交流或交往的同性或异性对象而烦恼。友谊的圈子是开放的，每个成员都处于平等且互不约束的相同地位，可自由加入或者退出。

（二）情感体验不同

爱情是一种激烈、深刻、冲动的强烈情感体验。所谓"刻骨铭心"，就是爱情情感体验的写照。"一日不见如隔三秋"，这句话生动形象地刻画出了热恋之中男女双方的情感强度。而友谊是一种平和、深沉的情感体验。即使再要好的朋友，在情感的强度上也难达到爱情的程度。大学生可以从情感冲动的程度和表现形式来辨别所遇到的是爱情还是友情。

（三）爱情具有直觉性

所谓直觉性，即人们常说的"一见钟情"。当两人相遇时，双方的内心往往会产生让人难以捉摸的直觉，而正是这个直觉，让彼此内心清楚地意识到能否产生爱情。友谊通常是以双方兴趣爱好、性格特点为基本出发点，双方本着志趣相投、互惠互利的原则，在情感上产生共鸣。

（四）外在表现形式不同

爱情是隐蔽的、私密的行为。恋爱的两个人需要独处的空间和独属于彼此的时间，不会在大众面前表现。即使是在集体活动中，也可以建立只有两个人才懂的交流方式。友谊则是一种公开的、没有任何回避的行为表现。在任何场合与活动中都可以淋漓尽致地表现，不会拘泥，不怕被大众观看。

大家可以根据以上四点，来判断区分自己与异性同学之间的感情是友谊，还是超越了友谊，迈入了爱情。

二、单恋及其调适

单恋是一种心理推动控制的情感表现。当自己对对方的容貌、才华、品德行为、经济社会条件等产生爱慕时，自己就可能单方面点燃爱情之火。大学生的恋爱心理尚未完全成熟，单恋现象较为常见，且较多地出现在性格内向、敏感、富于幻想、自卑感强的学生身上。严格来说，单恋并不是爱情，而是一种感情困扰。大学生如果不幸陷入了这种困扰，应想办法使自己尽早摆脱出来。

（一）主动了解对方的态度

大学生要冷静地分析自己心中的那份感情是不是爱情。如果是爱情，就应该主动勇敢地向对方表白，了解对方的态度。不管对方接受与否，早一点知道结果就可以早一点从单恋的迷雾中走出来。如果不是爱情，就明确地告诉自己"他（她）不爱我"，从自己的理性认识中得到解脱。

（二）明辨现实与想象

陷入单恋的人会通过自己的想象来完成自己的爱情愿望，会把自己心中理想对象的标准投到现实人物身上，觉得自己爱慕的对象就是自己完美的恋爱对象，从而陷入自己的假想之中。所以，陷入单恋的人要尽量减少独处的时间，多与外界接触，扩大人际交往面，在现实中体会"人无完人"，从"完美恋人"的想象中走出来。

（三）及时疏导负面情绪

单恋会带来严重的负面情绪。如果负面情绪持续时间过长，就会导致人们心情抑郁、低落，危害身心健康。把自己封闭起来、离群索居是最愚蠢的做法。对付单恋的一个好办法就是改变生活环境，转移感情注意力。你可以找朋友聊聊天，也可以求助辅导老师，或投身于大自然，让自然的美景冲淡你的忧伤。也许，现在的你认为自己永远忘不了他（她），但无数人的经历证明，时间是最好的良药，它可以抚平你的忧伤，帮助你忘记想忘记的人。

三、多角恋及其调适

多角恋是一个人同时和两个或两个以上的人建立恋爱关系，是一种反常的恋爱现象。现实中产生多角恋的形式主要有三种：第一种是双方已经确立了恋爱关系，出现了第三者。恋爱双方中的一方在没有和对方断绝恋爱关系的情况下，又主动同第三者建立恋爱关系，看谁最适合就选择谁。第二种是双方确定恋爱关系后，出现第三者插足。这第三者知进不知退，而恋爱双方中的一方又对第三者采取不明确的态度，产生三角关系。第三种是把个人的追求看得高于一切，认为自己愿意跟谁谈恋爱就跟谁谈，这找一个那找一个，四处撒网，到处留情。

（一）正确认识多角恋的危害

教育家陶行知先生说过："爱之酒，甜而苦。两人喝，是甘露；三人喝，酸如醋；随便喝，毒中毒。"多角恋，无论属于哪种形式，也无论是出于何种原因，都是畸形的、不道德的，也是危险的。因为，恋爱不同于一般的交朋友，具有排他性和专一性。多角恋中的主角需要花费大量的时间和精力去处理关系，不仅影响学习和人际关系，而且会严重影响自己的身心健康，不仅会害了别人，也会害了自己。

（二）树立正确的恋爱观

恋爱是一件非常严肃的事情，但有些人不以为然，特别是受西方文化的影响，对恋爱持一种轻率、随便的态度，认为爱情应该是多方位的，但是在生活中爱情不是游戏。如果把爱情当成游戏，必定给当事者带来痛苦和伤害。

（三）迅速做出选择

当断则断，采取措施将多角恋变成正确的"一对一"的恋爱关系。

四、失恋及其调适

失恋是恋爱过程的中断，在客观上表现为相爱双方的分离，在主观上表现为失恋者体验到悲伤、忧郁、失望等消极情绪。大学生失恋后的表现与他们的个性特点、生活阅历及对爱情投入的程度密切相关。失恋者有的会封闭自己，与世隔绝，再也不相信爱情；有的会通过伤害自己来发泄心中的痛苦，甚至走上轻生的道路；还有的会实施攻击性报复，揭露对方的隐私，造谣中伤，甚至走上犯罪的道路。

其实，失恋是一种正常现象。爱情发展顺利，恋爱双方就可能走上婚姻的殿堂；发展不顺利，双方就可能分手。失恋不是不可接受的。面对失恋，大学生最重要的是处理它所带来的负面感受。

（一）学会倾诉

大学生总觉得失恋是他人对自己的否定，是一件丢人的事，所以不愿意向别人倾诉自己失恋的痛苦。大学生应该明白，对方放弃你的原因是多重的，可能是误会或性格不合，也可能是家庭因素，所以失恋并不一定意味着对方对你的否定。就算是一种否定，也并不代表其他人都否定了你。失恋后要心平气和地面对失恋的事实，及时向他人倾诉自己心中的痛苦，得到他人的理解与鼓励。

（二）失恋也是一种成长

俗话说得好："谁不是一边受伤一边长大的。"遭遇爱情的挫折并不可怕，可怕的是不能从中吸取教训，总结经验。大学生应当了解什么人是适合自己的，在爱情中自己想要得到什么，应该如何去维护和发展爱情，等等。这些都需要大学生在实践中慢慢体会，失恋正好提供了一个很好的学习机会。大学生应该认识到失恋其实也是一种成长，它让我们更加成熟、更加理性。

（三）发扬"阿Q精神"

在爱情的情境中，宜秉持阿Q精神。大学生不宜过度沉溺于对过往爱情经历的追忆与缅怀，因这类回忆常混合着懵懂、憧憬等复杂情感元素，易使人深陷其中，徒增伤感与失落。爱情是生命的关键构成要素之一，然而并非生命的整体，也不是唯一。失恋后，大学生的当务之急是昂首向前，以积极姿态探寻崭新生活篇章与人生机遇。

五、"性"的烦恼

对性话题难以启齿的心理，让许多大学生在面临各种性困扰时，不知道该向何人说，缺乏用良好的心态面对这些困惑的能力。

（一）性生理的困惑

1.性体象的困扰

进入青春期后，男生和女生的体象发生了很大变化。男生希望自己身材高大，体魄强壮，音色浑厚，拥有男性磁力，以吸引女生；女生则希望自己容貌美丽，体征不如己意时，就常出现烦恼和焦虑。

2.遗精恐惧与月经困扰

遗精是指男性在无性交状态下的射精现象，是青春期男子常见的正常生理现象，是性成熟的标志。过去传统观念往往把遗精看得很严重，认为这种行为会伤元气。青少年常因此焦虑不安、惊恐失措。实际上精液由精子和黏液组成，一次排放的精液中99%是水分，其余是蛋白质、糖等，其营养物质对人体实际所需可以说是微乎其微，所以遗精是"泄阳"的说法是不科学的。

女性的月经期及月经来临的前几天是女性生理曲线的低潮期，身体的耐受性、灵活力下降，易疲劳。这些虽然都是正常的生理反应，但确实会给女性带来一些不适的感受，这段时间也的确是一个需要加倍体贴自己的"特殊时期"。有些女生过于担心经期带来的不适，会加重自身情绪的低落和躯体的不适感，甚至造成恶性循环，对此应及时调整心态。

（二）大学生婚前性行为

对于婚前性行为，一些大学生认为只要双方愿意就可以发生，有的甚至相识不久就发生性关系，有的则在校外租房同居。他们常常不能对自己的性冲动进行理性的管理，不能对自我和他人负起性行为后果的责任。年轻的大学生们没有真正意识到自己在没有工作，不能担负起独立的经济责任和社会责任的情况下，性行为对自己的现在和将来究竟意味着什么。有的女生因婚前无防护性行为而多次做人工流产，给身体带来无可挽救的创伤：手术后引起炎症，导致输卵管堵塞；多次手术导致终身不育；过早性生活和流产还会大大提高宫颈癌的发病率。

（三）攀比心理

这是在青年男女恋爱的过程中，最容易出现的一个心理现象。大学生在恋爱的过程中，往往喜欢和别人比较，觉得自己的伴侣不如别人那样关心和疼爱自己，不如别人做得好。事实上，他们只看别人好的一面，对不好的一面总是视而不见。这种攀比心理容易让一方失衡，或者不分情况地闹情绪，从而影响感情的顺利进展。解决的办法，就是要建立自信，明确自己选择恋人的标准，确认自己需要和什么样的人恋爱。

（四）猜疑心理

有猜疑心理的人往往对感情不够自信，或者极度自卑，总担心自己做得不好，害怕失去对方，所以总会有意无意地怀疑、猜忌对方移情别恋，或者不够爱自己。这种害怕失去的心理，会让自己更加黏人或者纠缠控制对方，让对方感到身心疲惫。所以，有这种心理的大学生，要善于自我调整，冷静下来理智地思考，克服自卑，建立自信。另外，需要与对方积极沟通，消除疑惑，不要总是抱怨，要善于自我宽慰。

（五）嫉妒心理

有些男女，当恋爱对象与他人（包括亲人）友好交往的时候，哪怕是正常交往，也会产生嫉妒的心理。总觉得对方对别人好，对自己不好，因而有时会故意找对方的茬，生气、吃醋、闹情绪。这是一种不成熟的心理，是不够自信造成的。具有这种心理的人，要清晰地认识自我，分析和找出嫉妒的根源，积极消灭嫉妒心，学会控制情绪以及尊重对方的感情。

（六）控制心理

恋爱中的男女总是显得有些自私，认为对方是自己的私有物，觉得控制住对方才能抓住感情。在恋爱过程中，男生的控制心理往往更加强烈，容不得对方不听从自己；而女生的控制心理往往是一种独占欲，想要男友只关心和爱护自己。

（七）完美主义心理

完美是许多人的追求，有这种心理也无可厚非，但是过于追求完美，就容易产生心理上的挫败感或者失落感。要知道，人无完人，任何事情都不可能十全十美。所以，男女双方在交往的过程中，有不满意或者不称心的地方，要理智对待，通过积极沟通、改变、提升去影响、磨合和调整。

讲堂三　恋爱那些事儿：正确的爱情观及性心理

大学生要摆正爱情在人生中的位置，首先要树立崇高的理想，其次要积极参加健康的文化生活和体育活动，再次要正确对待异性交往，最后还要自觉抵制不健康文化的熏染。

一、树立正确的爱情观

所谓爱情观是指对待配偶和爱情的基本看法与态度，是社会制度、婚姻制度和伦理道德观念在恋爱问题上的反映。

（一）正确处理爱情与学业之间的关系

爱情是美好的，是人生内容的重要组成部分，但不是人生的全部，爱情应该服从于学业。大学生要摆正爱情与学业之间的关系，不要把宝贵的时间全部用于谈情说爱上而放松了学习。没有学业的爱情如同在沙漠中播种，缺乏坚实的根基和土壤，迟早会枯萎。只有二者相结合，爱情才会有旺盛和持久的生命力。

（二）爱情的社会性与责任性

大学生具有强烈的爱的欲求，但在爱情及恋爱的道德观上，还常常模糊不清，盲目性比较强。一些学生置恋爱前景和结局于不顾，只追求所谓的"过程体验"。这种建立在游戏人生心态上的所谓"爱情"，不仅有违道德，也不可能给自己带来真正的幸福和进步。同时，爱情更是有责任心的。爱情的责任心和社会性，使相爱的双方互相忠守。

（三）爱情的持久性

爱情不是一时的心血来潮，不是一时的感情冲动，而是一种持久的热情，在强烈的责任感调节下，能够经得起时间、空间及艰难挫折的考验。那种朝秦暮楚、朝三暮四、反复无常的所谓爱情，不是真正的爱情。

（四）恋爱要严肃认真、感情专一

爱情是男女之间的爱慕关系。这种关系包括自己特有的感情和义务，只能存在于恋爱者两人之间，不容许第三者介入。而且，爱情不是儿戏，双方要真诚相待、实事

求是。无数事实证明，用欺骗手段骗取爱情，是不会幸福的。另外，双方一旦建立了恋爱关系，就要忠贞专一、一心一意，不能三心二意、见异思迁。任何一个人搞三角恋爱、多角恋爱的行为都是不道德的。

（五）应多一些理解、信任和宽容

爱情是互爱的统一，相爱的双方都有着自己独立的人格和精神世界，既不能完全依附对方，也不能要求完全占据对方。爱情与做人一样，理解、信任、诚实和宽容都是十分可贵的品质。爱很多时候意味着一种付出，要与对方相知、相敬、相让。

二、正确终止恋爱关系

恋爱双方在交往中，随着交往频度和深度的增加，如果一方发现对方不是自己想爱的人时，要能够理智地分析恋爱的走向，并提出分手。分手对双方来说都不是一件愉快的事，特别是恋爱时间较长、具有较为稳定恋爱关系的人。

被动的一方要注意控制自己的情绪，不可自暴自弃，也不可死缠烂打，更不可意气用事寻求报复。需要注意的是，主动终止恋爱关系的一方不要给对方留有余地，比如以兄妹相称、再相处一段时间试试看等。

三、学会规避风险

（一）遵守道德规范和法律规范

大学生正处于性欲的高峰时期，性的冲动和对性的好奇使年轻的大学生容易发生伤害自己或侵犯对方的行为，因此在与异性的接触中，要学会用各种安全措施保护自己。如，一名大学生约见网友后，不顾对方反对，强行与之发生了性关系，被告发后还认为自己不构成犯罪。可见，对大学生要进行性知识教育，要让大学生懂得人与人之间在性方面必须遵守的道德规范和法律规范，树立起自尊、自爱、自重、尊重他人的观念，莫使青春迷失在"花季"。

（二）对性侵大胆地说"不"

在求学、求职的过程中，面对性侵害时，不要畏惧，要勇敢地说"不"，以严厉的态度加以制止。但在面临不幸的、自己不可抵御的事情发生时，要想方设法把对自己的伤害减到最小，保护生命。

在性侵事件发生后，要及时向公安部门寻求帮助。对已经发生的伤害事件，自己不要过分恐惧和自责，因为你是无辜者，谁也无法避免突如其来的意外事件。为了更快地排除自己的心理困扰，可以向父母、老师、知心朋友宣泄自己的情绪，寻求心理咨询的帮助。

（三）学会自我保护

90% 以上的大学生认为大学有必要开展避孕节育相关知识教育，这说明大学生有自我保护的意识，也说明他们在这方面知识的匮乏。发生性行为，如果没有有效的措施保护，意外妊娠是不可避免的。发生意外妊娠，对于当事人来说，身心都会受到影响。因此，要学会自我防护，对你的恋人委婉地说"不"。

人的性需求是一个终生的过程。性，能带给人美好、幸福的感觉，也能让人苦恼、迷失，甚至犯罪。可见，它是一把双刃剑。

心理 训 练 ▶▶

一、测量有方：爱情态度量表

（一）测验介绍

爱情态度量表是一种用于评估个体对爱情关系的态度和看法的工具。它通过一系列问题或陈述来了解个体对爱情的认知、情感反应，以及对爱情关系的期望和行为倾向。爱情态度量表不仅包括对爱情观念的评估，如个体对爱情的理解和看法（包括浪漫观念、亲密观念、长期关系观念等），还涉及情感需求（如亲密感、支持和安全感等）、关系期望（如伴侣之间的互利、平等和互相理解等），以及性别角色观念（包括传统观念、平等观念和自由选择等）。此外，它还评估个体在爱情关系中的行为和互动倾向，如亲密行为、婚姻和忠诚度等。

（二）操作步骤

在开始填写之前，请您务必留意：每一道题都在探寻您内心深处对于爱情的真实态度，这需要您静下心来，认真回忆过往的情感经历或设想可能的爱情情境，凭借第一直觉进行选择，切勿仓促作答或随意勾选。您的回答没有对错之分，您可以毫无顾虑地表达自己。

题项	完全同意	比较同意	不确定	比较不同意	完全不同意
1. 我和他 / 她属于一见钟情型					
2. 我很难明确地说我和他 / 她是何时从友情变成爱情的					

续表

题项	完全同意	比较同意	不确定	比较不同意	完全不同意
3. 对他 / 她做承诺之前，我会考虑他 / 她将来可能变成的样子					
4. 我总是试着帮他 / 她渡过难关					
5. 和他 / 她的关系不太对劲时，我的身体就会不舒服					
6. 我试着不给他 / 她明确的承诺					
7. 在选择他 / 她之前，我会先试着仔细规划我的人生					
8. 我宁愿自己痛苦，也不愿意让他 / 她受苦					
9. 失恋时，我会十分沮丧，甚至会有自杀的念头					
10. 我相信他 / 她不知道我的一些事，也不会受到伤害					
11. 我和他 / 她很来电					
12. 我需要先经过一阵子的关心和照顾，才有可能产生爱情					
13. 我和他 / 她最好有相似的背景					
14. 有时候，我得防范他 / 她发现我还有其他情人					
15. 我和他 / 她的亲密行为是很热情且很令我满意					
16. 我有时会因为想到自己正在谈恋爱而兴奋得睡不着觉					
17. 我可以很容易、很快地忘掉过往的恋情					
18. 他 / 她如何看待我的家人是我选择他 / 她的主要考量					
19. 我希望和曾经相爱的他 / 她是永远的朋友					
20. 当他 / 她不注意我时，我会全身不舒服					
21. 我和他 / 她的爱情关系是最理想的，因为是由长久的友谊发展而成的					
22. 我觉得我和他 / 她是天生一对					
23. 自从和他 / 她谈恋爱后，我很难专心干其他事情					

题项	完全同意	比较同意	不确定	比较不同意	完全不同意
24. 他 / 她将来会不会是一个好父亲 / 母亲是我选择他 / 她的一个重要因素					
25. 除非我先让他 / 她快乐，否则我不会感到快乐					
26. 如果他 / 她知道我和其他人做了某些事，他 / 她会不高兴					
27. 我和他 / 她的感情、亲密行为进展得很快					
28. 我和他 / 她的友情随着时间逐渐转变为爱情					
29. 当他 / 她太依赖我时，我会想和他 / 她疏远一些					
30. 我通常愿意牺牲自己的愿望，达成他 / 她的愿望					
31. 我和他 / 她的爱情是一种深刻的友情，而不是一种很神秘的情感					
32. 他 / 她可以任意使用我的东西					
33. 我和他 / 她非常了解彼此					
34. 当我怀疑他 / 她和其他人在一起时，我就无法放松					
35. 他 / 她如何看待我的职业会是我选择他 / 她的一个考量					
36. 他 / 她的外貌符合我的理想标准					
37. 我享受和他 / 她及一些不同的情人玩爱情游戏					
38. 当他 / 她对我发脾气时，我仍然全心全意、无条件地爱他 / 她					
39. 在和他 / 她深入交往之前，我会试着了解他 / 她是否有良好的遗传基因					
40. 为了他 / 她，我愿意忍受任何事情					
41. 如果他 / 她忽略我一阵子，我会做出一些傻事来吸引他 / 她的注意力					
42. 我和他 / 她的爱情关系是最令人满意的，因为是由良好友情发展成的					

（三）分析

该量表主要分为 6 种爱情类型，分别是浪漫型、游戏型、伴侣型、现实型、占有型和奉献型。每个类型都有相应的题目，题目一般采用 5 点计分法。如果完全同意计 5 分，比较同意计 4 分，不确定计 3 分，比较不同意计 2 分，完全不同意计 1 分。

爱情态度量表（LAS）中各类型的题号如下：

浪漫型：1、7、13、19、25、31、37 题。

游戏型：2、8、14、20、26、32、38 题。

伴侣型：3、9、15、21、27、33、39 题。

现实型：4、10、16、22、28、34、40 题。

占有型：5、11、17、23、29、35、41 题。

奉献型：6、12、18、24、30、36、42 题。

在计算得分时，先分别统计各爱情类型所对应题目的得分总和，然后通过得分来判断个体在该爱情类型上的倾向程度，分数越高表明在该类型爱情态度上的倾向越强。

二、爱情有法：佳人何处寻

（一）活动介绍

佳人何处寻是一个测试记忆力的互动游戏，每位参与者在最短的时间内，道出对方背后贴着的名字，进而联想自己背后的名字。

（二）操作步骤

1.测试前准备

准备便于绘画的桌椅、几张 A4 纸、几支中性笔、1 卷胶带。

2.步骤

环节 1：事先在纸上写下罗密欧、朱丽叶、贾宝玉、林黛玉、梁山伯、祝英台……这一类佳偶的名字。（5 分钟）

环节 2：选出 5 名男生、5 名女生参与游戏，将写有男性名字的纸贴在男生的背后，写有女性名字的纸贴在女生背后。注意不可让参与游戏的学生看到纸上的名字。（5 分钟）

环节 3：一切就绪后，所有出场者竭尽所能，说出他人背后的名字，然后推想自己背后的名字。倘若读出了所有人员背后的名字，就不难推出自己背后的名字了。（5 分钟）

环节 4：推出自己背后的名字后，要赶快与自己搭档的对象凑成一组，互相挽住胳膊。（5 分钟）

心灵成长 ▶▶

一、学以致用：星球大碰撞

（一）活动介绍

星球大碰撞是将参与者按照男女分成两组，男生为火星队，女生为金星队。来自两个不同星球的人价值观和行为方式迥异，稍有不慎就会引起星球间的大撞击。

（二）活动地点

团体活动室或操场。

（三）操作步骤

1. 两组进行交互问答，比如女生先派一名代表询问男生一个问题，男生派一名代表回答；同一问题，女生也要选出一人来回答，依次进行相互提问。

2. 所有成员共同完成下表，限定时间为 20 分钟。

问题类型	男生答案	女生答案
言语表达		
情绪表达		
思维表达		
心理需要		

3. 就完成的内容进行分享与讨论。

二、心随"影"动：《怦然心动》

《怦然心动》根据文德琳·范·德拉安南的同名原著小说改编，讲述了朱莉·贝克和布莱斯·罗斯基之间懵懂而纯粹的恋爱，集中展现了男女主角从二年级初遇到八年级解开误会的过程中，两人内心的情感活动和变化。

朱莉小时候见到布莱斯的第一面就迷上了他，认为布莱斯对她有同样的好感，只是因为害羞所以没有行动。为了打破男孩的"害羞"，她做出了许多努力。但实际上男孩的"害羞"只是因为厌恶和躲避，直到男孩经过外公的引导，男孩才开始发现女孩的珍贵，渐渐爱上了女孩。

影片分别以女孩和男孩为第一视角阐述爱情的经历，直观表现了男生与女生思维的不同，有趣又耐人寻味。这部电影首先打动人的是爱情的美妙，其次是成长的共鸣，生动展现了爱情是成长中最令人怦然心动的催化剂。这部电影不仅可以让我们感受到初恋的美好与纯真，还可以让我们看到成长的力量与勇气。

《光芒》

参考文献

1. 闫江涛. 大学生心理健康教育教程［M］.郑州：河南科学技术出版社，2017.
2. 杨建民. 大学生心理健康教育［M］.北京：中国农业出版社，2019.

解锁情绪秘籍

——大学生情绪管理

学习目标

知识目标

1. 了解情绪的本质和种类，了解情绪的功能。

2. 了解大学生常见情绪问题，理解情绪的生理和心理机制，学会识别、探索和管理情绪。

3. 掌握情绪的转化方法，学会养成积极的情绪。

能力目标

1. 能主动觉察自己的情绪。

2. 能在遇到情绪困扰时学会自助。

3. 能分辨哪些情绪状态需要到专业的医疗机构诊治。

素质目标

1. 树立正确的情绪观。

2. 调节好自己的情绪，使自己经常拥有积极的情绪。

情绪知多少：情绪接龙

（一）活动目的

认识情绪，了解情绪的种类，以及识别自己和他人的情绪。

（二）活动准备

代表不同表情的情绪卡片、笑脸胸贴。

（三）操作步骤

1. 老师以幻灯片的形式给同学们展示各种各样的情绪表情，让同学们对情绪有一个大致的了解。

2. 老师根据人数将同学们分成不同的小组，每组4—5人。每组发一套不同的情绪卡片，各小组成员聚在一起围成一个圈。先从第一组开始，抽一张代表情绪的卡片，顺时针展示给下一组，同时不让其他组看到。看到图片的小组将此情绪表演出来，每个成员都要参与。表演组在展示的同时，其他组要猜出他们表演的是什么情绪。如果猜对了，则本组表演成功，发给该组一个笑脸胸贴表示鼓励。以此类推形成组与组之间的情绪接龙。

3. 最后，奖励获得笑脸胸贴最多的小组。

（四）引导讨论

情绪接龙后，请同学们分享自己最近的一次情绪反应，说出自己当时的感受、心情，也可以分享自己看到的他人情绪反应。

讲堂一　读懂你的情绪：情绪概述

从前，有一个叫爱地巴的人，每次一生气、和人起争执的时候，就以很快的速度跑回家去，绕着自己的房子和土地跑三圈，然后坐在田地边喘气。爱地巴工作非常努力，他的房子越来越大，田地也越来越广。但不管房子和田地有多大，只要与人争执，他就会绕着自家房子和田地跑三圈。

后来，爱地巴很老了，他的房子已经很大，田地已经很广了。可他一生气，仍旧拄着拐杖艰难地绕着田地跟房子走。等他好不容易走完三圈，太阳都下山了，爱地巴独自坐在田地边喘粗气。他的孙子在他身边恳求他："阿公，您年纪已经大了，这附近没有人的田地比您的更多，您不能再像从前那样，一生气就绕着房子和田地跑啊！您可不可以告诉我，为什么您一生气就要绕着房子和田地跑上三圈？"

爱地巴经不起孙子的恳求，终于说出了隐藏在心中多年的秘密。他说："年轻时，我若和人吵架、争论、生气，就绕着房子和田地跑三圈，边跑边想，我的房子这么小，田地这么少，我哪有时间、哪有资格去跟人家生气。一想到这里，气就消了，于是就把所有时间用来努力工作。"孙子问道："阿公，那您现在富有了，为什么还要绕着房子和田地跑？"爱地巴笑着说："我现在还是会生气，生气时绕着房子和土地走三圈，边走边想，我的房子这么大，田地这么多，我又何必跟人计较？一想到这，气就消了。"

在生活中，我们要时常觉察自己的情绪，学会控制自己的情绪，做自己情绪的真正主人。

一、情绪的构成

当代心理学家将情绪界定为躯体和精神上的一种复杂的变化模式，包括生理唤醒、感觉、认知过程及行为反应，是个体知觉到独特处境的反应。情绪也可以定义为个体受到某种刺激而在内心活动过程中所产生的心理体验。简单点说，就是我们外在遇到一个刺激，然后在我们内在或者说在我们的身上所产生的一些反应。

人类在认识外界事物时，会产生喜与悲、乐与苦、爱与恨等主观体验。外界事物带给个体的刺激可以分为外在刺激和内在刺激两种。外在刺激，如和煦的阳光、阴郁的天气、无际的草原、喧嚣的城市、奖学金、欠债通知；内在刺激，如内分泌、器官功能失常等生理变化，记忆、联想等心理变化。

情绪具有心理反应和生理反应的特征。我们无法直接观测一个人内在的感受，但是可以通过其外显的行为或生理变化来进行推断。情绪包括三种成分：在认知层面上的主观体验，在生理层面上的生理唤醒，在表达层面上的外部表现。当情绪产生时，这三种成分共同作用，构成一个完整的情绪体验过程。

（一）主观体验

情绪的主观体验是人的一种自我觉察，也就是人的自我感受。人们对不同事物的态度，会产生不同的感受。如与老朋友聚会，人内心会不自觉地感到快乐；自己受到不公平对待时，内心会产生愤怒。这些主观体验，只有人的内心才能真正感受到不同，如高兴和恐惧的内在感受不同，痛苦和惊奇的内在感受不同。它不是对客观事物本身的反映，而是带有主观色彩的反映。

（二）生理唤醒

人有情绪反应时，常常会产生一定的生理变化，如害羞时满脸通红，紧张时心跳加快，愤怒时浑身发抖。脉搏加快、肌肉紧张、血压升高及血流加快等生理变化，是人的生理反应过程，常常伴随不同的情绪产生。情绪的生理变化既是主观体验的深化，又是外部情绪表现的基础，在情绪结构中起着承上启下的作用。

（三）外部表现

情绪一旦产生，作为一种内心体验，通常会出现相应的非言语行为，包括面部表情、姿态表情、语调表情等。某些心理学家研究发现，表情在人类表达信息时起到了重要的作用，例如人高兴时会手舞足蹈，悲伤时会泪流满面。表情经常成为人们判断和推测情绪的外部指标。但由于人类心理的复杂性，有时人们的外部表现会出现与主观体验不一致的现象，比如在一大群人面前演讲时，明明心里非常紧张，还要做出镇定自若的样子。

表情可以分为 3 类：面部表情、姿态表情和语调表情。

1. 面部表情

面部表情是由人的面部肌肉和腺体变化来表现的。面部表情是人类的基本沟通方式，也是情绪表达的基本方式。面部表情有泛文化性，不同文化背景下的人们会使用同一种面部表情，表达相同的情绪体验。面部表情识别的研究发现，最容易辨认的表情是快乐、痛苦，较难辨认的表情是恐惧、悲哀，最难辨认的表情是怀疑、怜悯。一般来说，情绪成分越复杂，表情越难辨认。

2. 姿态表情

人通过动作变化、身体姿态来表现姿态表情。姿态表情会受不同文化的影响。研究表明，手势表情是通过学习获得的。在不同的文化中，同一手势所代表的含义可能截然不同，如竖起大拇指在许多文化中表示夸奖的意思，但在希腊却有侮辱他人的意思。手势表情具有丰富的内涵，但隐蔽性也最小。

3. 语调表情

语调表情是人通过声调、节奏变化来表达的，如语音的高低、强弱、抑扬顿挫等。人们惊恐时尖叫；悲哀时声调低沉，节奏缓慢；气愤时声调变高，节奏变快；爱慕时语调柔软且有节奏。

面部表情、姿态表情和语调表情是情绪的有效表达方式，它们经常相互配合，从而更加准确、复杂地表达不同的情绪。

主观体验、生理唤醒和外部表现作为情绪的三个组成成分，在评定情绪时缺一不可，只有三者同时活动，同时存在，才能构成一个完整的情绪体验过程。例如，当一个人佯装愤怒时，他只有愤怒的外部表现，却没有真正的主观体验和生理唤醒，因而也就称不上有真正的情绪。这也正是情绪研究的复杂性所在，以及对情绪下定义的困难所在。

二、情绪的种类

情绪有多少种类？你计算过吗？你最常有的情绪是什么呢？

（一）基本情绪与复合情绪

关于情绪的种类，长期以来说法不一。从生物进化的角度来说，情绪分为基本情绪和复合情绪。我国有喜、怒、忧、思、悲、恐、惊七情说。著名的心理学家罗伯特·普拉切克提出了8种基本情绪：悲痛、恐惧、惊奇、接受、狂喜、狂怒、警惕、憎恨。人们一般认为有4种基本情绪，即快乐、愤怒、恐惧和悲哀。

快乐指一个人盼望和追求的目的达到后产生的情绪体验。由于需要得到满足，愿望得以实现，心理的急迫感和紧张感解除，快乐随之而生。快乐有强度的差异，从愉快、兴奋到狂喜，这种差异和所追求的目的对自身的意义及实现的难易程度有关。

愤怒指一个人所追求的目的受到阻碍、愿望无法实现时产生的情绪体验。愤怒时人的紧张感会增加，有时不能自我控制，甚至会出现攻击行为。愤怒也有程度上的区别，一般的愿望无法实现时，人只会感到不快乐或生气；当遇到不合理的阻碍或恶意的破坏时，愤怒会急剧爆发。这种情绪对人的身心伤害也是明显的。

恐惧是人企图摆脱和逃避某种危险情境而又无力应付时产生的情绪体验。恐惧的产生不仅是由于危险情境的存在，还与个人排除危险的能力和应对危险的手段有关。比如，一个初次出海的人遇到惊涛骇浪或者鲨鱼袭击会感到恐惧无比，而一个经验丰富的水手对此可能已经司空见惯，泰然自若。婴儿身上的恐惧情绪表现得较晚，可能与其对恐惧情境的认知较晚有关。

悲哀指人心爱的事物失去时，或理想和愿望破灭时产生的情绪体验。悲哀的程度取决于失去的事物对自己的重要性和价值。悲哀时带来的紧张的释放，会导致哭泣。当然，悲哀并不总是消极的，它有时能够转化为前进的动力。

以上4种基本情绪可以衍生出许多的复杂情绪，如厌恶、羞耻、悔恨、嫉妒、喜欢、同情等。

（二）积极情绪与消极情绪

如果我们将众多情绪按照性质分类，可以分成两大类——积极情绪和消极情绪。你可以将平日的情绪收集分类，记录下来。你一共收集到几个自己和别人的情绪种类？按照积极情绪和消极情绪来归类的话，是归到积极情绪的种类多还是归到消极情绪的种类多呢？

三、人类进化：情绪的功能

在人类生活中，情绪具有重要的功能，主要有适应、调控、激励、健康功能。

（一）情绪的适应功能

情绪是有机体适应生存和发展的一种重要方式，如动物遇到危险时会产生害怕情绪，从而发出呼救信号，就是动物求生的一种手段。人类婴儿出生时，还不具备独立的、维持生存的能力，主要依赖情绪来传递信息，与成年人进行交流。成年人也正是通过婴儿的情绪反应，及时满足婴儿所需。

在成年人的生活中，情绪直接反映人们生存的状况，是人们心理活动的晴雨表，如愉快表示处境良好，痛苦表示处境困难，恐惧有逃避威胁、自我保护的意义，愤怒有保护领地和资源不被侵犯的意义。积极情绪提示环境中无危险威胁，可以放松，有利于与他人建立亲密、合作关系，创造、获取生存资源。除了有生存的意义，人们还通过情绪进行社会适应，通过察言观色了解对方的情绪状况，以便采取相应的措施等。也就是说，人们通过各种情绪了解自身或他人的处境与状况，适应社会的需要，求得更好的生存和发展。

（二）情绪的调控功能

情绪对于人们的认知过程具有积极作用，也有消极作用。良好的情绪会提高大脑活动的效率，提高认知的速度与质量。消极的情绪会对智力活动产生阻碍。

考试焦虑就是一个典型例子。心理学家把考试焦虑分为低、中、高 3 级水平。当人的情绪过于放松，丝毫也不紧张时，考试成绩很差；当人的情绪比较紧张但又不过分紧张时，考试成绩最好；当情绪进一步紧张，达到过度兴奋时，考试成绩又降下来。由此可见，情绪的调控功能是非常重要的。

（三）情绪的激励功能

情绪能够以一种与生理性动机或社会性动机相同的方式激发和引导行为。有时我们会努力去做某件事，只因为这件事能够给我们带来愉快与喜悦。从情绪的动力性特征看，情绪分为积极增力的情绪和消极减力的情绪。快乐、热爱、自信等积极增力的情绪会提高人们活动的积极性，而恐惧、痛苦、自卑等消极减力的情绪则会降低人们活动的积极性。有些情绪同时兼具增力与减力两种动力性质，如悲痛可以使人消沉，也可以使人化悲痛为力量。

情绪对于大学生的学业和人际关系有举足轻重的影响。当自己的情绪积极乐观时，学习效率会倍增；当自己的情绪处于低迷、忧郁或是烦躁不安状态时，学习效果往往一团糟。一个人如果没有一个好的心态，即使能力再强，也无法真正发挥实力。一个良好的心态，正是一个人最大限度地发挥自己能力的基础和前提。

不同的情绪状态会直接影响我们的人际关系状况。积极健康的情绪有助于人际交往；相反，焦虑、抑郁、冷漠的情绪或者处在应激状态，会影响我们的社会行为，从而影响人际关系。

（四）情绪的健康功能

情绪对健康的影响作用是众所周知的。积极的情绪有助于身心健康，消极的情绪会引起人的各种疾病。我国古代医书《黄帝内经》中就有"怒伤肝、喜伤心、思伤脾、忧伤肺、恐伤肾"的记载。愉快的情绪能使整个机体的免疫系统和体内化学物质处于平衡状态，从而提高对疾病的抵抗力。

讲堂二 走出情绪的迷雾：不良情绪探索

有一个脾气很坏的小男孩，动不动就发脾气。一天，父亲给了他一大包钉子和一个铁锤，要求他每发一次脾气，就用铁锤在家中后院的栅栏上钉一颗钉子。第一天，小男孩就在栅栏上钉了30多颗钉子。但随着时间的推移，小男孩在栅栏上钉的钉子越来越少。因为他发现自己控制脾气要比往栅栏上钉钉子更容易些。一段时间后，小男孩变得不爱发脾气了。于是父亲建议他："如果你能坚持一整天不发脾气，就从栅栏上拔下一颗钉子。"又过了一段时间，小男孩终于把栅栏上所有的钉子都拔掉了。这时候，父亲拉着他的手来到栅栏边，对他说："儿子，你做得很好。可是，你看那些钉子在栅栏上留下了小孔，栅栏再也不会是原来的样子了。当你向别人发脾气，你的言语就像这些钉子一样，会在人们的心中留下疤痕。你这样做就好比用刀子刺向别人的身体，然后再拔出来。无论你说多少次'对不起'，那伤口永远都会存在。"

不良的情绪就像小男孩钉到栅栏上的钉子，再怎么努力去拔那些钉子，栅栏也不可能回到原来的样子。

喜、怒、哀、惧都是人的正常情绪。所谓的情绪管理并不是让我们不要消极情绪，而是要从觉察情绪开始，学会表达情绪、转化情绪，用适合自己的方法达到情绪的平衡。当你愿意打开心门，讲出自己的心情时，就已经走在情绪管理的正确道路上了。

一、识别情绪：常见的消极情绪

（一）焦虑

焦虑是大学生常见的情绪状态，是个体主观上预料将有某种不良后果产生的不安感，是紧张、害怕、担忧混合的情绪体验。当大学生在学习、工作、生活各方面遭遇挫折或担心需要付出巨大努力的事情来临时，便会产生这种感觉。焦虑对大学生的影响是复杂的，既可以成为大学生成才的内驱力，又可以对大学生成长起阻碍作用。

大学生常见的焦虑有自我形象焦虑、学习焦虑与情感焦虑。自我形象焦虑是由担心自己不够漂亮、没有吸引力、体态过胖或矮小等引起的，也有人因为粉刺、雀斑等影响自我形象而引起焦虑。这类焦虑主要与自我认知有关，需要通过调整自我认知，重新接纳自我。学习焦虑在学生的情绪反应中最为强烈，需要引起大学生的重视。情感焦虑多数是由于恋爱受挫而引发的自我否定，认为自己不具备爱人与被爱的能力，因而过度担心，引起焦虑。

（二）抑郁

抑郁是一种持续时间较长的低落、消沉的情绪体验，常常与苦闷、不满、烦恼、困惑等情绪交织在一起。抑郁最明显的症状是心情压抑，抑郁的人常会对所有活动失去兴趣，渴望一个人独处。抑郁伴随着个体认知的改变而改变。这些认知改变可以是一般性的，比如注意力不集中、记忆力衰退或者很难做出决定，消极地看待世界、自我和未来。因此，抑郁的人很难回忆起美好的过去，常常不适当地责备自己，认为他人会消极地看待自己，对未来感到悲观。抑郁还伴随着身体症状，如常常乏力、起床变得困难，严重时睡眠方式都将改变，睡得太多或者早晨醒得太早，并且醒后不能再次入睡等。抑郁也可能导致饮食紊乱，吃得过多或过少，随之而来的是体重激增或剧减。

一般来说，抑郁情绪多发生在性格内向、孤僻、敏感多疑、依赖性强、不爱交际、生活遭到挫折、长期努力得不到回报的大学生身上。那些不喜欢所学专业，或有人际关系处理不当、失恋等问题的大学生，也会产生抑郁情绪。

（三）愤怒

愤怒是由于客观事物与人的主观愿望相违背或愿望无法实现时，人们内心产生的一种激烈的情绪反应。心理学研究表明，愤怒可能导致心跳加快、心律失常、高血压等躯体性疾病，同时还会使人的自制力减弱甚至丧失、思维受阻、行为冲动，甚至干出一些后悔不迭的事或造成不可挽回的损失。

处于精力充沛、血气方刚时期的大学生，在情绪上具有易激动、易动怒的特点。有的大学生会因一句刺耳的话或一件不顺心的小事而暴跳如雷，有的大学生会因人际关系受阻而怒不可遏、恶语伤人。愤怒这种情绪对大学生是极其有害的，因而有人说："愤怒以愚蠢开始，以后悔结束。"

当然，除了焦虑、抑郁和愤怒，还有许多种情绪，你可能都体验过。管理情绪的第一步就是识别这些情绪，觉察它们的出现和发展变化规律，然后寻找合适的方法进行调节。

二、情绪的生理和心理机制

（一）情绪的生理机制

人类大脑的中间层负责喜、怒、哀、乐等基本情绪的产生，因此俗称"情绪脑"，是人类的情感中心；处于最外层的大脑皮层是负责高级认知的"理性脑"。情绪脑一直在保护我们，它的职责就是悄悄留意周围。一旦出现危险，即会报警。当情绪过于强烈时，情绪脑对理性脑的掌控开始影响我们的心理机能。这时，我们无法控制自己的想法，会不理性，开始情绪化。

情绪脑和理性脑两个大脑，几乎同时接收外界信息，来控制我们的思维、情绪和行为，它们要么合作，要么竞争。它们之间的合作或竞争，决定了我们的感受、我们和世界的关系，以及和他人的关系。当情绪脑和理性脑矛盾不断时，我们无法开心；当情绪脑和理性脑合作时，我们会感到平静。

（二）情绪的心理机制

情绪的心理机制，可以用萨提亚提出的冰山理论来解释。影响情绪的内在冰山模型中，最底层是自我层，是人对自身的根本性的思考和判断，包括生命力、精神、灵性、核心、本质。关于生命力，我们可以理解为一个人的心理能量，这种能量让自我充满信心和对未来的渴望。

渴望包括被爱的渴望、被关注的渴望、被认同的渴望、归属感的渴望、有价值的渴望、安全感的渴望、独立的渴望。人类具有灵性，从具有自我意识开始便有了爱与被爱的渴求，只是我们在不同阶段表达的方式不一样。有一句话说得很好："没有人爱的人是可怜的，没有可以爱的人是可悲的。"总之，我们都渴望爱与被爱，渴望一种重要感、温暖感。

因为我们有了渴望，所以有了期待。这份期待包括对自己的期待、对他人的期待和来自他人的期待。我们期待自己是一个有爱心的人，所以我们甘心付出、乐于分享，同时我们期待自己是一个被人关注、被人喜爱、值得别人爱的人。我们对他人的期待是情感互动的本源，我们期待我们的自我形象能够得到别人的认可和喜欢，期待自己的爱和关怀得到别人积极的回应和感激。更重要的是，我们期待来自他人对我们的爱、关怀、肯定、喜欢、欣赏、尊重等。

因为我们有了期待，我们便有了基本的观点，包括信念、假设、预设立场、主观现实、认知。我们对自己和对他人的期待形成了我们对这个社会基本的预设和预判，也就是说，我们对这个社会有了自己的预想和描述。因为我们有了预设就有了标准，有了标准我们才有了认知和判断，有了认知和判断我们才有了情绪的基本感受。

再来看感受，也就是我们的情绪，如满意、不满意，喜欢、厌恶，兴奋、恐惧，喜悦、悲伤，狂热、愤怒等。事实上，这些情绪在绝大多数情况下先由感受决定是积极情绪还是消极情绪，然后才是具体的满意、喜欢等。这些根据情绪的强度、情绪的紧张度、情绪的激烈程度、情绪的快感程度、情绪的复杂程度等变化组合出来的情绪千差万别，但都会影响行为。情绪对行为影响的特殊之处在于，它既有冰山隐于水面之下的心理体验部分，也有显于水面之上的应对方式部分。

当你负面情绪多的时候，不妨找一个独处的环境，"聆听"自己的情绪，深入体会一下自己正经历的感受是什么。人的情绪不是单一产生的，常常是几种情绪混杂在一起。这时，你要仔细分辨一下究竟哪种情绪是你目前最主要的，并留意自己此时的身体反应。然后，你需要与情绪"对话"，觉察情绪背后的讯息。如，焦虑提醒我们，不要懈怠，只有付出更多努力才能把事情做得更好。恐惧让我们警醒，充分意识到问题的危害性，全力以赴应对危险。愤怒让我们了解自己最在意的事情，激发情绪反应的力量，为抗争积蓄能量。罪恶感让我们自省，不做不可为的事情。自卑感提醒我们与他人比较还有差距，从而激励自己不断超越自我，变得强大。

三、情绪的自我调适

《红楼梦》里的林黛玉不仅才华出众，而且纯洁、真诚，自幼羸弱多病，多愁善感。在"风刀霜剑严相逼"的贾府，她不会像薛宝钗那样曲意逢迎、八面玲珑，而是经常郁郁寡欢，茶饭不思，夜不能寝，泪水涟涟。当她听说贾宝玉与薛宝钗成亲时，一气而绝，悲愤而逝。从心理学角度看，正是她内心的抑郁情绪造就了自己的悲剧。

当我们面临愤怒、抑郁、悲伤、焦虑等消极情绪时，我们可以做的事情是积极调适。自我调适技巧分为认知类和行为类。

（一）认知类自我调适技巧

1.理智调适法

如果说情绪是奔腾的"洪水"，那么理智就是一道坚固的"闸门"。理智调适法就是用理性的意识管理非理性的意识。情绪 ABC 理论的创始者埃利斯认为，正是由于我们常有的一些不合理的信念才使我们产生情绪困扰。这些不合理的信念如果长期持续，就会引起情绪障碍。情绪 ABC 理论中，A 表示诱发性事件；B 表示个人针对此诱发性事件产生的一些信念，即对该事件的一些看法、解释；C 表示自己产生的情绪和行为的结果。人们通常会认为诱发性事件 A 直接导致了人的情绪和行为结果 C，发生了什么事就会引起了什么情绪体验。然而，现实是面对同样一件事，不同的人会有不同的情绪体验。比如有两个大学生，英语六级考试都没通过，一个人对此表示无所谓，另一个人却伤心欲绝。

2. 乐观面对法

乐观面对生活的人通常热爱生活，即使遭遇挫折、失败，也能够保持积极的情绪。大仲马说过，人生是一串由无数的小烦恼组成的念珠，乐观的人总是笑着数完这串念珠。古希腊哲学家苏格拉底和几个朋友住在一间面积只有七八平方米大的房子里，有人认为他居住的条件太差了，他说："和朋友们住在一起，随时可以和他们交流感情，是值得高兴的事啊。"几年后，他一个人住，又有人说他太寂寞了，他说："我有很多书啊，一本书就是一个老师，我和那么多老师在一起，怎么会不高兴呢？"之后，他住楼房的一楼，有人认为一楼的环境差，他却说："你不知道啊，一楼方便啊，进门就到家，朋友来方便，还可以在空地上种花、种菜。"后来，他又搬到顶楼，有人说住顶楼没好处，他说："好处多啊，每天爬楼锻炼身体啊。顶楼光线也好，头顶上没干扰，白天、晚上都安静。"

3. 自我暗示法

自我暗示法主要通过语言来激发或抑制人的心理和行为。自我暗示对人的情绪乃至行为有奇妙的作用，既可用来放松过分紧张的情绪，又可用来激励自己。当愤怒、忧愁、焦虑、面临困难、遇到挫折时，不妨心中默念一些鼓励自己的话，比如"别人能行，我也一定能行""一切都会过去""别人不怕，我也不怕"。积极的心理暗示在很多情况下能驱散忧郁和怯懦，使自己恢复快乐和自信。

（二）行为类自我调适技巧

1. 注意力转移法

培养一些爱好，在心情不好时，做一些自己喜欢的事，如看书、看影视剧、听歌、唱歌、做运动等，让自己心情愉快。音乐疗法是注意力转移法中比较常用的方法。音乐疗法主要是让有压力的人欣赏不同的音乐，然后把他们从负面情绪中解脱出来。除了听歌，唱歌也能够起到同样的作用，特别是放声高歌，可以带走紧张、激动的情绪。除此外，运动、旅游、散步或体力劳动，也可以把消极情绪产生的能量释放出去。

2. 合理宣泄法

向他人倾诉、在适当的场合大哭、大声喊叫、写日记等，都是将情绪由内而外宣泄出去的方法。人们把压力宣泄出来比压抑或者回避压力更有益于心理健康。

3. 自我放松法

心理学家认为，人们长期处于高度紧张状态会使自身免疫力下降，从而引起生理和心理疾病。学会自我放松可以缓解情绪带来的身心疲劳，恢复身心的平静。自我放松法包括深呼吸放松法、渐进式肌肉放松法、想象放松法等。

讲堂三　爱彩虹般的你：健康情绪培养

晚上10点，健健收到好朋友小乐的短信："开心3件事：打篮球，在操场唱歌，中午和同学一起吃饭。"与此同时，小乐也收到了健健的短信："开心3件事：看到一只可爱的小猫，和老同学在网上聊天，跑步。"原来，小乐和健健有个约定，每天晚上10点整同时按下发送键，把提前编辑好的这一天最开心的3件事分享给对方。这个习惯是一个多月前开始的。他们正在一起参与学校心理咨询中心的活动"幸福是一个习惯——记录每天最开心的3件事"。他们约定晚上10点相互发送"开心3件事"的短信。刚开始的时候，两人对要在一天中找出3件开心的事还很不习惯，但他们把这作为一个游戏坚持了下来。随着时间的推移，他们发现找出开心的事情对他们来说越来越容易，开心的事情也越来越多，有时他们还可以预测对方开心的事情。

一、观念转变：从消极到积极

在过去一个世纪的心理学研究中，我们所熟悉的词汇是病态、幻觉、焦虑、狂躁等，而很少涉及健康、勇气和爱。在我们身边不乏这样的经历，当你告诉对方你是一名心理学的研究生时，大多数情况下对方可能会说："学心理学不错，可以帮别人排忧解难。"其实，这种思想严重受到了消极心理学的影响。以马丁·塞利格曼和奇克森特米哈伊在2000年1月出版的《积极心理学导论》为标志，越来越多的心理学家开始涉足积极心理学领域的研究，矛头直指过去近一个世纪中占主导地位的消极心理学模式。

积极心理学的研究对象是普通人，它要求心理学家用一种更加开放的、欣赏性的眼光去看待人类的积极品质，如潜能、动机、能力、美德、创造力、幸福感等。积极心理学从研究生命中最不幸的事件转向研究生命中最幸福的事件，或者说从关注人类的疾病和弱点转向关注人类的优秀品质。

二、积极情绪的发现

致力于研究积极心理学的芭芭拉·弗雷德里克森教授提出关于积极情绪的扩展和建构理论，认为积极情绪能够拓展人的瞬时知行能力，建构和增强人们的个人资源，扩展瞬间思维活动序列。

"把你自己想象成春天里的一朵花，花瓣聚拢，紧紧围绕着你的脸。即使还可以看到外面，也仅有一点点光线。你无法欣赏发生在你身边的事情。然而，一旦你感受到阳光的温暖，情况就变了。你开始变得柔软，你的花瓣放松，并开始向外伸展，让你的脸露了出来，你看见的越来越多。你的世界十分明确地扩展着，可能性不断增加。"这段诗意的话描述了积极情绪的扩展和建构理论的最核心内容，你的积极情绪如同那让花灿烂的阳光一样，给你的人生带来更多的可能性与开放性。

三、最佳体验：心流状态

20世纪60年代，心理学家奇克森特米哈伊曾对美术家、西洋棋手、攀岩者、作曲家、运动员等人进行了仔细观察。他发现这些人在从事他们的职业活动时，会全神贯注地工作，时常遗忘时间和周遭环境。对他们来说，从事这些活动是出于某种乐趣。这些乐趣来自活动的过程，这些活动外在的报酬极小或不存在。这种由全神贯注所产生的体验称为心流体验。

要想达到心流状态，必须在任务的挑战性和操作者的技能水平之间建立起平衡。如果任务太难或太简单，心流就不会出现。技术水平和挑战程度必须相符合并且处于较高水平。如果技术水平和挑战程度都很低但是相符合，那么人会产生毫无兴趣、冷淡的感受。

四、积极情绪的培养

有一天，小狮子问它的妈妈："幸福在什么地方？"狮子妈妈说："幸福就在你的尾巴上。"于是，小狮子不停地追着自己的尾巴，它追了一整天也追不到。它把这个情况告诉了妈妈。狮子妈妈笑着说："其实你不用刻意寻找幸福，只要你一直往前走，幸福便会自然而然地跟着你。"幸福不仅仅是一个结果，更是一个追寻的过程。

积极心理学之父马丁·塞利格曼在《持续的幸福》一书中提出，幸福有五大元素，即积极情绪、身心的投入、人际关系、有意义的生活、成就。

积极情绪是快乐或愉悦的元素，包含了主观幸福感的所有常见因素，如高兴、狂喜、舒适、温暖等。人的思维能力是受情绪影响的。积极情绪有助于激发人的思维能力，从而有助于创造力、想象力的培养。

（一）找到生命的意义

在日常生活中，你要更加频繁地寻找积极的意义。人们在日常生活中所面对的大多数情况并非一无是处，因此，在生活中发现好的方面，以及由衷地寻找积极意义的机会，是始终存在的。消极情绪并非来自人们遭遇的不幸，而是来自人们如何看待不幸。当你将不愉快甚至悲惨的境况以积极的方式重新定义时，你就提高了自己的积极情绪。

（二）想象未来

提高积极情绪的简单方法之一，就是更加频繁地想象你的未来。为自己构想更好的将来，将美好未来形象化，能够让你把自己每天的目标和动机与自己的梦想相契合。

（三）利用优势

调查结果表明，每天都有机会做自己最擅长的事情的人，更容易在工作与生活中取得成功。确定自己的优势，并据此重新制订你的工作与日常生活流程，重塑自己。

（四）与他人在一起

没有人能孤立地实现自己的全部潜能。人们通过与他人相处，可以获得更多的积极情绪。无论你是否性格外向，每天都要与他人建立联系。科学实验表明，当你和别人在一起的时候，即使你只是假装外向，也会表现得更大胆、健谈、自信、积极主动和充满活力，从中获得积极情绪。

（五）享受自然环境

在一个人获得积极情绪的环境因素中，自然环境与社会环境一样重要。因此，在明媚的天气外出也是提高你的积极情绪的简单方法。在春季和初夏，每天在户外至少待上 20 分钟的人，都会出现积极情绪的增长和更加开阔的思维。

心理训练 ▶▶

一、测量有方：抑郁自评量表

（一）测验介绍

抑郁自评量表是一种测量抑郁的工具。由美国杜克大学教授威廉·宗于 1965 年开发，包括 20 个项目：精神性—情感症状 2 个、躯体性障碍 8 个，精神运动性障碍 2 个，抑郁性心理障碍 8 个。每个项目由四级评分构成。量表使用简便，并可直观地反映抑郁患者的主观感受。适用于具有抑郁症状的成年人，但对具有严重迟缓症状的抑郁则难于评定。此外，抑郁自评量表对于文化程度较低或智力水平稍差的人的评定效果不佳。

（二）操作步骤

下面有 20 个题目，请仔细阅读每一个题目，把意思弄明白，然后根据你最近一个星期的实际感觉进行评定。每一个题目均按 1、2、3、4 进行四级评分。

序号	题　　目	没有或很少有（A）	有时有（B）	大部分时间都有（C）	绝大部分或全部时间都有（D）
1	我觉得闷闷不乐，情绪低沉	1	2	3	4
2	我觉得一天之中早晨最好	4	3	2	1
3	我会一阵阵地哭出来或觉得想哭	1	2	3	4
4	我晚上睡眠不好	1	2	3	4
5	我吃的跟平常一样多	4	3	2	1
6	我与异性亲密接触时和以往一样感觉愉快	4	3	2	1
7	我发觉我的体重在下降	1	2	3	4
8	我有便秘的苦恼	1	2	3	4
9	我的心跳比平时快	1	2	3	4
10	我会无缘无故地感到疲乏	1	2	3	4
11	我的头脑跟平常一样清楚	4	3	2	1
12	我觉得经常做的事情并没有很困难	4	3	2	1
13	我觉得不安而平静不下来	1	2	3	4
14	我对将来抱有希望	4	3	2	1
15	我比平常更容易生气激动	1	2	3	4
16	我觉得做出决定是容易的	4	3	2	1
17	我觉得自己是个有用的人，有人需要我	4	3	2	1
18	我的生活过得很有意思	4	3	2	1
19	我认为如果我死了别人会生活得好些	1	2	3	4
20	平常感兴趣的事我仍然照样感兴趣	4	3	2	1
总分					

（三）计分方法

在 20 个题目中，有 10 个题（第 1、3、4、7、8、9、10、13、15 和 19 题）是用负性词陈述的，采用正向计分，选"1""2""3""4"分别计 1 分、2 分、3 分、4 分；其余 10 题（第 2、5、6、11、12、14、16、17、18 和 20 题），是用正性词陈述的，采用负向计分，选"1""2""3""4"分别计 4 分、3 分、2 分、1 分。将 20 个题目的各个得分进行相加，即得到粗分，用粗分乘以 1.25 取整数，即得标准分。

（四）分析

分界值为 53 分。轻度抑郁，53～62 分；中度抑郁，63～72 分；重度抑郁，72 分以上。

二、心安有法：情绪日记

（一）介绍

情绪日记，是一种通过写日记的方式了解自己情绪所处的状态，分析不良情绪的来源，找出如何处理的有效方法。写个人日记时，我们重点关注的是事情；而写情绪日记时，我们重点关注的是我们的情绪是如何发生的。

（二）操作步骤

1. 写出所发生的事件、具体的情境。

2. 写出你的感觉，表明自己的情绪。如"我觉得很气愤"，"我觉得很沮丧"。

3. 分析导致情绪产生的思想，并试着诠释出来。这是情绪日记最难的部分，也是最重要的部分。你可以问问自己：令我产生这种情绪背后的思想是什么？这种思想是事实还是自己的意见？若是事实，是真的吗？

4. 分析完自己的思想后，问问自己：我的需求是什么？我的这个需求是否可以在不改变对方的情况下得到满足？

5. 写出我的建设性想法及我的建设性行动。

（三）注意事项

情绪日记不是文学作品，不需要润色，也不用在乎篇幅的长短，它就是很短暂的一个记录。只需要抓住感受、原因、思考和行动三个重点，便可以轻松地写出情绪日记。

心灵成长 ▶▶

一、学以致用：情绪觉察

情绪记录是一种很好的提升情绪觉察能力的方法。坚持训练一段时间后，你会发现你对自身及他人情绪的觉察和识别能力会有所进步，这是情绪管理中非常重要的一环。请按照表中示例，记录你的情绪体验。

情绪记录表

情绪种类	体验时间	体验过程	情绪产生的原因	情绪的影响
示例：开心	早晨	睡到自然醒，听到窗外的鸟在叫	周六休闲	精力充沛，打算出门见朋友

二、心随"影"动：《头脑特工队》

《头脑特工队》的故事围绕一个 11 岁的女孩莱莉展开。小时候的莱莉一直过着快乐的生活，但当她和家人搬到旧金山后，陌生的居住环境、爸妈各自周旋在工作和搬家之间，种种因素使她的内心世界开始变得混乱不安。在莱莉的身体里有着一个"头脑总部"，在"头脑总部"这个非凡世界中，由五个情绪管理员组成的团队负责管理她的情绪。这些情绪管理员分别是，负责"快乐"情绪，热情奔放的乐乐；负责"担心、悲伤"情绪，时常陷入忧虑之中的忧忧；管理"害怕"情绪，提醒保护莱莉不受伤害的怕怕；负责"厌恶"情绪，因为莱莉看见西蓝花而出现的厌厌；管理"愤怒"情绪，让莱莉敢于反抗的怒怒。几位管理员通力协作，调节着莱莉的情绪，陪伴着莱莉成长。

这部电影不仅在教小朋友如何处理情绪波动，同时也在教大人该如何去帮助理解孩子。电影以一种寓教于乐的方式，向观众传达人的情感是多元的，快乐并非唯一值得追求的情绪，每个情绪在适当的时候都有价值。电影还呼吁人们关注身边人的情绪和感受，为他们提供支持和理解，是一部十分适合学生观看的心理学教科书电影。

《蚕茧画我"情"
——大学生情绪管理团体心理辅导》

走出人际孤岛

——大学生的人际关系

心灵悟语

君子不重则不威，学则不固。主忠信。无友不如己者，过，则勿惮改。

——孔子

真正的友谊是一种缓慢生长的植物，必须经历并顶得住逆境的冲击，才无愧"友谊"这个称号。

——华盛顿

人生得一知己足矣，斯世当以同怀视之。

——鲁迅

学习目标

知识目标

1. 了解人际关系的含义、发展阶段和主要功能，以正确认识人际关系的价值。

2. 了解大学生人际关系的影响因素，解读人际密码。

3. 了解人际关系中的困扰，掌握促进人际关系的技能。

能力目标

1. 了解人际交往的含义及影响因素。

2. 掌握大学生人际交往的基本原则。

3. 了解常见的人际交往障碍及策略。

素质目标

1. 理解人际交往的心理原理。

2. 掌握人际沟通的基本原则与技巧，提高人际交往水平。

我的人际彩虹圈：大风吹

（一）活动目的

旨在使同学们放松紧绷的心态，对团体训练产生兴趣，为下面的学习作铺垫。

（二）活动准备

室外较宽敞的活动场地或者室内训练馆。

（三）操作步骤

1. 全体学生围坐成一个圈，老师位于圈的中央。

2. 老师开始说："大风吹！"大家问："吹什么？"老师说："吹所有 ×× 的人。"（×× 的人表示具有某一共同特征的人，如戴眼镜的人、长头发的人等）凡是 ×× 的人，均要想办法互换位置，不许在原位。其他人不动。老师会抢到一位置，使得一人没有位置，没有位置的这个人就要接受小小的"爱的惩罚"。可以由同学们来决定这个"爱的惩罚"是什么。

3. 玩几轮后可以换"小风吹"，"小风吹"的时候刚好相反，所有没有老师说的特征的人互换位置。

心灵讲堂 ▸▸

讲堂一　我不是孤岛：人际交往概述

某一宿舍有 4 名成员：佳佳、伊然、萍萍和小喆。佳佳的这 3 位室友各有特点：伊然才貌双全，骨子里带有的优越感，无形中与人拉开了距离；萍萍沉稳大气，爱好文学艺术；小喆性格直率，为人热情。

开学初，话剧社要招新，佳佳、伊然、萍萍、小喆都报名了。面试的内容是即兴表演一部电影的桥段。佳佳因为精彩的表演，当场被录取；萍萍因为出色的文笔被选到编剧部。

话剧社因录取名额有限，只能在伊然和小喆中选一位留下，所以又给她们出了一道面试题目：陈述自己加入话剧社的优势。自以为成功在握的伊然竟然落选了。每次佳佳、萍萍和小喆在宿舍谈论话剧社的事情时，伊然的脸色都不太好看。因此，她们 3

人形成了一种默契，只要有伊然在场，她们就不再谈论话剧社的事情。有一天，伊然从外面回来，快走到门口时听见佳佳、萍萍和小喆聊得很热闹，可是自己推门进去后，她们的谈话戛然而止，好像有意回避自己似的，伊然顿时感到自己和她们有了很深的隔阂。从此，伊然早出晚归，尽量少待在宿舍。慢慢地，伊然成了大家最熟悉的"陌生人"。伊然陷入了人际交往的尴尬境地，这个结果未必是她们自己内心真正所愿。对亲密关系以及心理归属感和情感互动的渴望，是人的本能需要。人际关系是我们与世界建立联系的途径。

一、人际交往的概述

进入大学之后，大学生们面临着新的环境、新的群体，需要重新整合各种关系。良好的人际关系不仅是评估大学生心理健康水平、社会适应能力的重要指标，也是奠定其今后事业良好发展与人生幸福的基石。

（一）人际交往的含义

人际交往是指个体与个体或个体与群体之间通过口头语言、肢体语言等表达方式进行接触和交流，并且在行为上和心理上产生相互作用、相互影响、相互适应的过程。

（二）人际关系的心理成分

认知、情感和行为是建立人际关系不可或缺的三种不同的心理成分。

认知成分在人际交往的过程中起到先行作用。我们通过对自己、对他人、对环境的认知来了解自己的人际关系状况，形成对人的感知和理解，从而为建立关系打下基础。

情感成分带给我们不同的情绪体验，如分享的快乐、陪伴的温暖、背叛的痛苦、分离的焦虑等，是人与人之间交往联系的纽带，是评价和判断人际关系的重要指标。

行为成分在人际关系中随着交往对象、环境不同而变化，包括言谈举止、表情手势、身体姿势等，是心理活动的外在表现。

认知、情感和行为三种成分是交互作用和互相影响的，共同组成人际关系的统一体。

（三）人际关系的类型

从不同的角度，可以把人际关系分为不同的类型。从性质上来分，人际关系有积极的人际关系和消极的人际关系；从范围上来分，有两个人之间的关系、个人和团体之间的关系；从相互角色上来分，有夫妻关系、同学关系、师生关系等。

每个人都具有建立人际关系的需求，舒尔茨把这些需求分为三类。第一类是希望与他人来往、结交、沟通、参与、融合等，与此相反的行为有孤立、退缩、排斥、疏远等。第二类是在权力上与他人建立并维持良好的关系的控制需求，在此基础上支配或领导他人等，与此相反的行为有抗拒权威、忽视秩序、受人支配、追随他人等。第三类是在情感上希望与他人建立并维持良好关系的感情需求，在此基础上的交往行为有喜爱、亲密、同情、热情等，与此相反的行为有憎恨、厌恶、冷淡等。这三种不同的需求类型又可以区分为主动和被动两种类型，所以一共有六种基本的人际关系倾向或类型。如表 7-1 所示：

表 7-1　基本人际关系倾向（类型）

项目	E（主动型）	W（被动型）
I（包容需求）	主动与他人来往	期待他人接触
C（控制需求）	支配控制他人	期待别人引导
A（感情需求）	对他人表示亲密	期待别人对自己表示亲热

（四）人际关系的距离

人与人之间的心理距离与物理距离通常具有一定的一致性。人类学家爱德华·霍尔博士为人际交往划分了 4 种距离，每种距离都有相对应的人际关系。

1. 公众距离：3.7 米~7.6 米

通常这个距离存在于一般非正式聚会场合、公共场所等相对陌生的场所。

2. 社交距离：1.2 米~3.7 米

用于处理非个人事物的一般社交活动，如办公室、图书馆等场所，体现出一种公事或礼节上的较正式的关系。

3. 个人距离：44 厘米~1.2 米

适用于和朋友、熟人相处的场合。这是人际间隔上稍有分寸感的距离，较少有直接的身体接触。

4. 亲密距离：15 厘米~44 厘米

一般指和亲人、伴侣在一起时的距离。15 厘米以内，是最亲密区间，彼此能感受到对方的体温、气息。15 厘米~44 厘米，身体上的接触可能表现为挽臂执手、促膝谈心。在异性之间，只限于恋人、夫妻等；在同性别的人之间，往往只限于贴心朋友。

人际交往的空间距离不是固定不变的，具有一定的伸缩性，依赖于具体情景下交谈双方的关系。社会关系、文化背景、性格特征、心境等都会或多或少地影响着彼此间的空间距离。了解交往中人们所需的自我空间及适当的交往距离，我们就能够有意识地选择与人交往的最佳距离，让彼此都感觉比较舒适，从而使人际关系向期待的方向发展。

二、人际交往的重要意义

人是社会中的人，社会是人的社会。每一个人都不能够离开群体而单独生存。社会中的人一生有两项重要的活动，即社会生产和社会生活。这两项活动都与人际交往分不开，所以人的一生几乎都是在与他人的交往中度过的。

人际交往具有沟通信息、交流思想感情的作用。正处于青年时期的大学生们思想活跃，精力充沛，爱好和兴趣广泛，渴望与他人交往，渴望拥有良好的人际关系。积极有效的人际交往、和谐良好的人际关系有助于大学生形成良好和健康的品质，有助于大学生的全面发展。

（一）人际交往是促进大学生身心健康的有效方式

大学生正处于青年时期，此时正是人生的黄金时代。大学生在心理、生理方面逐步走向成熟，并且逐渐社会化。每个人都渴望拥有真诚、友爱，人际交往的愿望较为强烈，希望通过人际交往获得友谊，满足自己的物质需要和精神需要。

（二）人际交往可以促进大学生认识自我、完善自我

在人际交往中，通过与其他人进行比较，可以帮助大学生提高对自己和他人的认识，促进自我发现、自我反省，更好地认识自我。

（三）人际交往是大学生社会化进程的必要前提

人的社会化过程是一个漫长的、不断发展的过程，人际交往是人社会化的起点和必经之路。我们必须清楚地认识到，个体是在人际交往中不断成长、发展和成熟起来的。在此过程中，我们要学习文化、生存技能、社会知识，以及社会规范要求的各种素质，从而获得社会生活的资格。如果没有与其他人交往，人无法完成这个过程。

（四）人际交往是大学生实现个性全面发展的重要手段

人的个性除了受先天遗传因素影响外，更受后天环境的影响。心理学家的研究发现，如果一个人能够长期生活在友好和睦的人际关系中，就会性格开朗，在对待人和事物时，乐观、积极、主动；相反，如果一个人长期缺乏与别人的积极交往，缺乏稳定而良好的人际关系，则可能形成明显的性格缺陷。

三、人际交往中的心理效应

（一）首因效应

首因也可以说是第一印象，一般指人们初次接触时，各自对交往对象的直觉观察和归因判断。在人际交往中，首因效应对人们交往印象的形成起着决定性作用。

初次见面时，对方的表情、体态、仪表、服装、谈吐、礼节等形成了人们对对方的第一印象。现实生活中，首因效应下形成的第一印象常常左右着人们对他人的看法。因为第一印象一旦形成，就不容易改变。初次印象是长期交往的基础，是取信于人的出发点。

因此，我们在人际交往中应该注意留给他人好的第一印象。首先，我们应该注重仪表，如衣着要整洁、服饰搭配要和谐得体等；其次，我们要注意自己的言谈举止，锻炼和提高言谈技能，掌握适当的社交礼仪。

（二）近因效应

首因效应一般在交往双方还彼此生疏的阶段特别重要，随着双方互相了解的加深，近因效应就开始发挥作用了。近因效应是相对于首因效应而言的，是指在交往过程中，人们对他人最近、最新的认识占了主体地位，掩盖了以往的评价，也被称为"新颖效应"。比如，回想多年不见的老朋友，在自己的脑海中印象最深的就是临别时的情景；一个朋友总让你生气，可是谈起生气的原因，大概只能说上两三条；你的一个好朋友最近做了一件对不起你的事情，你提起他时就只记得他的坏处，完全忘了他的好处……这一切都是近因效应的影响。近因效应给了人们改变形象、弥补过错、重新来过的机会。

（三）晕轮效应

晕轮效应，是指人们在评价他人的时候，常常喜欢从某一点特征出发得出或好或坏的全部印象，有时也称"光环效应"。晕轮效应对人际交往有很大的影响。多数情况下，晕轮效应会使人犯以偏概全、爱屋及乌的错误，影响理性人际关系的确立。不过，晕轮效应可以增加个体的吸引力而助其获得某种成功，这或许是其有利的一面。

为了减少晕轮效应的不利影响，我们要善于倾听和接受他人的意见，尽量避免感情用事，做到全面评价他人，理性与人交往。如果想利用晕轮效应有利的一面，我们在与人交往时就应采用先入为主的策略，全面展示自己的优点并掩饰缺点，尽量留给他人完美的印象。

（四）刻板效应

人们在评价他人时，往往喜欢把他人看成是某一类人中的一员，而且很容易认为他人具有这一类人所具有的共同特性，这就是刻板效应。比如，北方人常被认为性情豪爽、胆大正直，南方人常被认为聪明伶俐、随机应变，教授常常被认为是白发苍苍、文质彬彬的老人。

刻板效应在人际关系交往中既有积极作用，又有消极作用。积极作用在于它简化了人们的认识过程，因为当人们知道某类人的特征时，就比较容易推断出这类人中的个体特征；消极作用是它常使人以点带面、固执待人，使人产生认知上的错觉，比如种族偏见、民族偏见、性别偏见等就是刻板效应消极作用的产物。

（五）投射效应

投射效应，就是"以己论人"，常常以为别人与自己具有同样的爱好、个性等，常常以为别人应该知道自己的所想所思。投射效应是一种严重的认知心理偏差，是由怀疑心理引起的对别人人格的歪曲。当别人的想法或行为与我们不同时，我们习惯用自己的标准去衡量别人，从而认为别人是错的。"以小人之心度君子之腹"就是投射效应的典型写照。为了减少投射效应的消极作用，我们应该辩证地、一分为二地看待自己和他人，严于律己、客观待人，尽量避免以自己的标准去判断他人。

讲堂二　友谊那些事儿：大学生常见的人际困扰

小张是大一新生，性格较内向，从来没有住过校。进入大学后，他开始与5名同学同住。在优越环境下成长的他，看不惯同寝室同学"不良"的卫生习惯，更不喜欢他们的作息时间，尤其不喜欢他们的高谈阔论。总之，他看谁都不顺眼。内向的他本来就不擅长与人沟通，再加上看不起同学，他就喜欢独来独往来，逐渐减少与同学们的交往。时间一长，他发现寝室其他同学说说笑笑、进进出出都结伴而行，似乎视他不存在，他开始感到失落，孤独感油然而生。他曾多次萌发过主动与同学交往的念头，可都事与愿违。他回寝室时总觉得其他人在议论他，对他评头论足，一副嘲笑、鄙视的模样。他觉得受不了，向学校申请换寝室，但没有得到批准。

为了减少与他们的交往，他只有睡觉时才回寝室。即使这样，他仍感到其他人在议论自己。他开始失眠，食欲下降，精神状态越来越差，身体急剧消瘦，听课的效率也越来越差，最终病倒了。

在住院期间，寝室同学轮流守护在他的病床旁，看到那些平时让自己反感透顶的同学给他送水喂饭，就像照顾自己的家人一样，他的心被触动了。他把内心的苦闷与孤独告诉了他们，才知道原来一切都是自己"想"出来的。其他人一直觉得他不愿与他们交往，并不知道由此引发了他内心如此大的震荡。

处于青年期的大学生，思想活跃、精力充沛、兴趣广泛，人际交往的需要极为强烈。他们力图通过人际交往去认识世界，获得友谊，满足自己物质上和精神上的各种需要。但在交往过程中，有的交往顺利，心情舒畅、身心健康；有的交往受挫，心情郁闷，身心受损，产生各种不良后果。在大学生的各种心理障碍中，人际交往障碍表现得最为突出，直接影响他们正常的学习和生活。

一、大学生人际交往中的心理障碍

一般来说，大学生在人际交往过程中，出现一些困难或不适应是难免的，但如果个体的人际关系严重失调，人际交往时常受阻，则说明其存在着交往障碍。大学生常见的交往障碍主要表现在以下三个方面：

（一）认知障碍

认知障碍在大学生的人际交往中表现得尤为常见和突出，这是由青年人的交往特点所决定的。人在青年期自我意识迅速增强，开始了主动交往，但其社会阅历有限，客观环境的限制使其无法全面接触社会，了解人的整体面貌，再加上心理上也不成熟，因而在人际交往中常常带有理想交往对象的模型，在现实生活中寻找知己。一旦理想与现实不符，交往就会产生障碍，出现心理创伤。

人际交往的目的在于满足交往双方的需要，是在互相尊重、互谅互让、以诚相见的基础上得以实现的。而有的大学生常常忽视平等、互助这样的基本交往原则，常常以自我为中心，喜欢自吹自擂、装腔作势、盛气凌人、自私自利，从不考虑对方的需要，这样的交往必定以失败告终。

（二）情感障碍

情感是人际交往中的主要特征，交往中感情色彩浓重，是处于青年期的大学生人际交往的一大特点。情感障碍具体体现在以下几个方面：

1. 嫉妒

嫉妒是一种消极的心理品质，表现为对他人的长处或优异成绩心怀不满，报以嫉恨，乃至冷嘲热讽，甚至采取不道德的行为。嫉妒容易使人产生痛苦、忧伤的心理和有攻击性的言论和行为，导致人际冲突和交往障碍。例如，有的同学在恋爱竞争中失败，转而恶意中伤他人。

2. 自负

自负的人在人际交往中表现出傲气轻狂、居高临下、自夸自大，过于相信自己而不相信他人，只关心个人的需要，强调自己的感受，从而忽视他人。与同伴相处，高兴时海阔天空，不高兴时大发脾气；与熟识的人相处，常常过高地估计彼此的亲密程度，使对方出于心理防卫而疏远。

3. 害羞

害羞的人在大学生人际交往中常常表现为性格腼腆，动作忸怩、不自然，脸色绯红，说话音量低而小，严重者怯于交往，对交往采取回避的态度。在人际交往中，过于害羞往往会过多约束自己的言行，无法充分表达自己的愿望和情感，无法与人正常沟通，造成交往双方的不理解或误解，妨碍良好人际关系的形成。

4. 孤僻

孤僻性格也会导致交往障碍，具体表现为孤芳自赏、自命清高、不合群、待人不随和，或者由于行为习惯上的某种怪癖使他人难以接受。结果是没有人愿意与其接触，于是从心理上和行为上与他人产生隔阂，自己将自己封闭起来。

（三）人格障碍

人格障碍是另一种常见的人际交往障碍。人格的差异会带来误解、矛盾与冲突，人格不健全可直接造成人际冲突。不同气质类型的人对同一问题的处理方式不一样，如胆汁质的人性情急躁，言谈举止不太讲究方式，就会使抑郁质的人常感委屈和不安，造成双方互相抱怨和不满。

二、大学生人际交往障碍的原因分析

（一）家庭关系影响

家庭是以血缘关系或收养关系为纽带建立起来的社会基本单位。家庭是个体社会化的第一环境。首先，夫妻关系是家庭关系中基本的关系；其次，还有父亲与子女、母亲与子女的亲子关系；最后，多子女家庭还有兄弟姐妹之间的关系。家庭关系的亲密程度、家庭中的人际互动模式会深刻影响人的人际交流。

当代大学生大多为独生子女，没有兄弟姐妹，家庭内部横向交流缺乏，人际交往能力从小就缺乏锻炼，加上长辈的娇惯溺爱，很容易使大学生以自我为中心，不懂得迁就他人、理解他人。此外，大学生在上大学前受到父母的过分保护、控制和干涉，少有自己的交往原则和个人心理空间，无法应对进入大学后人际交往中出现的许多问题。经济条件的差异也会成为大学生交往的障碍。那些家庭经济条件差的同学往往会感到自卑，在人际交往中容易退缩；而家庭经济条件较好的学生往往充满优越感，容易在人际交往中表现得趾高气扬。

（二）学校教育影响

首先，在高中教育阶段，学校往往会追求成绩而忽视对人际交往能力等其他素质的培养。进入高校后，学校也很少有专门的系统课程培训，所以导致很多学生智商很高而情商很低，处理不好与其他人的相处、交流、沟通。其次，高校教师都是上完课就离开，很少与同学进行交流与沟通，师生关系疏远，以致大学生在人际交流方面没有机会得到有效的指导和帮助。

（三）自身心理因素影响

大学生的生理已经发育成熟，但心理还没完全发育成熟，生活阅历简单，心理承受能力较差。虽然大学生在自我认识、自我评价、自我教育方面比在中学阶段有所提高，但他们一直被幸运的光环笼罩，在分析自己、处理同学关系的时候极易产生困惑和错觉。另外，大学生在环境适应、自我认知、健全人格等方面的问题也会直接影响人际交往能力的发展。

（四）社会网络化影响

现代信息技术特别是互联网的高速发展，虽然打破了人们在时间和空间交往上的限制，但也影响了人们之间直接的感情交流。网络在快速传递知识信息、提供娱乐游戏的同时，也为大学生发泄不良情绪、寻求精神寄托和逃避现实生活提供了场所，导致大学生在现实交往中的封闭和人际交往能力的下降。

三、大学生人际交往的调适

（一）端正认知

要建立良好的人际关系，首先，要正确认识自我。将自己的现在与自己的过去相比，将自己的现在与自己的未来目标相比，将自己与社会上和自己地位、条件相类似的人相比，从中认识自己，认清自己的优势和劣势、长处和短处，达到取长补短、缩小差距的目的。其次，要积极悦纳自我。悦纳自我就是要无条件地接受自己的一切：优点和缺点、好的和坏的、成功的和失败的。最后，要综合、客观地评价他人，以发展的眼光看待他人。

（二）调适不良情绪

懂得控制人际交往中的不良情绪是大学生心理成熟和健康的重要标志。大学生首先应强化自己的品德和文化修养，培养高尚的情操，形成内在的理智力量，提升情感世界。其次，应及时调整对他人的期望值。每个人都不是完美无缺的，在个性、行为习惯、价值观念和情绪状态等各方面都可能会有优点或不足。最后，大学生应养成各种良好的交往品质，如真诚、信任、克制、自信、热情等。

（三）培养良好的人格

良好的人格是成功交往的基础，大学生可以通过博览群书使少教者变得有教养，使骄傲者变得谦虚，使自卑者变得自信；通过交往发现别人性格的优劣，并从中找到与自己的相似之处，从而调整和改正自己。许多人具有的开朗、正直、坚韧、细致等优良品格都是从小事做起的，是日积月累的结果。

（四）学会人际交往的技巧

首先，平等交往。大学生绝不能高人一头，更不能因同学之间在出身、家庭、经历、长相等方面的客观差异而对人另眼相看。其次，要讲究交谈的艺术，提高交谈的能力，如良好的语言表达能力、沉着的应变能力、敏捷的思维能力等。最后，要主动大胆地与人交往。人际交往是交往双方积极主动的过程，一方主动而另一方被动势必造成交往难以正常进行。

讲堂三 "友"你真好：大学生人际交往能力的培养

良好的人际关系是每一个人梦寐以求的。现实生活中，有的大学生与人交往如鱼得水，而有的却不尽人意，处处碰壁，严重影响学习、生活和身心正常发展。大学生该如何改善人际关系？如何加强人际交往能力？

一、大学生人际交往的基本原则

（一）真诚原则

真诚，是大学生友好交往的基础，也是大学生人际交往得以延续和深化的保证。真诚就是真实、诚恳、没有虚假。只有彼此以心换心，才能相互理解、相互接纳、相互信任。

真诚待人者必被人待以真诚。真诚与人交往，可以充分认识、发掘别人的长处，不计较别人的短处和不足；以公平的心去评价和判断事物，有助于自己的发展和完善。我们把真诚赠予人，自己什么也不会失去，反而会得到别人的真诚。

真诚固然很好，但是培养起来却不容易。人常常被各种利害关系和感情左右，这是人性的弱点之一，克服起来非常困难。要培养真诚，就要从日常生活中做起，时时、事事检点自己是否感情用事，是否具有理性，经常反省自己的言行，不断培养和提高自己的真诚品质。

（二）尊重原则

尊重包括自尊和尊重他人。自尊就是在各种场合自尊自爱，维护自己的人格；尊重他人就是重视他人的人格、习惯与价值，不伤害他人的自尊，维护人际交往中双方的平等地位。

在人际交往中，虽然交往双方由于主客观的原因，在气质、性格、能力和知识等方面存在差异，并因社会分工的不同而具有不同的身份，但在人格上是平等的。尊重是平等交往的基础，只有尊重他人，才能得到他人的尊重。尊重自己的同时也体现了对他人的尊重，二者是相辅相成的。

一个人如果损失了金钱，可以再赚回来，但如果心灵受到了伤害，弥补起来就困难了。所以，尊重他人，不伤害他人的自尊，是人际交往中的根本原则。

（三）宽容原则

在与人相处时，应当严于律己、宽以待人，接受对方的差异。俗话说："金无足赤，人无完人。"我们对别人要有宽容之心，如"眼睛里容不得一粒沙子"般斤斤计较，苛刻待人，或者得理不让人，最终会成为孤家寡人。另外，与他人交往还须以诚换诚、以情换情、以心换心，站在对方的角度理解对方。

（四）换位原则

与人交往，要善于从对方的角度理解对方的思想观念和处事方式，设身处地地体会对方的情感和发现对方处理问题的独特方式等，从而真正理解对方，找到最恰当的沟通、解决问题的方法。

二、大学生人际交往的促进

（一）善用赞美：靠近的技巧

赞美，可以拉近人与人之间的距离。布吉林教授等人提出在人际交往中成为受欢迎的人的"3A"法则：第一个 A（Accept），接受对方；第二个 A（Appreciate），重视对方；第三个 A（Admire），赞美对方。虽然人们都喜欢听赞美的话，但并非任何赞美都能使对方高兴。能引起对方好感的赞美，只能是那些基于事实、发自内心的赞美。相反，你若无凭无据、虚情假意地赞美别人，对方不仅会感到莫名其妙，还会觉得你油嘴滑舌、诡诈虚伪。因此，大学生在人际交往中，对他人进行赞美应从具体的事入手，善于发现别人哪怕微小的长处，并不失时机地予以赞美。赞美用语越翔实、具体，说明你对对方越了解，对对方的长处和成绩越看重，对方越能感受到你的真挚、亲切和可信，从而拉近距离。

（二）感同身受：共情的技巧

共情力是能够理解别人的想法、感受，并将这种理解和体会反馈给对方的能力。共情力不仅仅是个人心理活动的表现，也是生理过程的表现。许多人会说别人无法体会自己的感受和行为，其实不是的。当他打哈欠的时候，身边的人可能会被感染，也会打哈欠；当他笑的时候，别人看见后也会不由自主地展现笑脸。这是因为人体神经系统中有一群被称为"镜像神经元"的细胞，它们可以让人感受到别人的情感。

共情力可以通过训练来提高，方法如下：

1. 保持对他人的兴趣

你是否真的愿意去理解他／她？去关注他／她所说的话？去体会他／她的感受？如果是，那么恭喜你，你已经迈出了提高共情力的第一步。

2. 学会倾听

倾听是共情力的基础。一个人只有了解了对方在说什么，才能更好地理解对方。当你的朋友向你诉说最近遇到的烦心事时，你只需要静静地倾听。倾听的时候不要发表自己的意见，只用"嗯""哦""这样"等简单的方式回应你的朋友，表明你在听。等朋友诉说结束后，你可以向朋友反馈你所听到的内容，看看他的反应如何。如果他愿意继续跟你谈论，那么恭喜你，你的倾听能力进步了。

3. 关注非语言信息

非言语信息往往比言语更能准确地告诉人们对方的真实感受，因此，你需要学会准确地识别情绪，以便更好、更真实地理解对方，快速地抓住对方想表达的重点。

4. 换位思考

你尽可能地站在他人角度考虑问题。设想自己处于对方的情境，会怎么想、怎么做，有什么样的感觉，用对方的思维来考虑问题。要做到这一点，你需要真正地去了解对方的处境、遭遇、背景等。

5. 将你的理解和体会反馈给对方

你在理解别人的想法和感受后，还应该学会反馈。你要将积极正面的情绪带给别人，这样不仅能使自己的人际关系质量更高，而且能提高自己的主观幸福感。

（三）适度曝光：主动表达的技巧

自我暴露效应，也称为曝光效应。在人际交往中，主动表达与分享才能找到互动的机会，加深彼此的关系。因此，表达自己真实的想法、感受，对于建立良好的人际关系是必要的。

首先，培养表达的意愿。在人际交往中，有人喜欢倾听，有人喜欢表达。这固然没有对错之分，但对于喜欢倾听的人来说，适当地表达自己是自我灵活性的一种体现，是建立进一步关系的前提。培养表达的意愿，首先要从内心认可表达的价值，然后进行表达的行动。表达的行动又分为两类，一类是表达自己的想法和感受，另一类是对他人的想法和感受进行反馈。

（四）情感升温：积极行动的技巧

有这样一个例子，可以很好地说明积极行动的重要性。在一堂生动的心理学课上，老师站在讲台上说："现在给大家布置一个任务。"然后他从口袋里拿出事先准备好的钢笔，问大家："从我手上拿走这支笔，有几种方法？"正当大家叽叽喳喳地讨论时，突然一个人走过来，二话没说，伸手就把笔拿走了。这时大家才恍然大悟，原来把笔拿走只有一种方法，那就是行动。同样，想拥有良好的人际关系，积极地行动是关键。

（五）协商共赢：处理冲突的技巧

人际冲突是一个信号，提示人们彼此之间发生了矛盾，需要进行处理。良好的冲突解决方式，有时候可以促进彼此的关系。解决冲突不一定要有胜负之分，而是要达到双方皆满意的共赢局面。

1. 澄清并界定问题

倾听对方的真实想法和感受，找到冲突的焦点，明确存在的问题，是解决人际冲突的第一步。界定问题的真正挑战是澄清问题的本质，达成共识，明确通过解决问题可以达成什么目标。

2. 学会换位思考，理解对方的需要

发生人际冲突不是交往双方的目的，要了解双方冲突背后的心理需求是什么。处于冲突中的个体都想表达自己的需求，而看不到对方的需求，这是冲突发生及持续的重要因素。学会换位思考之后，很多复杂的问题就会迎刃而解。"己欲立而立人，己欲达而达人。"当一个人能够换位思考，能够体会到他人的需要时，就会多一份包容和理解，心平气和地坐下来协商解决冲突。

3. 共同寻求可能的解决方法

彼此面对面地真诚交流，共同思考解决问题的方法，协商出双方都认可的解决方法，并达成共识。在这个过程中，有争论是正常的，争论的目的是讨论不同的解决方法的可行性和彼此的接受度。双方可以充分地讨论不同解决方法的优缺点和彼此的需求，直到协商出最佳的解决方案。

心理 *训* 练 ▶▶

一、测量有方：人际关系综合诊断量表

这是一份人际关系行为困扰的诊断量表，共 28 个问题。在每个问题上，符合或基本符合实际情况的请选择"是"，计 1 分；不符合或基本不符合实际情况的请选择"否"，计 0 分。请仔细阅读下列各项题目，并认真完成。

1. 关于自己的烦恼有口难言。

2. 和生人见面感觉不自然。

3. 过分地羡慕和妒忌别人。

4. 与异性交往太少。

5. 认为参加连续不断的会谈很困难。

6. 在社交场合感到紧张。

7. 时常伤害别人。

8. 与异性来往感觉不自然。

9. 与一大群朋友在一起，常感到孤寂或失落。

10. 极易受窘。

11. 与别人不能和睦相处。

12. 不知道与异性相处如何适可而止。

13. 当不熟悉的人对自己倾诉他的生平遭遇以求同情时，自己常感到不自在。

14. 担心别人对自己有什么坏印象。

15. 总是尽力使别人赏识自己。

16. 暗自思慕异性。

17. 时常避免表达自己的感受。

18. 对自己的仪表（容貌）缺乏信心。

19. 讨厌某人或被某人讨厌。

20. 瞧不起异性。

21. 不能专注地倾听别人的谈话。

22. 自己的烦恼无人可倾诉。

23. 被别人排斥或冷漠对待。

24. 被异性瞧不起。

25. 不能广泛地听取各种意见、看法。

26. 自己常因受到伤害而暗自伤心。

27. 常被别人谈论、愚弄。

28. 与异性交往不知如何更好地相处。

结果分析：

1. 如果你得到的总分是在 0～8 分，说明你在与朋友相处上的困扰较少。你善于交谈，性格比较开朗，能主动关心别人，你对周围的朋友都比较好，愿意和他们在一起，他们也都喜欢你，你们相处得不错。而且，你能够从与朋友相处中得到许多乐趣。你的生活是比较充实而且丰富多彩的，你与异性朋友也相处得很好。总之，一句话，你不存在或较少存在交友方面的困扰。

2. 如果你得到的总分是在 9～14 分，那么说明你与朋友相处存在一定程度上的困扰。你的人缘很一般，换句话说，你和朋友的关系并不牢固，时好时坏，经常处在一种起伏波动的状态中。

3. 如果你得到的总分是在 15～28 分，那就表明你在同朋友相处上的行为困扰较严重。

分数超过 20 分，则表明你的人际关系的行为困扰程度很严重，而且在心理上出现较为明显的障碍。你可能不善于交谈，也可能是一个性格孤僻的人，或者有明显的自高自大、讨人嫌的行为。

二、心安有法：“盲人”旅行

（一）活动目的

1. 学生通过“盲人”与“拐棍”角色的体验，理解自助与他助同等重要。

2. 能感受到信任与被信任、爱与被爱的幸福与快乐。

（二）活动时间

大约 40 分钟。

（三）活动道具

每人一只眼罩、设计复杂的盲道。

（四）活动场地

室内与室外结合。

（五）操作步骤

在茫茫人海之中，有谁能与你同行、与你分担忧愁、与你分享快乐？不妨去找一找，不妨去试一试，体验一下自助与他助、信任与被信任、爱与被爱的幸福与快乐。

1. 在背景音乐声中，每个人都戴上眼罩扮演盲人，先在室内独自一人穿越障碍旅程，体验盲人的无助、艰辛甚至恐惧。

2.一半学生继续扮演盲人，另一半学生扮演帮助盲人的"拐棍"，由"拐棍"帮助盲人完成室外有障碍的旅行。走完盲道后交换角色重新体验。

3.所有学生均扮演盲人，并两两一组相互帮助走到室外。

心灵成长

一、学以致用：共情力训练

你可以与几个同学、室友或朋友一起来做下面这个练习。

1.提前准备若干张写有情绪名称的卡片，如喜悦、愤怒、哀伤、抑郁、愧疚、委屈、伤心、害怕、担心、焦虑等。

2.大家围坐一圈，每人抽一张卡片，只能自己看卡片上的词语，不要让其他人看到。

3.每个人围绕自己抽到的卡片上的情绪词语，依次讲一个发生在自己身上的故事。

4.当一个人讲完故事后，其他人可以反馈以下3个问题：①当你听到他讲的故事时，你有哪些感受？②你猜他抽到的词语是什么？③你说些什么，能够让对方感觉自己被理解了？

5.反馈者对于故事表达的情绪与讲故事者进行核实，讲故事者也可以就某种反馈最能打动自己进行再反馈，在互动中检验彼此的共情力。

二、心随"影"动：《搜索》

《搜索》影片改编自小说《请你原谅我》，讲述都市白领叶蓝秋因为一件公车不让座的小事，而引发了蝴蝶效应般的网络暴力，最终被逼到生活死角的故事。

在我们日常生活中，网络越来越成为我们不可分割的一部分。我们利用网络进行社交、看新闻等。然而，在网络中，人们比现实中的自己表现得更冷漠，更倾向于反对别人，制造紧张气氛。当网友们就某一观点进行评价时，多数以"对骂"的形式出现，甚至还有很多网络欺凌的网络暴力事件发生。这些网络暴力通常都带有攻击性、煽动性和侮辱性的言论。它与现实生活中的拳脚相加、血肉相搏的暴力不同，是一种"无形的拳头"。

《今天，你社恐了吗？》

第三篇

发展成长篇

项目八　描绘多彩未来

项目九　科学认识压力

项目十　探寻生命意义

描绘多彩未来

——大学生就业心理

心 灵 悟 语

就业是最大的民生工程、民心工程、根基工程，是社会稳定的重要保障，必须抓紧抓实抓好。

——习近平

在选择职业时，我们应该遵循的主要指针是人类的幸福和我们自身的完美。

——马克思

精神健康的人，总是努力地工作及爱人。只要能做到这两件事，其他的事就没有什么困难。

——西格蒙德·弗洛伊德

学习目标

知识目标

1.熟悉职业生涯的概念，了解职业生涯规划的意义。

2.了解职业兴趣对职业生涯发展的作用。

3.认识职业角色，了解就业常见的心理问题。

能力目标

1.能够制订自己的职业生涯规划。

2.能够根据自身特点选择适合自己的职业。

3.掌握从学生角色转换到职业角色的方法。

素质目标

1.树立正确的职业价值观。

2.提升综合素质能力。

我说你做：西蒙说

"我说你做：西蒙说"是一个团队或个人均可参与的互动游戏。在这个游戏中，参与者需要仔细聆听指令，并根据指令做出相应的反应。游戏主要考验参与者的反应速度、注意力以及团队协作精神。

（一）活动目的

玩家的主要目标是按照"西蒙"的指令行事，正确执行动作或传递信息，并在游戏过程中保持警觉，防止被误导或陷入陷阱。团队游戏时，还需要与团队成员沟通、协作，共同完成目标。

（二）活动准备

寻找游戏场地，确保空间足够宽敞。准备必要的游戏道具，如哨子、小球等。将参与者分成若干小组，并确保每个小组人数相当。

（三）操作步骤

1. 角色分配：指定一位或多位"西蒙"角色，由他们负责发布指令。其余参与者则为执行者，按照指令行事。

2. 开始指令：西蒙开始发布指令，如"西蒙说：大家开始滚雪球"或"大家跳一下"。当指令带有"西蒙说"时，参与者需要执行该指令；如果指令没有"西蒙说"，则参与者保持不动。

3. 陷阱与误导：在游戏中，"西蒙"可能会故意发布一些带有陷阱或误导性的指令，如"不要拍手"但实际意图是希望大家拍手。执行者需要保持警觉，判断指令的真实性。

4. 团队协作：团队成员之间需要保持沟通，确保大家理解并执行同一指令，避免因误解而导致失误。

（四）注意事项

根据执行情况，可以设定相应的计分规则。例如，正确执行指令的参与者或团队得分，被误导或犯错的则扣分。游戏结束时，得分高者获胜。当游戏达到预设的时间或满足其他结束条件时，游戏结束。此时，可以根据得分情况宣布获胜者，并进行简短的总结和评价。

心灵讲堂 ▶▶

讲堂一　应变之学：职业生涯概述

青年马克思在谈到职业理想时曾经写道："如果我们选择了最能为人类而工作的职业，那么重担就不能把我们压倒，因为这是为大家作出的牺牲。那时我们所享受的就不是可怜的、有限的、自私的乐趣，我们的幸福将属于千百万人，我们的事业将悄然无声地存在下去，永远发挥作用。面对我们的骨灰，高尚的人们将洒下热泪。"马克思这种崇高的职业理想，值得大学生在择业和创业时去学习和追随。

择业观是大学生对于为何选择某种职业以及如何选择职业的认识、评价、态度、方法和心理倾向，是大学生职业理想、职业态度和择业方法的直接体现。大学生求职中遇到的挫折，大部分是由非理性的观念引起。

一、职业的基本含义

职业，简单来讲就是工作。从词义学的角度来看，"职业"一词由"职"和"业"构成，"职"即职责、天职，"业"即事业、行业、业务。从劳动社会学的角度来说，职业是劳动者稳定从事某项有酬工作而获得的劳动角色。职业的从业者们具有较他人更多的知识。这些知识往往由通过科学研究与逻辑分析而获得的抽象原则组成，并且是社会能够持续运转的必要条件。此外，职业的从业者对其工作应当具有利他性的动机，他们的职业活动被强调服务理念与客户利益的职业伦理约束。

我们认为，所谓"职业"就是指人们在社会中为了谋生和发展而担任的职务或工作。它是人们生活方式、经济状况、文化水平、行为模式、社会地位的综合反映，本质上折射的是人与社会的关系。

需要注意的是，如果从事某项工作虽可获得报酬，但不为法律所认可，就不能被视为职业。另外，凡帮助家人工作而间接获得报酬，且工作时间固定的工作也认为是职业。

二、职业生涯的概念

"生涯"的英文为 career，从字源来者，career 来自罗马语 careeria 及拉丁文 carrus，两者的含义均指古代的战车。career 这个词含有疯狂竞赛的精神，最早常用作动词，后来又引申为道路，也指人生的发展道路，或人、事物所经历的过程，或个人一生的发展历程，也指一个人一生中所扮演的系列角色与职业。

职业生涯就是一个人的职业经历，是一个人一生中所有与职业相联系的行为与活动，以及相关的态度、价值观、愿望等连续性经历的过程，也是一个人一生学业、职位的变迁及工作、理想的实现过程。在这个重要而漫长的过程中，每个人的职业生涯都会受到教育、家庭、性格、兴趣、价值观、性别、健康状况、环境、机遇等主客观因素的影响。

三、职业生涯规划的意义

职业生涯规划的意义在于寻找适合自身发展需要的职业，实现个体与职业的匹配，体现个体价值的最大化。大学生职业生涯规划的意义可以概括为如下几点：

（一）帮助大学生发掘自我潜能，增强个人实力

1. 引导你正确认识自身现有与潜在的资源优势，帮助你重新对自己的价值进行定位并使其持续增值。

2. 引导你对自己的综合优势与劣势进行对比分析。

3. 使你树立明确的职业发展目标与职业理想。

4. 引导你评估个人目标与现实之间的差距。

5. 引导你寻找与实际相结合的职业定位，搜索发现新的或有潜力的职业机会。

6. 使你学会如何运用科学的方法采取可行的步骤与措施，不断增强你的职业竞争力，实现你的职业目标与理想。

（二）帮助大学生更进一步了解社会

生活在象牙塔里的大学生们常常缺乏对社会、对外部职业信息的了解，而在职业生涯规划过程中，大学生需要不断获取外部信息。大学生获得的外部信息越多，心理准备也就越充分，越能根据社会的需要合理地规划自己。

（三）帮助大学生培养自信心，增强自我驱动力

自信是通往成功的关键。它是一种积极乐观的生活态度，且较少受个人认知水平的影响。自信的障碍并非源于认知上的障碍，而是与个人过去的经历和情感体验紧密相关。职业生涯规划是一个不断学习和积累的过程。随着知识的积累、职业的培训和教育的增多，以及对自身和职业工作理解的深刻，个人的自信心也将逐步建立起来。

（四）帮助大学生提升应对竞争的能力

当今社会正处于变革的时代，到处都充满了激烈的竞争。"物竞天择，适者生存。"

要想在这场竞争中脱颖而出并保持不败之地，必须精心设计自己的职业生涯规划。这样才能做到心中有数，不打无准备之仗。然而，不少应届大学毕业生并没有在求职前做好自己的职业生涯规划，而是拿着简历和求职信到处奔波，总想依靠运气找到好工作。结果是浪费了大量的时间、精力和资金，最终感叹招聘单位不具有慧眼识英雄的能力，叹息英雄无用武之地。

这部分大学生没有充分认识到职业生涯规划的意义与重要性。他们认为找到理想的工作靠的是学识、业绩、耐心、关系、口才等条件，认为职业规划纯属纸上谈兵。这是一种错误的理念。实际上，未雨绸缪，先做好职业生涯规划，磨刀不误砍柴工，有了清晰的认识和明确的目标之后再将求职活动付诸实践，取得的效果要比什么也不做好得多。

四、职业选择中的自我认知

在人的一生中，最重要的是认识自我，而最难的是正确地认识自我。随着大学生知识和社会经验的不断积累和丰富，认识自我的能力会不断提高，自我意识和自我评价能力也在不断增强。

（一）兴趣分析

职业兴趣是职业的多样性、复杂性与就业人员个性多样性相互作用下产生的心理特点，在人的职业活动中发挥着重要的作用。职业心理学家研究指出，一个人一生中选择什么样的职业，兴趣占主导地位，有时比能力更重要。人们能够积极地从事某方面的实践活动是因为他们对这种职业产生了浓厚的兴趣。

在兴趣的引导下，即便是枯燥的工作，人们也会忘我工作，从中感受到无穷的乐趣。与此相反，如果从事的是自己并不感兴趣的工作，那么这份工作在他们的心理上便是一种负担，无精打采，业绩平平。

人对职业的兴趣不是天生的，它的形成与人们所处的历史条件、实践活动和对自身能力的认识有着密切的关系。个人从事的职业若能与兴趣相统一，才能发挥最好的效益。

（二）自我探索及性格特征

1. 自我探索

知己知彼，百战不殆。在人生这个大舞台上，要想成功地发展自我，第一件事就是要能"知己"，了解自己的条件与需求。我们常会思考"我将来要做什么？""我是怎样的一个人？""我要怎么过一生？"等问题，对未来感到不确定，不知如何选择，给自己带来莫大的压力。其实这些问题都和自我认识有关。我们应加强自我探索，多方面地了解自己的能力、兴趣、性格、价值观等。

2. 气质

气质没有好坏之分，但会影响一个人的工作效率。但在一些特殊职业中，气质起着关键作用。如果从业人员不具备某些气质特征或没有达到应有的水平，那么该项工作就无法完成，甚至会造成重大事故。这类职业有飞行员、宇航员、大型动力系统调度员以及运动员等。

3. 性格

如果一个人的性格与所从事的职业很符合，则有助于从业者在职业上获得成功；反之，则会影响从业者发挥自己的专长，导致事业上的失败。部分用人单位在聘用人才时也出现了一种新观念。他们认为，性格比能力重要。如果一个人能力不足，可通过培训提高；如果性格与职业不匹配，要改变就困难多了。所以，有些单位在招聘时，将性格测试放在首位。

六种人格类型

美国心理学教授约翰·霍兰德创立了人格类型与职业类型的学说，将人的职业兴趣分为六种类型：

（1）现实型：这种人重物质和实际利益，喜欢操作工具，不愿意与人打交道，喜欢户外活动，善于完成更具体的任务。一般搞农业和机械业的人的这种特征较为显著。

（2）研究型：此类人以科学家为代表，具有爱思考和精确性的特点。对于抽象事物能耐心处理，但不喜欢社交和领导活动。

（3）艺术型：以艺术家和音乐家为代表，具有创造、不顺从和表现自我的特征，通常不喜欢例行的工作和重复的任务。

（4）社会型：以教师和辅导员为代表，喜欢人际交往，通常以服务为主，外向，但不太喜欢严谨的组织和机械操作。

（5）企业型：以销售者和管理者为代表，喜欢以社交能力来操纵他人，并从中受益。

（6）事务型：以会计和计算机操作者为代表，喜欢从事资料型工作，不喜欢含糊不清的活动，一般不会选择需要较多自我表现、自我强调的职业。

4. 能力

能力是人们顺利完成某种活动所必需的，并直接影响活动效率的个性心理特征。个人能力直接影响人们的工作效率。任何一种职业都要求从业者必须具备相应的能力，所以能力是职业适应性首要的和基本的制约因素。

五、职业生涯规划与设计的步骤

（一）职业生涯规划与设计的两个基本原则

1. 人职和谐原则

寻找并从事个人喜爱的、擅长的职业，使人在职业中得到更多的满足，实现人与职业的和谐与双赢发展，更大程度地促进社会的繁荣稳定及文明进步。

2. 效益最大化原则

效益最大化原则旨在使个人在单位时间内获得最大价值。这种原则涵盖个人与社会两个层面，涉及物质收益与生命意义。在进行职业规划时，应遵循该原则，在不损害社会效益的前提下，充分考虑自身预期收益，将其转化为实际收益，实现个人幸福的最大化。

（二）职业生涯规划与设计的一般步骤

1. 确立志向

立志是人生的起跑点，反映着一个人的抱负、胸怀、情趣和价值观，影响着一个人的奋斗目标及成就。

2. 评估自我

主要内容为个人相关的所有因素，包括兴趣、性格、特长、学识水平、潜能、思维方式、价值观、情商、道德水准，以及组织管理能力、协调能力、活动能力等。

3. 分析外部环境

对社会政治环境、经济环境、组织（企业）环境和社会关系进行分析，即评估和分析环境条件的特点、发展与需求变化趋势，以及自己与环境的关系、环境对自己的有利条件与不利条件，等等。

4. 选择职业

使自己的性格、气质、兴趣、能力与职业相吻合。

5. 确立目标

职业生涯目标的确定，是指可预想到的，有一定实现可能的目标，包括人生目标、长期目标、中期目标和短期目标。一般情况下，我们可先根据个人素质与社会大环境条件确立人生目标和长期目标，然后通过目标分解，再分为符合个人需要的中期、短期目标。

6. 确定职业生涯路线

职业生涯路线，是指当一个人选定职业后，确定实现职业目标和职业理想所选择的路径。在选择过程中，每个大学生都必须询问自己：我想往哪一路线发展？我适合往哪一路线发展？我可以往哪一路线发展？

7. 制订行动计划与措施

这里所指的行动，是指落实目标的具体措施，主要包括工作、教育、轮岗等方面的措施。

8. 反馈与评估

要使生涯设计行之有效，就须不断地对生涯设计进行评估与修正。其修正的内容包括职业的重新选择、生涯路线的选择、人生目标的修正、实施措施与计划的变更等。

（三）职业生涯规划的内容

1. 题目

包括姓名、年限、年龄跨度、起止日期。

2. 职业方向及总体目标

指从业方向和当前可以预见的最长远目标。

3. 社会环境分析结果

包括对政治环境、经济环境、法律环境的分析，还包括对职业环境和社会关系的分析。

4. 企业分析结果

包括行业分析，对企业制度、企业文化、领导人、企业产品和服务、发展领域等的分析。

5. 自身条件及潜力测评结果

个人分析包括了解自己的目前状况和发展潜能。

6. 目标分解及目标组织

通过目标分解和目标组合的方法做出果断明确的目标选择。

7. 差距

根据自身现实状况与实现目标要求之间的差距，制订缩小差距的方法及实施方案。

讲堂二　面对烦恼：职业生涯困扰

在职业生涯中，会不可避免地遇到很多困难、挫折和冲突，从而导致一系列心理问题和矛盾的产生。了解求职择业中的心理误区，有助于树立正确的择业观，排除心理困扰，以良好的心态迎接职场的挑战。

一、大学生常见的择业心理误区

（一）自负心理

有的大学生认为自己学识过硬，无人能及；有的大学生认为自己出身名门，有可依赖的背景优势；有的大学生好高骛远，眼高手低……这些都是自负心理的表现。

这种心理易使自己对自己的能力和就业形势以及用人需求认识不足，自以为是地谋求职位，在择业过程中屡屡碰壁。一旦遭遇挫折，就容易情绪低落，甚至长期消沉，抱怨现实对自己不公，怀才不遇，严重的可能会自暴自弃。

针对这些情况，大学生需要正视现实，客观理性地分析自己与现实环境，同时认识到自己的不足和欠缺，珍惜并正确把握选择职业的时机和条件。

（二）自卑心理

与自负心理相同，自卑心理也是由自我认知的偏差造成的。具有这种心理的大学生，面对就业时，他们看不到自己的任何优点和长处，感觉自己一无是处。比如非名校毕业，学历不高，专业不热门，既没有关系可以利用，又没有金钱可以打点。还有一些性格比较内向、不善言辞的大学生看到其他应聘者口若悬河，自己无法流畅表达而感到自卑。面对用人单位的条件和问题，不敢以积极的态度去争取，而是悲观地认为自己技不如人，以消极的态度应对，缺乏必要的主动性，导致与许多机会失之交臂。在这样的心理支配下，许多毕业生言行拘谨，反应迟缓，犹豫不决，有的甚至让父母、朋友出面替自己找工作。

面对自卑，大学生要客观地认识自我，发掘自己的优势，并在求职时进行积极的自我鼓励，秉承"我也行"的信念。当面试时，尽量多表现自己擅长的一面，充分展示自己的一技之长，增强自信心。

（三）依赖心理

很多大学生从小受到过度保护，依赖心较重，缺乏责任感和自主能力。当择业时，也会选择依赖他人，他们对求职漠不关心，一心依赖家长、学校、老师。一旦希望破灭，便怨天尤人，埋怨父母没有能力、社会不公，甚至可能出现欺骗、暴力等极端行为。还有些学生在依赖心理支配下，认为个人成就不如婚姻选择重要，自己有无工作都无所谓，寄希望于婚姻。

（四）焦虑心理

有的同学整日坐立不安，胡思乱想，情绪波动很大；有的同学总是愁眉苦脸，郁郁寡欢，忧心忡忡；有的同学四处奔波，不断尝试；有的同学一谈及择业就感到紧张，怀疑自己的能力，甚至可能出现极端行为；还有的同学因为平时不认真学习和缺乏经验积累，求职的知识、技能、心理准备不充分，求职屡屡受挫，因而感到极度焦虑和烦躁……这些焦虑主要源于面对多种选择时的不确定性，以及由此产生的矛盾心理。

面对这种情况，大学生需要客观地分析自己，合理设计求职目标，冷静对待择业，全面思考。

（五）抑郁心理

择业过程中遭受挫折是很正常的事，大部分同学都是抱着锲而不舍的韧劲才找到合适的职位的。但有的学生在受挫以后不能正确对待，一蹶不振，不思进取，甚至放弃一切努力。他们可能会避免与外界接近，易产生抑郁心理，严重的甚至可能诱发抑郁症。

大学生一旦发现自己有抑郁症状，应及时进行调整，充分认识到挫折和失败是宝贵的自我教育机会，能帮助我们认清自己的弱点，重新思考克服困难的办法。以饱满的精神状态应对求职和就业带来的竞争压力，才是面对挫折的正确态度。

（六）偏执心理

在择业过程中，一些大学生过分追求公平，对高标准职业和专业对口持过分坚持的态度。换句话说，就是固执己见，不愿变通，钻牛角尖。特别是面对一些不良风气时，他们容易一概而论，将自己的择业挫折完全归咎于社会的不公，从而对一切产生怀疑、不信任，给自己的心理带来严重影响。

要消除这种心理误区，大学生需要提高对就业市场的认识和理解，客观、灵活地看待问题，并带着发展的眼光，实事求是地调整择业心理。

（七）懈怠心理

近年来，大学生中出现了所谓的"不就业一族"。他们其中的一些对工作岗位过分挑剔，主动放弃就业机会；一些待在家里依赖父母生活，成为"啃老族"；一些整天无所事事，感到极度无聊，时不时回到校园闲逛，成为校园中的"漂一族"。

（八）浮躁盲目心理

近年来，大学生在面对社会上各种各样的招聘会，感到困惑重重，心情焦虑不安。是选择继续深造还是立即就业？是先就业再调整，还是继续等待理想岗位？是选择与专业对口的岗位，还是考虑单位的地理位置？……这些问题使大学生难以抉择，容易盲目从众，心态不稳，反复纠结，错失一些机会。

实际上，与其盲目跟随他人，不如脚踏实地地了解自己，根据自己的实力和条件，结合现实需要和机会，寻求与自己条件相符的岗位，实现职业的长远发展。

二、大学生择业心理的影响因素

影响大学生择业心理的因素是多方面的，既有社会、学校、家庭等客观因素，也有个人的认知、气质、性格、兴趣等主观因素。

（一）客观因素

1. 社会因素

社会因素是影响大学生择业心理的重要因素，包括政治体制、经济环境、人事政策和社会风气，以及经济发展对人才需求的变化，等等。随着我国就业政策的改革和发展，市场竞争和双向选择已成为大学生择业的主要方式，毕业生因此拥有了更大的自主权和更宽广的选择空间。然而，近几年高校毕业生人数的激增，区域经济发展的不平衡导致对不同专业人才的需求存在差异，一些企业在招聘时仍存在重学历轻能力、任人唯亲、过度消费人才等不良现象。同时，高消费水平刺激了人们的消费欲望，强化了大学生将经济利益和物质待遇放在重要位置的观念，这些都在不同程度上影响着毕业生的就业心理和就业行为。

因此，毕业生在择业前，要深入了解社会环境，分析职业发展趋势，及时调整自己的就业心理，以尽快适应社会需求，顺利就业。

2. 学校因素

学校作为社会的一个缩影，担负着对大学生进行社会教育和专业培训的重任。学校需要加强学生的择业心理辅导和教育，帮助大学生树立正确的劳动观、职业观和价值观，使其了解自己的性格倾向、专业能力和职业兴趣。同时，学校应以市场需求为导向，合理设置专业课程，提高办学质量，培养实用的高素质技能型人才。

3. 家庭因素

家庭是个人成长的第一课堂，家庭教育对个体成长至关重要。家庭经济条件、父母对子女教育的重视程度和父母的职业状况，都可能对大学生的职业理想和职业目标产生间接影响。

（二）主观因素

主观因素是指个体自身特征对择业心理和行为的影响，一般有以下几种。

1. 认知

认知是自我意识的一部分，涵盖感知、记忆、思维和想象等多个方面。形成正确的自我认知，培养正确的职业观念，以及对自身的优势和劣势、社会环境和职场需求有正确的认知，对调整就业心态至关重要。

2. 气质

气质是个人心理活动稳定性的典型动力特征，是个性特征中的一个关键要素。不同气质的人适应不同职业的能力各异，同时不同职业对个体气质的要求也各不相同。每种气质都有其优势和局限，因此择业时应考虑自身气质适合的职业类型。例如，胆汁质类型的人可能适合地质勘探、体育运动等竞争激烈、需要强烈风险意识的职业，抑郁质类型的人可能适合研究、文秘等需要精细和敏锐洞察力的工作，黏液质类型的人可能适合管理、医务等需要稳定和细致的岗位。

3.性格

性格是个人对现实稳定态度和习惯化行为方式的心理特征。性格显著影响一个人对职业的适应性，不同职业对性格的要求各异。实践表明，性格有助于能力的形成和发展，并进而间接影响职业表现。正如"笨鸟先飞"和"勤能补拙"所表明的，良好的性格可以弥补某些能力的缺陷。因此，性格在职业选择和适应中扮演着重要角色。

4.兴趣

兴趣是指人在生活中的爱好。稳定的兴趣对职业选择和职业成就产生重要影响。如果一个人能够按照自己的兴趣选择工作，那么这种兴趣将成为驱动行为的动力，促使他在工作中取得更佳表现。反之，如果一个人对所从事的职业不感兴趣，就会影响工作积极性，个体也难以从职业生活中获得心理满足和工作成果。

5.其他因素

在求职市场上，性别、年龄、身高、相貌等因素都可能对择业心理产生不同程度的影响。此外，求职者的表达能力、写作技巧、学术成就、工作经验和参与的实践活动，也会影响求职者的心理状态，并进而影响求职成功与否。

讲堂三　自我探索：职业决策与规划

一、大学生职业生涯规划管理

（一）基本原则

1.树立终身规划意识

随着社会的不断进步，传统的终生职业观念逐渐被更新，职业领域也在不断调整。一些传统职业正在被淘汰，新的职业不断涌现。"从一而终"的职业观念已不再适应现代社会的发展。因此，大学生在进行职业规划时应密切关注社会发展变化，积极获取时代信息，并及时更新自己的职业目标与策略，使职业规划成为整个职业生涯的一部分。

2.尽早规划并紧跟时代步伐

职业院校通常为三年学制，因此建议从大一开始就着手职业规划。大一时，学生应初步了解自己未来想要从事的职业或与所学专业相关的职业方向。到了大二，根据设定的职业目标参与相关活动，学习职业技能，提升个人素质，锻炼能力，弥补不足。大三时，则应通过顶岗实习积累行业经验，收集就业信息，准备求职材料，并做好面试准备。

3. 知己知彼，按需规划

生涯规划需要结合社会需求、家庭背景、行业发展和个人实际情况来制定切实可行的目标。利用各种外部资源，扬长避短，既勇于创新又贴合实际，确保职业规划科学且具有可操作性。此外，职业规划应当与企业目标相协调，因为个人职业理想往往在实现企业目标的过程中得以实现。脱离企业目标，个人职业发展可能缺乏支撑，难以稳固。

（二）管理措施

大学生在校期间的职业生涯规划可分为三个阶段进行管理。

1. 第一阶段：起步和规划期（大一）

主要目标包括思想意识的转变和基础知识的学习。学生可通过人文教育、专业教育等方式快速适应大学生活，正视现实，并对专业学习保持信心。同时，强化基础知识学习和专业能力培养，奠定良好的职业基础。

2. 第二阶段：实施和调整期（大二）

此阶段关注学习心理辅导和提高专业技能。学生可以深入了解行业的现状和前景，准确定位自己的职业方向，克服学习障碍，增强专业知识和技能。这一时期是职业院校学生强化专业技能的关键时期。

3. 第三阶段：强化和实践期（大三）

临近毕业，学生的重点在于树立正确的就业观念，掌握求职技巧，准备好求职材料，并做好面对挑战的心理准备。同时，创业作为就业的另一种途径，学校可以通过开设创新创业课程，培养学生的创新思维和创业精神，增强自主择业的能力。

二、大学生择业心理辅导

（一）树立正确的择业观念

当代大学生应该树立崇高的职业理想。职业不仅是谋生的手段，更是人们奉献社会、实现自我完善的途径。

适应当前的就业形势，及时转变就业观念，树立正确的就业观，不仅有助于大学生正确择业求职，而且有利于他们在学校进行知识的储备，以及参加工作后，在工作岗位上施展才华。因此，大学生需要通过树立正确的择业观来增强心理健康意识。

1. 从一次就业到多次就业

摒弃一次就业定终身的陈旧观念，树立"先就业，后择业，再创业"的理念。当前就业市场逐步完善，职业流动成为普遍现象，毕业生不应过度追求就业的安全性和稳定性而错失良机，要在变化的环境中积极寻求生存和发展。

2. 从单一就业到多渠道就业

习近平总书记勉励当代大学生志存高远、脚踏实地，转变择业观念，坚持从实际出发，勇于到基层一线和艰苦地方去，一步一个脚印走稳人生道路，在平凡岗位上创造非凡业绩。因此，大学生需要转变传统就业观念，突破局限，培养全方位、多渠道的就业观，面向西部地区、基层单位以及民营企业，拓展职业发展空间，缓解就业压力。

3. 淡化专业对口观念

在市场经济环境下，人才流动性增强，专业之间交叉融合，跨学科合作增多，用人单位对知识结构和人才选拔方式的需求发生了显著变化。学校的专业设置难以完全匹配市场需求的变化。如今，大多数用人单位更看重应聘者的个人能力和综合素质，对应聘者的发展潜力给予高度关注，对于专业是否完全对口并不苛求。鉴于此，大学生需从专业限制中解放出来，主动寻找切入点并勇于尝试。审视行业的发展前景，及时调整职业方向，利用所学专业知识满足多方需求，同时努力拓宽知识面，培养多种能力，提升综合素质，以适应新的就业市场需求。

4. 树立勇于创业的就业观念

在求职过程中，一些毕业生可能因各种原因难以找到合适的工作岗位，这时可考虑自谋职业或自主创业，利用所学专业技术知识成为个体工商户或专业领域的从业者。自谋职业或自主创业虽面临更多困难和压力，但也为大学生提供了锻炼素质和能力的机会。为此，大学生需做好充分的思想准备，培养自立自强、勇于开拓的精神，树立不怕困难、敢于创业的就业观念，主动出击而非坐等机会。

（二）锻造良好的心理素质

在求职过程中，大学生可能会遇到许多意料外的问题和挑战。若不能妥善应对，这些问题和挑战容易导致心理障碍，从而影响求职效果。例如，在面对多重选择时，可能出现的目标冲突感、对失败的恐惧引发的焦虑、不恰当的自我评价造成的自卑感，以及多次被拒带来的挫折感。

对于身心尚在成长阶段且社会经验有限的大学生而言，遇到心理问题是正常的。因此，他们需要学会使用正确的方法进行调整，排除异常心理状态，增强心理承受能力。择业过程涉及复杂的心理变化，这些变化与个人的人格特质及学习心理等方面紧密相关。个人的心理素质不仅影响就业过程，还对其入职后的工作表现有着重要影响。职业选择标志着大学生步入社会和人生的新阶段，直接关系到他们的生存和发展。因此，在面临这一重要抉择时，拥有良好的心理素质至关重要。

1. 正确认识自己，确立合理目标

认识自我是择业过程中的首要步骤，这要求我们具备自我意识，对自己的能力、性格、气质、个性以及就业目标进行客观准确的评估。大学生可以通过合理地认识和定位自己，明确适合自己的工作类型，确定职业选择的方向和范围。同时，明确自己的职业价值观，识别职业生涯中最为重视的因素。

例如，沿海大城市的就业竞争日益激烈，而西部地区虽然急需人才，却鲜有人愿意前往，这种现象导致了人才资源分布的不平衡，可能造成人才浪费。因此，大学生应树立符合实际情况的就业观念，结合个人特点评估自身实力，并预测自己的发展潜力。毕业生还需明确自己的职业理想，并将个人特点与职业理想相结合，寻找匹配的工作。

2. 树立自信心

在求职过程中，一些毕业生缺乏明确的就业目标、自我评价过低且缺乏进取意识，再加上激烈的就业竞争，这使得他们在求职时缺乏必要的自信心。自信不仅是求职成功的关键心理基础，也是现代职场中不可或缺的职业品质之一。缺乏自信可能使人失去追求成功的机会。许多求职失败并非因为个人能力不足，而是因为不敢争取或缺乏持续争取的勇气。

自信源于对自己能力的信任和对成功的信念，它赋予人们内在的力量。因此，建立坚定的自信心至关重要，同时需要不断充实和完善自己以积累自信的基础。培养自信可以从以下三个方面入手：首先，相信自己的力量，并经常给予自己积极的自我暗示；其次，发现并充分利用自己的优势，每个人都有独特的长处，找到并发挥这些优势可以最大化个人价值；最后，善于抓住机遇，不要被动等待机会流逝。

3. 要有诚信意识

诚信是获得他人信任的关键，也是实现求职目标的最佳途径。在求职过程中，树立良好的诚信意识至关重要。每年毕业季都有一些毕业生，为了在激烈的求职竞争中脱颖而出，采取不正当的手段，如伪造学历证书、虚构实践经验等。这种弄虚作假的行为，不仅违反了道德规范，还可能导致严重的后果，比如给用人单位带来损失，造成社会资源浪费，也会为自己未来的职业生涯埋下隐患。

4. 增强应变性

求职时，应根据自身实际情况及时调整就业期望和知识能力结构，最大限度地适应市场需求。缺乏适应性和灵活性，即便拥有诚实和自信，也可能显得固执，难以应对变化。

择业应被视为一个动态过程，先实现就业，然后逐步择业，最终可能实现创业。抛弃一次性到位和追求绝对稳定的陈旧观念，通过工作积累经验，逐步实现自我价值。

5. 培养竞争意识

现代社会充满了竞争，大学生应勇于参与竞争，展示年轻人的创新思维和行动力。他们需要善于竞争，发挥自身优势，规避弱点。此外，培养坚韧的心态，在面对挫折时能够坚持不懈，从失败中学习并重新出发，这是取得成功的关键。

6. 做好充分的就业准备

从制定毕业规划到准备个人求职材料，再到搜集就业信息，这些都是做好就业准备的重要步骤。充分的准备可以帮助减少求职过程中的心理负担，提高成功率。

总之，大学生需要摆脱心理误区，确立合理的择业标准，从而在竞争激烈的就业市场中脱颖而出，实现顺利就业。

心理 训 练 ▶▶

一、测量有方：性格与职业类型测试

（一）测验介绍

性格与职业类型测试主要探讨的是个人性格特征与其选择的职业类型之间的匹配程度。这种测试通常基于心理学理论，通过标准化的手段来了解个体的性格，并预测个体将来的工作绩效。MBTI（迈尔斯－布里格斯类型指标，Myers－Briggs Type Indicator）测试是其中最著名的一种。它从荣格的性格分类理论发展而来，分为四个维度，每个维度上有两个类型倾向，共16种性格类型。

INTJ INTP ENTJ ENTP INFJ INFP ENFJ ENFP

ISTJ ISFJ ESTJ ESFJ ISTP ISFP ESTP ESFP

（二）操作步骤

1.参加测试的人员请务必诚实、独立地回答问题，只有如此，才能得到有效的结果。

2.性格分析报告展示的是你的性格倾向，而不是你的知识、技能、经验。

3.本测试分为四部分，共93道题，需时约18分钟。所有题目没有对错之分，请根据自己的实际情况进行选择，并将你选择的A或B所在的○涂成●。

（三）测试题目

1.哪一个答案最能贴切地描绘你一般的感受或行为？

问题	选项	E	I	S	N	T	F	J	P
1.当你要外出一整天，你会	A.计划你要做什么和在什么时候做							○	
	B.说去就去								○
2.你认为自己是一个	A.较为随性的人								○
	B.较为有条理的人							○	
3.假如你是一位老师，你会选择教	A.以事实为主的课程			○					
	B.涉及理论的课程				○				
4.你通常	A.与人容易混熟	○							
	B.比较沉静或矜持		○						
5.一般来说，你和哪些人比较合得来？	A.富有想象力的人				○				
	B.现实的人			○					
6.你是否经常让	A.你的情感支配你的理智						○		
	B.你的理智主宰你的情感					○			
7.在处理许多事情上，你会喜欢	A.凭兴所至行事								○
	B.按照计划行事							○	
8.你	A.容易让人了解	○							
	B.难于让人了解		○						
9.按照程序表做事	A.合你心意							○	
	B.令你感到束缚								○
10.当你有一份特别的任务，你会喜欢	A.开始前小心组织计划							○	
	B.边做边找须做什么								○

续表

问题	选项	E	I	S	N	T	F	J	P
11. 在大多数情况下，你会选择	A. 顺其自然								○
	B. 按程序表做事								○
12. 大多数人会说你是一个	A. 重视自我隐私的人		○						
	B. 非常坦率开放的人	○							
13. 你宁愿被人认为是一个	A. 实事求是的人			○					
	B. 机灵的人				○				
14. 在一大群人当中，通常是	A. 你介绍大家认识	○							
	B. 别人介绍你		○						
15. 你会跟哪些人做朋友？	A. 常提出新主意的				○				
	B. 脚踏实地的			○					
16. 你倾向	A. 感情多于逻辑						○		
	B. 逻辑多于感情					○			
17. 你比较喜欢	A. 坐观事情发展才做计划								○
	B. 很早就做计划							○	
18. 你喜欢花很多的时间	A. 独处		○						
	B. 和别人在一起	○							
19. 与很多人一起会	A. 令你活力倍增	○							
	B. 常常令你心力交瘁		○						
20. 你比较喜欢	A. 很早便把约会、社交聚集等事情安排妥当							○	
	B. 无拘无束，看当时有什么好玩就做什么								○
21. 计划一个旅行时，你较喜欢	A. 大部分的时间都是跟当天的感觉行事								○
	B. 事先知道大部分的日子会做什么							○	
22. 在社交聚会中，你	A. 有时感到郁闷		○						
	B. 常常乐在其中	○							

续表

问题	选项	E	I	S	N	T	F	J	P
23. 你通常	A. 和别人容易混熟	○							
	B. 趋向自处一隅		○						
24. 哪些人会更吸引你？	A. 一个思维敏捷及非常聪颖的人				○				
	B. 实事求是，具有丰富常识的人			○					
25. 在日常工作中，你会	A. 喜欢处理迫使你分秒必争的突发事件								○
	B. 通常预先做计划，以免要在压力下工作							○	
26. 你认为别人一般	A. 要花很长时间才认识你		○						
	B. 用很短的时间便认识你	○							

2. 在下列每一对词语中，哪一个词语更合你心意？

序号	选项	E	I	S	N	T	F	J	P
27	A. 注重隐私		○						
	B. 坦率开放	○							
28	A. 预先安排的							○	
	B. 无计划的								○
29	A. 抽象				○				
	B. 具体			○					
30	A. 温柔						○		
	B. 坚定					○			
31	A. 思考					○			
	B. 感受						○		
32	A. 事实			○					
	B. 意念				○				
33	A. 冲动								○
	B. 决定							○	

续表

序号	选项	E	I	S	N	T	F	J	P
34	A.热衷	○							
	B.冷淡		○						
35	A.文静		○						
	B.外向	○							
36	A.有系统							○	
	B.随意								○
37	A.理论				○				
	B.肯定			○					
38	A.敏感						○		
	B.公正					○			
39	A.令人信服的					○			
	B.感人的						○		
40	A.声明			○					
	B.概念				○				
41	A.不受约束								○
	B.预先安排							○	
42	A.矜持		○						
	B.健谈	○							
43	A.有条不紊							○	
	B.不拘小节								○
44	A.意念				○				
	B.实况			○					
45	A.同情怜悯						○		
	B.远见					○			
46	A.利益					○			
	B.祝福						○		

序号	选项	E	I	S	N	T	F	J	P
47	A. 务实的			○					
	B. 理论的				○				
48	A. 朋友不多		○						
	B. 朋友众多	○							
49	A. 有系统							○	
	B. 即兴								○
50	A. 富有想象力				○				
	B. 以事论事			○					
51	A. 亲切的						○		
	B. 冷漠的					○			
52	A. 客观的					○			
	B. 热情的						○		
53	A. 建造			○					
	B. 发明				○				
54	A. 文静		○						
	B. 爱合群	○							
55	A. 理论				○				
	B. 事实			○					
56	A. 富有同情心						○		
	B. 合逻辑					○			
57	A. 具有分析力					○			
	B. 多愁善感						○		
58	A. 合情合理			○					
	B. 令人着迷				○				

3. 哪一个答案最能贴切地描绘你一般的感受或行为?

问题	选项	E	I	S	N	T	F	J	P
59. 你要在一个星期内完成一个大项目,你在开始的时候会	A. 把要做的不同工作依次列出							○	
	B. 马上动工								○
60. 在社交场合中,你经常会感到	A. 与某些人很难打开话匣儿和保持对话		○						
	B. 与多数人都能从容地长谈	○							
61. 要做许多人也做的事,你比较喜欢	A. 按照一般认可的方法去做			○					
	B. 构想一个自己的想法				○				
62. 你刚认识的朋友能否说出你的兴趣?	A. 马上可以	○							
	B. 要待他们真正了解你之后才可以		○						
63. 你比较喜欢的科目是	A. 讲授概念和原则的				○				
	B. 讲授事实和数据的			○					
64. 你认为哪个是较高的赞誉?	A. 一贯感性的人						○		
	B. 一贯理性的人					○			
65. 你认为按照程序表做事	A. 有时是需要的,但一般来说你不大喜欢这样做								○
	B. 大多数情况下是有帮助,而且是你喜欢做的							○	
66. 和一群人在一起,你通常会选	A. 跟你很熟悉的个别人谈话		○						
	B. 参与大伙的谈话	○							
67. 在社交聚会上,你会	A. 是说话很多的一个	○							
	B. 让别人多说话		○						
68. 把周末期间要完成的事列成清单,这个主意会	A. 合你意							○	
	B. 使你提不起劲								○
69. 哪个是较高的赞誉?	A. 能干的					○			
	B. 富有同情心						○		

续表

问题	选项	E	I	S	N	T	F	J	P
70. 你通常喜欢	A. 事先安排你的社交约会							○	
	B. 随兴所至地做事								○
71. 总的说来，要做一个大型作业时，你会选	A. 边做边想该做什么								○
	B. 首先把工作按步细分							○	
72. 你能否滔滔不绝地与人聊天?	A. 只限于跟你有共同兴趣的人			○					
	B. 几乎跟任何人都可以	○							
73. 你会	A. 跟随一些已经被证明有效的方法			○					
	B. 分析还有什么毛病，以及针对尚未解决的难题				○				
74. 为乐趣而阅读时，你会	A. 喜欢奇特或创新的表达方式				○				
	B. 喜欢作者直话直说			○					
75. 你宁愿替哪一类上司（或者老师）工作?	A. 天性淳良，但常常前后不一的						○		
	B. 言辞尖锐，但永远合乎逻辑的					○			
76. 你做事大多数	A. 按当天心情去做								○
	B. 照拟好的程序表去做							○	
77. 你是否	A. 可以和任何人按需求从容地交谈	○							
	B. 只对某些人或在某种情况下才可以畅所欲言		○						
78. 要做决定时，你认为比较重要的是	A. 据事实衡量					○			
	B. 考虑他人的感受和意见						○		

4. 在下列词语中，哪一个词语更合你的心意?

序号	选项	E	I	S	N	T	F	J	P
79	A. 想象的				○				
	B. 真实的			○					
80	A. 仁慈慷慨的						○		
	B. 意志坚定的					○			

续表

序号	选项	E	I	S	N	T	F	J	P
81	A.公正的					○			
	B.有关怀心						○		
82	A.制作			○					
	B.设计				○				
83	A.可能性				○				
	B.必然性			○					
84	A.温柔						○		
	B.力量					○			
85	A.实际					○			
	B.多愁善感						○		
86	A.制造			○					
	B.创造				○				
87	A.新颖的				○				
	B.已知的			○					
88	A.同情						○		
	B.分析					○			
89	A.坚持己见					○			
	B.温柔有爱心						○		
90	A.具体的			○					
	B.抽象的				○				
91	A.全心投入						○		
	B.有决心的					○			
92	A.能干					○			
	B.仁慈						○		
93	A.实际			○					
	B.创新				○				
每项总分									

（四）计分方法

1. 每一个●为一分。当你将●涂好后，把8项（E、I、S、N、T、F、J、P）分别加起来，并将每项总分填在最下方的方格内。

2. 请复查你的计算是否准确，然后将各项总分填在下面对应的方格内。

每项总分

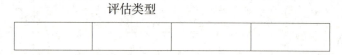

外向	E			I	内向
实感	S			N	直觉
思考	T			F	情感
判断	J			P	认知

（五）确定类型的规则

1. MBTI 以四个组别来评估你的性格类型倾向，分别为"E–I""S–N""T–F"和"J–P"。请你比较四个组别的得分。每个组别中，获得较高分数的那个类型，就是你的性格类型倾向。例如，你的得分是 E（外向）12 分，I（内向）9 分，那你的类型倾向便是 E（外向）了。

2. 将代表获得较高分数的类型的英文字母，填在下方的方格内。如果在一个组别中，两个类型获得相同的分数，则依据下边表格中的规则来决定你的类型倾向。

评估类型

（同分处理规则：假如 E＝I，请填上 I。假如 S＝N，请填上 N。假如 T＝F，请填上 F。假如 J＝P，请填上 P。）

（六）分析

职业生涯规划与性格类型之间存在一定的关联性。我们通过剖析个人的性格类型，可以更好地理解自己的优势和特长，并基于这些特点来制订职业生涯规划。

ESFP——这类人通常表现为外向、友善，接受力突出，适应力强。他们热爱生活，热爱他人，也能很好地享受物质。喜欢团队合作和互利共赢。这类人思维灵活，为人自然，不矫揉造作。在学习新事物时，如果有伙伴一起学习，能够更快、更高效地学会。

ESTP——忍耐力强，注重实际，认为理论和抽象的解释没有意思。喜欢以积极的态度和行动去解决问题，享受和他人在一起的时光。喜欢物质，享受时尚。对他们来说，学习新事物最有效的方式是亲身感受和练习。

ENFP——热情洋溢，极具想象力。在这类人眼中，人生有很多的可能性。联络能力突出，总是需要别人的认可，也总是时刻准备着给他人赏识和帮助。有着很强的即兴发挥的能力。

ENTP——反应迅敏，睿智，能够激励别人，警觉性强，直言不讳。这类人善于寻找理论上的可能性，用战略的眼光分析问题，能够理解他人。不喜欢例行公事，很少会用同样的方法做相同的事情。

ESTJ——这类人注重实际，是现实主义者。他们果断干练，一旦下了决心就会马上行动。注重效率，以及日常的细节。有自己独特的、清晰的逻辑系统，在实施计划时强而有力。

ESFJ——他们热心肠，有责任心。喜欢温馨和谐的环境，并能够为此果断地行动。喜欢和他人一起精确且及时地完成任务，渴望得到他人的认可和赏识。忠诚度高，能体察到他人所需并竭尽全力地帮助他人。

ENFJ——这类人热情，愿为他人着想，是个人或群体成长和进步的催化剂。责任心强，注重他人的感情、需求和动机。善于发现他人的潜能，并希望能帮助他人实现梦想。能够积极回应他人的批评或赞扬，有着鼓舞他人的领导能力。

ENTJ——他们坦诚、果断，是天生的领导者。能快速发现不合理性和低效能性，进而发展并实施有效且全面的系统来解决问题。善于做长期的计划和目标的设定。这类人通常见多识广，博览群书，喜欢拓宽自己的知识面并将此分享给他人。

INTP——这类人对于自己感兴趣的任何事物，都能寻找到合理的解释。他们通常喜欢理论和抽象的东西，热衷思考。为人安静，内向。对于自己感兴趣的领域有超凡的集中力，同时拥有较强的深度解决问题的能力。但是他们多疑，有些挑剔。

INFP——这类人是理想主义者。他们忠于自己的价值观，渴望外部世界和自己内心世界的统一。他们好奇心重，热衷于理解别人，并帮助他人实现潜能。

ISFP——这类人安静，敏感，友善，渴望拥有自己独处的空间。不喜欢争论和冲突，也不会把自己的观念和价值观强加到他人身上。

ISTP——这类人忍耐力强，善于观察，行动力突出，善于找到实用的解决方法。对于大量信息的核心点有着极强的洞察能力，对原因和结果感兴趣，注重效率，且喜欢用逻辑来处理问题。

INTJ——他们通常在实现自己的想法或者达成自己目标时，有创新的想法和非凡的动力。洞察力突出，且能根据环境规律形成长远计划。他们多疑，也独立，对自己和他人要求都非常高。

INFJ——这一类型的人喜欢追寻思想、关系、物质等之间的联系和意义，对他人有很强的洞察力。有责任心，对于自己的价值观极其坚持，很难动摇。面对计划和任务，够果断，且有计划。

ISFJ——他们有责任，友好，安静，执着于自己的义务。他们考虑周到全面，为人勤勉忠诚，且体贴，关心他人的感受。喜欢有序且温馨的家庭环境和工作环境。

ISTJ——这一类型的人安静且严肃，在取得成功的路上更注重全面和可靠。他们相对实际，责任感强，逻辑性强，专注力高。他们重视传统和忠诚，能够把自己的生活安排得井井有条。

这十六种人格类型，不仅能给我们的生活带来一定的启示和帮助，也有利于我们在职场上更好地发挥自己的能力。

二、心安有法：工作价值清单

在日常的工作中，为了更加高效地完成工作任务，我们需要制订明确的工作计划和设定明确的工作目标。下面将从工作计划的制订和工作目标的设定两个方面进行介绍，希望能对大学生未来的工作有所帮助。

（一）工作计划的制订

1. 明确工作任务

首先，我们必须明确自己的工作任务和职责范围。只有深入了解自己的职责，我们才能制订有效的工作计划。根据工作任务的性质和时间要求，我们可以将工作细分为日、周、月、季度等不同时间框架的计划，以优化工作流程和提高效率。

2. 分解任务细节

在制订工作计划的过程中，我们应该将整个工作任务分解为更小的子任务和具体的工作内容。通过细化任务细节，我们可以更清晰地理解工作内容，并更有效地安排工作进度。

3. 合理安排时间

在制订工作计划时，我们必须合理地安排工作时间。我们应考虑每项工作任务的紧急性和重要性，使用时间管理工具，如优先级矩阵来帮助区分任务，合理分配时间资源，以确保所有任务都能按时完成。

4. 考虑资源限制

在制订工作计划时，我们必须综合考虑各种资源的限制，包括人力资源、物资资源和时间资源。我们应根据这些资源的限制来合理规划工作计划，并评估资源使用情况，通过资源调配、提高资源使用效率等策略来优化资源配置，以确保在有限资源的条件下高效地完成工作任务。

5. 监督和调整

制订工作计划后，我们需要持续进行监督和适时调整，确保计划的顺利实施。在执行过程中一旦遇到问题，应立即识别并进行必要的调整，这可能包括重新分配资源、调整时间线或修改任务优先级。此外，通过定期检查进度、设置里程碑和关键绩效指标，我们可以更有效地监控工作进展，并在必要时灵活调整计划以应对不可预见的变化，确保所有工作任务能够按时完成。

（二）工作目标的设定

1. 明确工作目标

在设定工作目标时，我们需要明确自己的工作目标和期望达到的效果。只有明确了工作目标，才能更好地开展工作。

2. 设定具体可行的目标

在设定工作目标时，我们需要根据自己的实际情况，设定具体而又可行的工作目标，确保能够在一定时间内达到工作目标。

3. 设定量化的目标

在设定工作目标时，我们需要尽量将目标量化。量化的目标更容易衡量和评估，也更容易激发工作动力，帮助我们更好地完成工作。

4. 考虑工作环境和限制

在设定工作目标时，我们需要考虑工作环境和限制条件。设定的工作目标要符合工作环境和限制条件，以确保目标顺利实现。

5. 持续评估和调整

在设定工作目标之后，我们需要持续评估目标的实现情况，并不断进行调整。如果目标无法实现，需要调整目标和工作计划，确保能够及时达到工作目标。

一、学以致用：模拟面试

（一）活动对象

各班级学生。

（二）活动时间

根据各班级教学进度而定。

（三）活动目的

通过模拟面试，学生可以更好地了解面试、体验面试，多方位地了解用人单位的招聘程序，在活动中认识自己的优点与不足之处，为今后求职打下基础。

（四）活动要求

1. 各班级自由组合（10～12人/组），自行选出主考官和应试者。

2. 主考官的人数占活动人数的30%，应试者的人数占参加活动人数的70%。

3. 岗位设置按照1:3的比例，即每3位学生设置一个岗位，但只能有一名同学被录用。

（五）主考官的准备要求

1. 角色准备。想象你就是某公司人力资源部经理。

2. 制作招聘海报或广告。

3. 确定面试的形式，可选择结构化面试、无领导小组面试、角色扮演面试、情景面试等多种形式。

4. 确定面试过程中需要提问的问题，具体问题可根据不同岗位进行设置。

5. 面试需要的其他道具。

（六）应试者准备要求

1. 做好一名求职者面试前应做好的一切准备，例如着装仪表、肢体语言等。

2. 准备自我介绍。

3. 可以增加求职成功概率的其他准备。

（七）时间要求

1. 结构化面试给每位求职者面试的时间控制在3分钟以内。

2. 无领导小组面试时间约为15～20分钟。

3. 情景面试每位求职者时间约为5～7分钟。

4. 总体时间控制在40分钟以内。

（八）其他

参考资料来源有网络、图书馆、同学交流、自己的创业经历等。

面试评分标准

姓名	着装仪表（2分）	肢体语言（2分）	语言表达（2分）	回答技巧（4分）	总分（10分）

续表

姓名	着装仪表 （2分）	肢体语言 （2分）	语言表达 （2分）	回答技巧 （4分）	总分 （10分）

二、心随"影"动：《钱学森》

《钱学森》是一部传记电影，讲述了钱学森青年赴美、励志求学、涉险回国、建功立业等一系列鲜为人知的故事。钱学森是中国航天事业的奠基人之一，被誉为"中国导弹之父"。他在科学技术领域作出了卓越的贡献，尤其是在火箭技术、导弹技术、航天技术等方面。

在影片中，钱学森在美国已经取得了卓越的学术成就和舒适的生活条件，但当他得知新中国成立，国家急需科技人才建设国防事业时，他毅然决定放弃美国的一切，投身于祖国的建设中。这种职业选择背后的心理动力是强烈的爱国情怀和民族责任感。他将个人的职业发展与国家、民族的需求相结合，赋予了工作更深层次的意义和价值。

钱学森回国的道路充满了艰难险阻，美国政府的阻挠和监禁没有动摇他回国的决心。这种坚定的职业目标和信念，体现了他对自己职业选择的高度认同和执着追求。回国后，面临艰苦的科研环境，钱学森和他的团队日夜奋战，不畏艰辛，为了实现"两弹一星"的伟大目标付出了巨大的努力。

参考文献

1. 张娜，崔玲，刘玉龙.新编大学生心理健康教育［M］.北京：中国民主法制出版社，2021.

科学认识压力
——大学生压力管理与挫折应对

心灵悟语

　　天将降大任于是人也，必先苦其心志，劳其筋骨，饿其体肤，空乏其身，行拂乱其所为，所以动心忍性，曾益其所不能。　　　　　　　　——《孟子》

　　患难困苦，是磨炼人格之最高学校。　　　　　　　　　　　——梁启超

　　生活就像海洋，只有意志坚强的人，才能到达彼岸。　　　　　——马克思

学习目标

知识目标

1. 掌握压力和挫折的定义。

2. 了解大学生压力和挫折的来源。

3. 学会从认知、行为和人格层面应对压力与挫折。

能力目标

1. 学会正确管理压力和应对挫折的方法。

2. 能以正确的方式应对压力和挫折。

素质目标

1. 以积极的心态面对压力和挫折。

2. 正确认识挫折背后的意义。

3. 树立正确的挫折观。

压力调节游戏：人体气球

（一）活动目的

1. 利用气球充气会膨胀的特点来让学生感受压力存在的状态及必要性，并利用气球易爆的特质，让学生感受压力过大带来的危险后果。

2. 人体气球游戏可以将无形的压力化为有形的呈现，使学生对压力有更直观的认知。

（二）活动准备

空教室或空旷的室外场地。

（三）操作步骤

1. 假设全班现在是一个"气球"。

2. 由指导者吹哨，哨声大时，表示"气球"在充气；哨声小时，表示"气球"在漏气。学生依哨声的指示行动，将圆圈扩大（充气）或缩小（漏气）。除非不得已的状况，否则不可将手松开，随意松开者将失去玩游戏的资格。

3. 游戏开始，指导者从先把圆圈充气成小"气球"而后再漏一点气开始玩起，接着充很多气又漏很多气，最后一直充气，直到学生的手无法承受彼此的拉力而脱开为止（表示此时"气球"已爆破了）。在玩的过程中，指导者一边发布号令，一边引导学生联想自身承受压力时的状态就像气球充气一般。

（四）引导讨论

气球若是一直被充气会出现什么状况？如何使一个过量充气的气球避免爆炸？感觉到生活有压力的举手，并说说压力来源于哪些方面，该如何缓解这些压力。

讲堂一 "压力山大"：压力的概述

大学生的压力多种多样，如考试压力、学习压力、就业压力、人际压力等，不容忽视。大学生承受的压力越来越重，越有可能导致一系列的心理健康问题。压力，已经成为危害大学生健康的第一杀手。近年来，由各种压力导致的大学生自杀事件以及违法犯罪事件，让人触目惊心。为此，大学生必须学会管理和释放自己的心理压力，拥有快乐和健康的生活。

一、压力概述

（一）压力的定义和种类

1.压力的定义

压力是指人们在社会适应过程中，对各种刺激做出生理和行为反应时所产生的一种紧张的心理体验和感受。压力在西方文献中也被称为应激，但压力是一般意义上使用的概念，应激则是临床使用的概念。

2.压力的种类

（1）一般单一性生活压力

在日常生活中，我们不可避免地会遭遇到各类生活事件，其中很多事件是人们在生存和发展过程中无法回避的，如入学考试、恋爱、婚姻、就业、失业、亲人亡故、迁居等。如果我们在某一时间段内，经历着某一事件并正在努力去适应它，而且其强度不足以使我们崩溃，那么我们称这种压力为一般单一性生活压力。

（2）叠加性压力

叠加性压力包括同时性叠加压力和继时性叠加压力。在同一时间里，有若干构成压力的事件发生，这时当事者所体验到的压力称为同时性叠加压力，俗称"四面楚歌"。两个或两个以上能构成压力的事件相继发生，后继的压力恰恰发生在第一个压力的第二阶段或者第三阶段，这时当事者体验到的压力称为继时性叠加压力，俗称"祸不单行"。

叠加压力，是极为严重和难以应对的压力，给人造成的危害很大。有的人可能在"四面楚歌"中倒下，有的人或许在衰竭阶段被第二阶段的压力冲垮。

（3）破坏性压力

破坏性压力又称极端压力，包括战争、大地震、空难、遭受攻击、被绑架、被强暴等。

（二）压力的作用及反应阶段

1.压力的作用

压力对人的作用具有双重性。

（1）压力对健康的积极作用

一般单一性生活压力有益于健康，它使生活变得充实，人生变得有意义，我们将这类压力称为良性压力。事实上完全没有压力的生活是不可想象的，也是不真实的。

心理学的研究表明，早年的心理压力是促进儿童成长和发展的必要条件。经受过

184

生活压力的青少年在以后的生活和工作中更容易适应环境，更容易取得成功；反之，早年生活条件太好，没经历过挫折和压力的青少年，犹如温室里成长的花朵，经不起生活的风吹雨打。对于大学生而言，适度的压力是维护正常身心、激发积极性和主动性、锻炼和培养良好意志力品质的必要条件。

（2）压力对健康的消极影响

继时性压力和破坏性压力，是人们健康的杀手。继时性压力使人处于慢性心理应激状态，时间一久便容易引发一系列的症状，如呼吸困难、易疲劳、心悸和胸痛等生理症状，紧张性头痛、焦虑、抑郁、强迫行为等心理症状。

破坏性压力则容易使人受到创伤后产生压力失调，或产生应激障碍，造成感知、情绪、行为等方面的系列问题。比如，被强暴后会变得呆滞、记忆丧失、回避社会活动、缺乏安全感等。

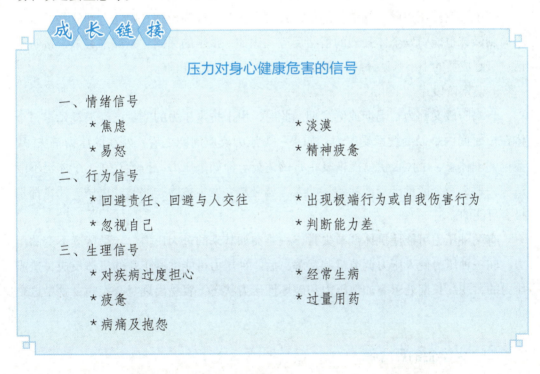

成长链接

压力对身心健康危害的信号

一、情绪信号
* 焦虑　　　　　　　　　　＊淡漠
* 易怒　　　　　　　　　　＊精神疲惫

二、行为信号
* 回避责任、回避与人交往　　＊出现极端行为或自我伤害行为
* 忽视自己　　　　　　　　＊判断能力差

三、生理信号
* 对疾病过度担心　　　　　＊经常生病
* 疲惫　　　　　　　　　　＊过量用药
* 病痛及抱怨

2. 压力反应的阶段

压力作用于个体后，会引发一系列的变化，如心跳加速，血液循环加快，血压升高；内脏血管收缩，骨骼肌血管舒张，血流量重新分布；呼吸加深加快，肺通气量增多，汗腺分泌迅速；代谢活动加强，为肌肉活动提供充分的能量等。根据内分泌学和生化学家汉斯·塞利的研究，在适应压力的过程中，个体的生理、心理及行为特点分为以下三个不同的阶段。

（1）警觉阶段

警觉阶段又称为唤醒或准备期，是发现事件并引起警觉，同时准备应付的阶段。在这一阶段，交感神经支配肾上腺分泌肾上腺素和去甲肾上腺素，促进人体的新陈代谢，释放储存的能量，于是主要器官的活动处于兴奋状态，包括呼吸、心跳加速，汗腺加速分泌，骨骼肌紧张，血压、体温升高等。

（2）搏斗阶段

搏斗阶段又称为战斗期或反抗期，是继警觉之后，人体全身心投入战斗，或消除压力，或适应压力，或退却的阶段。这一阶段人体会出现以下生理、心理或行为特征。

①警觉阶段的生理指标表面上恢复正常，外在行为平复，实则处于意识控制之下的抵制状态。

②个体内部的生理、心理资源以及能量被大量耗费。

③由于调控压力而大量消耗能量，此时个体变得极为敏感和脆弱，即便是日常微小的刺激，也能引发个体强烈的情绪反应。比如，孩子的哭闹、家里来客人、接听电话、家庭成员的小小意见分歧，都会使其大发雷霆，找人出气。

3.衰竭阶段

衰竭阶段又称为枯竭期或倦怠期。此时，由于抗击压力的能量已经消耗殆尽，个体在短时间内难以继续承受压力。如果一个压力反应周期之后，外在的压力消失了，经过调理休息，个体很快就能恢复正常的体征。但如果压力源持续存在，个体仍不能适应，那么一个能量已经消耗殆尽的人，就必然会发生危险，此时，疾病、死亡都是极有可能的。

有两种压力可能使机体调节失常，一是突如其来的过大压力，二是持续不变的压力。前一种压力使人压力调节机制瓦解，后一种压力可能逃避正常的机体反应，造成压力的蓄积。长期处于叠加性压力和破坏性压力状态下容易出现身心疾病，就是这个道理。

二、大学生的压力源

（一）不同生涯阶段的压力比较

表9-1　不同生涯阶段的压力比较

生涯阶段	生命特征	压力种类
少年期	精力旺盛、追求理想、好奇、追求独立	升学竞争、人际交往、情感的独立、生活事件、角色扮演、生涯探索

续表

生涯阶段	生命特征	压力种类
成人期	体力与耐力佳、心智成熟、乐于接受挑战	工作、经济、家庭维系、子女教育、成就期望、专业与地位
老人期	生理上衰退、体力衰退、心智活动减少	生活安养、不被尊重、收入减少、行动不便、没选择权、心灵孤独

（二）大学生心理压力的来源

不同阶段有不同的压力，大学生的心理压力来自多个方面，包括学习、人际关系、恋爱情感、生涯规划、日常生活事件、个人成长、家庭、身体健康等，甚至情绪本身也会带来压力，如怀疑或认定自己情绪异常时便会产生心理压力。有时候一个人的压力是来自多个方面的，当然也有时候是比较单一的压力。大学生的压力主要来自以下5个方面。

1. 学习方面。主要包括专业认同感弱、课业重、作业多、考试挂科、成绩不如其他同学、学习困难等问题，如高等数学听不懂、跟不上，学不进去，社团活动与学习时间冲突，英语或计算机等级考试未通过等。

2. 人际交往方面。主要包括缺少知心朋友、与人交往有困难、朋友关系出现矛盾以及宿舍关系紧张等问题。

3. 恋爱情感方面。主要包括找不到男/女朋友、恋爱感情不稳定、失恋、单恋、暗恋、想念亲人、想家、内心寂寞、怀念高中生活等问题。

4. 生涯规划方面。主要包括是否转专业、担忧毕业后因为专业问题找不到工作、对未来迷茫、找不到努力的方向和明确的目标等问题。

5. 生活管理方面。主要有经济压力、生活不充实、孤独空虚、不知如何打发时间、现实与理想差距过大、没有展示自己的舞台等问题。

拓展训练 ▷▷▷▷ ·······

你是 ABC 三类人中的哪一类?

有 A、B、C 三种类型的人，周末同时遇到一件事：早上大家正在熟睡时，一个不自觉的人在水房放声高歌，全楼道的人都能听到。

A 类人会火冒三丈，冲出去主持公道，大喊大叫，与人争吵，但无济于事。

B 类人，这时也会不高兴，也会下去与放声高歌的人理论，但当与那人无法沟通时，B 类人会穿上球鞋出去跑步或者拎起书包去上自习。

C 类人在被窝里嘟嘟囔囔，心怀不满，很焦虑，但是不敢说或不愿意说，比较压抑。

测试结果：

A 类人是压力的寻求者。A 类的人认为"是你让我火冒三丈"，把原因完全推到外面去，但实际上让 A 类人火冒三丈的人是他自己。是他让别人操纵了他的情绪，所以他生气了，心血管收缩，血压升高，甚至还可能掉眼泪。事件本身并不会对他造成伤害，但他的反应与思维模式却会伤害他。

B 类人是压力的处理者。B 类人因为以平和的心态对待事件，有一个健康的人格，因此受到的压力最小，体内的压力荷尔蒙与快乐荷尔蒙较为平衡。A 类和 C 类人可能因情绪不好而引起健康问题，而 B 类人会化解压力，转换不良情绪，保持一个良好的心理状态。

C 类人是压力的承受者。C 类人因为要承受心怀不满、又不愿意或不敢说出来的压力，忍气吞声地把愤怒朝向自身，时间久了可能导致抑郁等。

三、压力对大学生的影响

（一）压力的双重性

1.压力有益论

压力可以提高人的潜能。压力通常被认为对人体有害，可能引起种种疾病，如神经衰弱、溃疡病等，但适度的压力可以激发人们的潜能，让人们高效率地完成任务，帮助人们更好地应对生活的挑战。理想的压力水平可以激发人的热情、敏锐度，让人充满干劲，从而取得较好的成绩。那些考场上超常发挥的同学、实践项目中表现出色的同学，以及在运动场上尽情挥洒的同学，都是将压力调适到适度水平的例子。所以在适度的压力之下，注意力集中、思维敏捷、情绪适度唤起等适度反应有助于我们应付环境变化。

2.压力有害论

压力过大会影响健康。人如果长期处于重压之下，身体就会长期"备而不用"，久而久之便会导致心血管、脑血管等出现问题，如因血压升高而导致肾损坏，因血糖失调而加重糖尿病和低血糖，并使消化系统紊乱，诱发胃病和消化不良。

在压力状态下，机体必然伴有不同程度的生理反应，主要表现在中枢神经系统内分泌系统和免疫系统等方面。比如导致心率加快、心肌收缩力增强、血压升高、呼吸急促、各种激素分泌增加、消化道蠕动和分泌减少、出汗等。这些生理反应调动了机体的潜在能量，提高了机体对外界刺激的感受和适应能力，从而使机体能更有效地应付外界环境条件的变化。但过度的压力会使人口干、腹泻、呕吐、头痛、口吃。有研究表明，长期的精神紧张与心脏病、皮肤病、胃肠道疾病、神经衰弱等多种疾病有关，是癌症的诱发因素之一。

在过度的压力之下引起的过分烦躁、抑郁、焦虑、激动、不安、愤怒、沮丧、失望、消沉、健忘等过度心理反应，会使人自我评价降低、自信心减弱，表现出消极被动、无所适从，并容易疲劳、孤独、抑郁。就像一根橡皮筋长时间处于紧绷的状态下就会失去韧性，长期处于高压之下的人，精神会一直保持在一个紧张的状态，受到严重的损害。

（二）压力的影响取决于认知方式

最新的研究表示，压力对人的影响取决于人的认知方式。相信压力有促进作用的人比那些认为压力有害的人，更少抑郁，更有活力，更健康，更快乐，工作更高效，对生活更满意，视压力为挑战，而不是打垮自己的问题。他们对自己挑战的能力更自信，更善于在困难中发现意义。美国学者凯丽曾连续 8 年追踪了美国 30 000 名成年人，询问他们两个问题："去年你感受到了多大的压力？你相信压力有碍健康吗？" 8 年后，研究人员查看了公开的死亡记录数据，并找出了那些已经去世的参与者，研究结果令人大吃一惊：那些相信压力有害健康的参与者会经常失眠、内分泌失调，并且诱发癌症或心脏病，最终使死亡的风险增加了 43%，严重影响了身心健康。如果承受极大压力的人不认为压力有害，死亡的风险就不会升高，甚至比压力最小的参与者死亡风险还低。这表明真正有害的不是压力，而是认为"压力有害"的想法。

讲堂二　生命之痛：挫折的概述

草地上有一个蛹，被一个小孩发现并带回了家。过了几天，蛹上出现了一道小裂缝，里面的蝴蝶身子似乎被卡住了，挣扎了好长时间，一直出不来。天真的孩子看到蛹中的蝴蝶痛苦挣扎的样子十分不忍。于是，他便拿起剪刀把蛹壳剪开，帮助蝴蝶挣脱出来。然而，由于这只蝴蝶没有经过破蛹前必须经过的痛苦挣扎，以致出壳后身躯臃肿，翅膀干瘪，根本飞不起来，不久就死了。

蝴蝶为什么会死呢？因为蝴蝶失去了成长的必然过程——磨炼、挫折、挣扎等。

也许你正在抱怨环境不好，也许你正面临危机而焦虑不安，看了蝴蝶的故事，你是不是有所启发？蝴蝶的成长必须在蛹中经历痛苦的挣扎，直到它的翅膀强壮了，才会破蛹而出。著名史学家司马迁惨遭宫刑，但他悲苦而不弃，孤愤而不堕，以历代身处逆境而有作为的圣贤为师，并以此激励自己，以顽强的毅力为后人留下不朽的历史巨著——《史记》。人的成长就是如此，谁都会遇到挫折，适度的挫折具有一定的积极意义，它可以帮助人们驱走惰性，激发人的潜能，促使人奋进。

孟子说："天将降大任于是人也，必先苦其心志，劳其筋骨。"挫折就像黎明前的黑暗，我们对待挫折的态度尤为重要。

一、挫折的概述

在纷繁复杂的社会生活中，每个人都在努力追求自己的人生目标。然后，由于社会生活的复杂性和多样性，加之各种客观因素和个人因素的相互作用和相互制约，我们的生活和事业不总会一帆风顺，历经磨难和走些弯路在所难免。

"挫折"原指兵家在战争中失利，《辞海》将它解释为失利与挫败。从心理学角度讲，挫折是指个体动机、愿望、需要和行为受到内外因素阻碍的情境和相应的情感状态，包括挫折情境、挫折认知和挫折反应三个要素。

（一）挫折情境

挫折情境是指人们在有目的的活动中，使需要不能获得满足的内外障碍或干扰等情境状态或情境条件，如考试不及格，比赛未取得理想名次，恋爱被一方抛弃，找不到满意的工作单位，等等。挫折情境因素是客观因素，是导致挫折的重要条件之一。

（二）挫折认知

挫折认知是指对挫折情境的知觉、认识、评价与情绪、行为反应，属于人的主观范畴。面临同一挫折情境，不同的人反应不同，有人会焦躁不安、心烦意乱，而有人却泰然处之。例如，被招聘单位拒绝的应届毕业生，有的会自我反思、总结经验，期待下次的机会；有的则会自信心受创，甚至产生严重自卑心理。

（三）挫折反应

人类有各种各样的需要，因而产生了种种达到或获得需要的动机。但当这种需要不能实现、不能满足或连续失败时，便产生了挫折。对于挫折，每个个体的反应是不同的：有的攻击，有的焦虑，有的退化，有的冷漠，还有的妥协。

第一，攻击。攻击包括直接攻击和转向攻击两种，前者是指将愤怒情绪直接指向受挫对象；后者是指将愤怒情绪指向其他的对象来发泄情绪，即寻找"替罪羊"发泄。

第二，焦虑。焦虑既可以表现为心理上的焦虑，也可以表现为躯体上的焦虑。

第三，退化。当一个人遭受持久的或重大的挫折时，他的行为有时表现为幼稚，能力出现退化，原本自己可以完成的事情，却需要其他人协助来完成。

第四，冷漠。当一个人遭受挫折后却没有找到合适的攻击对象发泄情绪时，会将愤怒压制下去，对外界反应降低，表现出冷淡，但这种压抑对身心健康损害较大。

第五，妥协。人们在受到挫折时会产生心理或情绪上的紧张，妥协是缓解情绪紧张状态的措施之一，用以求得自我安慰。

综上，挫折是客观因素与主观认知同时作用的结果，其反应各不相同，但都会经历一个复杂的过程，具体如图9-1所示。

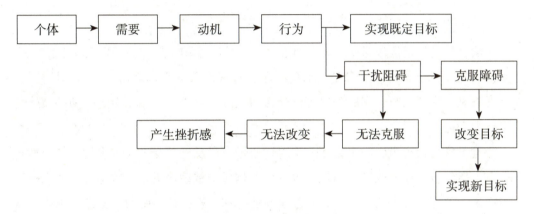

图9-1 挫折产生路径图

二、挫折的分类

（一）实质性挫折和想象性挫折

挫折可以分为实质性挫折和想象性挫折，如表9-2所示。

表9-2 挫折的类型（一）

类型	表现形式
实质性挫折	客观存在的挫折事实和挫折情境
想象性挫折	个体预测的、想象的未知挫折情境

实质性挫折由于其客观性和真实性可以得到个人或者外力的有效处理；而想象性挫折是对未来的预测和想象，并非真正存在，难以做出具体、有效的处理。当事人一旦把受挫折的情境和后果想象得过于严重，如临其境，如闻其声，便会心神不宁、极度紧张，进而导致行为紊乱甚至精神崩溃，给其带来极大的消极影响。这种想象性挫折往往不被他人理解，也就比较难以得到他人有效的帮助。想象性挫折多发生在性格

内向者、缺乏自信者、多愁善感的人身上。

（二）一般性挫折和严重性挫折

从挫折严重程度上来划分，可以把挫折分为一般性挫折和严重性挫折，如表9-3所示。

表9-3　挫折的类型（二）

类型	表现形式
一般性挫折	日常生活中发生的常见小挫折
严重性挫折	在某些重要事情或者与自身有密切关系问题上受到的挫折

一般性挫折是指常常遇见的日常琐事，比如偶尔的争吵、塞车、雨天忘带雨伞等，带来的心理上的不愉快。这只是暂时的，不会造成严重的心理创伤。而严重性挫折，如高考失利、生意失败、家庭破碎等，会带给人巨大的心理震荡，引起强烈的情绪反应和行为变化。

心理学家分析得出，一个人在一定时期心理应激反应承受度是有限的。如果挫折不严重，但却接踵而来或同时出现，也有可能构成严重性挫折。也就是说，如果挫折接连而来，就算意志再强的人，其心理承受能力和对挫折的耐受力也会急剧下降，从而引发一系列的心理问题。

（三）意料中的挫折和意料外的挫折

从对挫折的准备情况来看，挫折包括意料中的挫折和意料外的挫折，如表9-4所示。

表9-4　挫折的类型（三）

类型	表现形式
意料中的挫折	人们有一定察觉以及心理准备后遭遇的挫折
意料外的挫折	毫无心理准备的情况下突发的挫折

意料中的挫折，如亲人久病卧床，日重而亡故；恋爱双方经常吵架，因第三者插足而分手；长期不爱学习，导致学习成绩不佳等。意料之外的挫折，如一个健康人突然遭遇车祸；准备充分地参加考试，结果却名落孙山。总之，意料之外的挫折带有突发性，比意料之中的挫折给人的打击和压力要严重得多。

（四）短暂性挫折和持续性挫折

从挫折持续的时间看，挫折包括短暂性挫折和持续性挫折，如表9-5所示。

表9-5　挫折的类型（四）

类型	表现形式
短暂性挫折	暂时遭遇的挫折，持续时间比较短，而且随着时间的推移，挫折感和紧张感会逐渐自然地消失
持续性挫折	长期或者持续不断的挫折状态

短暂性挫折，如在一次知识竞赛或体育比赛中没有取得名次等。持续性挫折是具有相对稳定性、长期、短期内不能消除的挫折。这种长久的状态会使人焦躁不安、萎靡不振甚至性格扭曲，表现出急功近利、粗暴易怒等状况。因此，对于持续性挫折必须高度重视，必要时可以寻求心理医生的帮助。

三、挫折产生的原因

导致挫折的原因很复杂，既有客观的，也有主观的，很多时候是各种因素综合作用的结果。一般可概括为外部原因与内部原因。

（一）外部原因

外部原因主要是指环境方面的原因，常常是个人意志或能力无法左右的，包括自然条件和社会条件的限制，使个体的动机受到阻碍而无法满足或延迟满足。

1. 自然条件

自然条件的阻碍主要来自自然环境中人们无法抗拒和避免的天灾人祸、意外事件、生老病死等。例如，地震、飞机失事、车祸等都会造成人员伤亡，给人的心灵带来巨大的悲痛。

2. 社会条件

社会条件的阻碍主要来自社会生活中，政治、经济、宗教、道德、法律等因素的制约。

（二）内部原因

内部原因主要指个体生理、心理因素等带来的阻碍和限制。

1. 生理因素

个人的身体素质、容貌、身材以及生理缺陷、疾病等生理因素，会使个体的动机得不到满足而产生挫折感，例如色盲的人不能从事自己喜爱的医疗和美术工作。

2. 心理因素

个体心理因素引起的挫折感也经常发生。如个体因需要、动机、气质、性格等心理因素的不足或冲突，可能导致目标无法实现。在心理因素中，个体动机冲突和抱负水平是产生挫折感的重要原因。

（1）动机冲突

由于人的多种需要，人可能同时产生两个或两个以上的动机，当需要在动机间做出选择又难以取舍时，就会形成动机冲突。动机冲突的基本形式有四种：

一是双趋冲突。两个目标都符合需要，具有同样的吸引力，但"鱼和熊掌不可兼得"，二者必居其一，就出现了难以取舍的冲突。比如，有的大学生毕业时既想报考研究生，继续深造；又想早日踏上社会，或工作或创业。

二是双避冲突。两个目标都不感兴趣，甚至厌恶，两种都想躲避，但受条件限制，只能避开一种，接受一种，在做抉择时，内心充满矛盾和痛苦。比如，既不想用功学习，觉得读书太苦；又怕考试不及格，延期毕业。

三是趋避冲突。某一目标既有利又有弊，吸引力与排斥力共存，个体同时具有趋近和逃避的心态，内心产生激烈冲突。比如，大学生既想多参加社会活动，又怕占时太多，影响学习。

四是双趋避冲突。两个目标各有所长，各有所短。比如，一个毕业生同时面对两个各有千秋的工作时，一时无法选择，陷入冲突之中。

（2）抱负水平

一个人的成就感和失败感在心理上常常依赖于个人的抱负水平，达到自己预想的水平就有成就感，达不到就有失败感。目标期望值只有在符合个体的能力发展时才能取得最佳效应，如果过高或过低，都会产生消极影响。

一是自我估计过高。如果一个人自我评价过高，就容易产生目前的条件下自己无法实现的需要和动机，于是挫折便产生了。比如，某大学生自认为自己能力很强，立下目标利用四年大学时间创办一家高科技公司，还组织了同宿舍的四名同学共同参与进来，结果很快便宣告失败。

二是对目标的期望过高。当所达到的目标与期望产生距离时，导致个人动机得不到充分满足而产生挫折感。比如，对一位期望能考上清华、北大的学生来说，即便最终考上的是一所211大学，也会感到失望和痛苦，产生挫折感。

四、大学生常见的心理挫折类型

大学生在成长的过程中，不可避免地会遇到各种各样的人生挫折，归纳起来有以下几种。

（一）学业挫折

大多数学生都曾在学业上遭受过挫折。学业挫折表现在许多方面：有的同学学习困难，学习方法不当，事倍功半，学得很吃力；有的同学缺乏学习兴趣，对所在学校或所学专业不满，出现厌学情绪；有的同学学习压力过大，造成注意力不集中、考试焦虑、睡眠障碍等困扰；有的同学学习动力不足，学习目标不清晰，不能合理分配学习时间；有的同学忙于社会活动，或沉溺于网吧、游戏室，学习成绩大幅度下滑。

在大学阶段因学业问题产生挫折的主要原因有：一是初入大学，学习上还未适应大学的学习节奏而产生了挫折；二是现代社会竞争压力日益加剧，自我期望值过高而产生了挫折；三是思想松懈，目标不明确，缺乏学习动力，造成学习被动、消极应付而产生了挫折。

（二）交往挫折

大学时期的人际关系较中学时代更为复杂。首先，大学生来自全国各地，性格、习惯、语言各不相同，如果缺乏有效的沟通了解，就容易出现矛盾、误解，造成人际关系紧张。其次，大学生在人际交往中的认知障碍，如自我中心主义、完美主义及理想化认知等，使大学生在人际交往中不能客观地认识自我，理性地分析与自己有关的人和事，容易造成人际交往中的偏差和失误，产生挫折感。

（三）家庭挫折

家庭是大学生学习生活的经济支柱和精神支柱。大学生虽离家异地求学，但与家庭仍紧密相连。一方面，家庭对大学生的影响持续伴随，例如父母间的矛盾冲突及行为反应等都会影响子女日后的行为方式。另一方面，家庭的经济状况、重大变故、重大生活事件会给大学生造成极大的精神压力和难以承受的打击。

（四）恋爱挫折

大学生普遍对爱情充满憧憬和渴望，向往一段美好的爱情，但因心理不成熟、缺乏社会地位和经济条件等因素限制，遭受恋爱挫折的现象十分普遍。有的人因为缺乏生活经历而不知如何恋爱；有的人恋爱动机不端；有的人择偶标准不现实；有的人受到家庭和社会舆论的压力等，或单恋，或失恋，或陷入爱情纠葛的痛苦之中。

（五）就业挫折

求职就业是每个大学生在毕业时都要面临的问题。随着社会主义市场经济体制的建立和完善，双向选择、自主择业的就业现状，给大学生提供了发展空间，也提出了更大挑战。有的同学不能正确地评价自我，缺乏自信，不敢竞争，错失良机；有的同学盲目自大，结果高不成低不就；有的同学盲目冲动，片面追求高薪、高职、高待遇，陷入失败的泥潭。

讲堂三　逆境前行：应对方法探索

一、正视压力与挫折

我们正确地认识压力与挫折，并不是一件容易的事情。当自己处在旁观者的角度，看到别人的遭遇时，或许还能做出一些较为正确的分析，但当压力或挫折降临到自己的头上时，要做出正确而清醒的认识就会很难。在压力或挫折情境中，许多不理智的反应、不正确的行动，都与缺乏对压力或挫折的正确认识有关。我们要知道，挫折会给人打击，带来损失和痛苦，但也能使人奋起、成熟，从中得到锻炼。挫折既有消极的一面，也有积极的一面。

二、提高挫折的预防和应对能力

挫折是我们在工作、生活、学习中最好的老师，只有经历挫折我们才会成长。虽然我们会经历痛苦，但是正因为痛苦我们才会反思自己，为以后避免出现同样的错误而敲响警钟。面临挫折的严峻考验，大学生应该怎样应对？应该怎样用行动来对待所处的不良环境，顺利度过逆境呢？

（一）改变认知，正视挫折

大学生首先需要树立正确的人生观和价值观。人生观和价值观是我们对世界的根本看法，是自己内心中的坚持，是对人生的信念和态度，是个性的重要组成部分。大学是人成长和成熟的重要阶段，我们在生活中历练过的小挫折，并非全不是好事，因为挫折不仅能够磨练我们的意志，而且还能增加我们为人处世的经验，提高我们应对问题的能力。

此外，大学生由于不合理的自我认知理念或存在以偏概全的思想，常以某一件或某几件事来评价自身或他人的整体价值。比如，面对一次成绩失败或是评优失败就认为自己"一无是处""毫无价值"，这种片面的否定只会增加自卑心理。只有调整认知，改变态度，做到自我关怀、自我指导、自我接受，接受一些不确定的事情，时时变通，才能达到个体的心理健康。

（二）正确对挫折进行归因

正确归因，即实事求是地分析挫折产生的原因。综合且辩证地分析挫折的成因，是应付和解决挫折情境的必要基础。

记住正确归因要诀，努力做到"三要三不要"：要客观分析成败原因，不要主观臆断；要采用内外相结合的方式，既找内在原因也找外在原因，不要片面；要尽量找自己可以控制的原因，不要归于自己不可控制的因素。

（三）对情绪进行正确疏导

1. 转移注意力

当情绪低落时，可以做一些自己感兴趣的事情来释放不良情绪，如听音乐、运动、看电影、阅读等，或者融入大自然，身临其境地感受美好的事物，从消极情绪中解脱出来，忘却烦恼。

2. 学会控制情绪

通常我们可以通过自我暗示法、调节呼吸法，以及其他合理发泄情绪的方式来达到有效控制负性情绪的目的。

3. 提高挫折的承受能力

增强挫折承受能力是培养良好意志的重要方式。

第一，正确对待挫折。挫折是生活中的一部分，是客观存在的，关键在于我们该如何对待它、认识它。

第二，改善挫折情境。当挫折发生后，要认真分析原因，设法消除或降低挫折的影响程度。

第三，总结经验教训。要善于总结失败和挫折中的教训，找出失败的原因，发现自己的弱点并不断进行完善。此外，要发现自己的优点和长处，振奋精神，树立信心，提高对挫折的承受能力。

第四，调节抱负水平。改变自己的目标水平，制定既符合自己能力水平又具有一定挑战性的目标。

第五，建立和谐的人际关系。从朋友那里得到鼓励、信任、安慰和支持，重新振作精神，战胜困难和挫折。

三、培养乐观品质

乐观，是一种积极的人格因素。乐观就是无论在什么情况下，都能保持良好的心态，相信坏事情总会过去，阳光总会再来的心境。开朗的性格不仅可以使自己经常保持心情的愉快，而且可以感染你周围的人们，使他们觉得人生充满了和谐与光明。大文豪萧伯纳说："当我死时，我希望自己彻底耗竭。因为我越努力工作，就越有生命力。生命本身就会令我喜悦。我不认为生命是迅速燃尽的蜡烛。相反，它是灿烂的火把，我活着的时候必须高举它，在送给下一代之前，它要越亮越好。"

杨绛先生说："人间没有单纯的快乐，快乐总夹带着烦恼和忧虑。"杨绛先生出生于名门，历经动荡和战乱。虽收获了羡煞旁人的爱情，却也经历了白发人送黑发人的锥心之痛。但无论世事如何变幻，杨绛先生始终保持着积极向上的精神。她默默地在忧患中积累智慧、在苦痛中淬炼美德，用积极豁达的人生态度渡己渡人，是一个高情绪价值的人。如今，杨绛先生虽已辞世多年，但她身上乐观、坚韧的精神，依然指引着无数的人。"我们并不是因为生活圆满、身体健康才感受到积极情绪的，而是由衷的积极情绪创造了圆满与健康的生活。"情绪价值高的人，无论遇到什么样的困境都能苦中作乐，保持良好的心态，帮助自己熬过那些艰难的时光。命运无常，生活多舛，每个人都可能经历暗夜。但积极的情绪，犹如黑夜里的一点微光，帮助我们跨过低谷、战胜困境，在迷雾中找到奔向幸福的路。

乐观的人不为环境所困，总是能看到生命中那些美好的、值得关注的一面。乐观者的词典中没有过不去的坎。乐观者是这样看待生活的：

你改变不了环境，但你可以改变自己；

你改变不了事实，但你可以改变态度；

你改变不了过去，但你可以改变现在；

你不能控制他人，但你可以掌握自己；

你不能预知明天，但你可以把握今天；

你不能样样顺利，但你可以事事尽心；

你不能左右天气，但你可以改变心情；

你不能选择容貌，但你可以展现笑容；

你不能延伸生命的长度，但你可以决定生命的宽度。

心理训练 ▶▶

一、测量有方：焦虑自评量表

焦虑自评量表

序号	题目	没有或很少有时间	小部分时间	相当多时间	绝大部分或全部时间
1	觉得比平常更容易紧张和着急	1	2	3	4
2	无缘无故地感到害怕	1	2	3	4
3	容易心烦意乱或觉得惊恐	1	2	3	4

序号	题目	没有或很少有时间	小部分时间	相当多时间	绝大部分或全部时间
4	觉得可能要发疯	1	2	3	4
5	觉得一切都很好，也不会发生什么不幸	4	3	2	1
6	手脚发抖打战	1	2	3	4
7	为头痛、颈痛和背痛而苦恼	1	2	3	4
8	感觉容易乏力和疲惫	1	2	3	4
9	觉得心平气和，并且容易安静地坐着	4	3	2	1
10	感觉心跳得很快	1	2	3	4
11	为一阵阵头晕而苦恼	1	2	3	4
12	有晕倒发作，或觉得要晕倒	1	2	3	4
13	吸气、呼气都感到轻松	4	3	2	1
14	手脚麻木和刺痛	1	2	3	4
15	为胃痛和消化不良而苦恼	1	2	3	4
16	尿频	1	2	3	4
17	手常常是干燥温暖的	4	3	2	1
18	脸红发热	1	2	3	4
19	容易入睡并且整夜睡得好	4	3	2	1
20	做噩梦	1	2	3	4

计分方法：

评定时间范围为过去一周内。把 20 个题得分相加，得到总分，总分乘以 1.25，四舍五入取整数即得到标准分。标准分小于 50 分的为正常，标准分在 50～60 分之间的为轻度焦虑，标准分在 61～70 分之间的为中度焦虑，标准分在 70 分以上的是重度焦虑。

关于焦虑症的临床分级，除参考量表分值外，还应根据临床症状。量表分仅能作为其中一项参考指标而非绝对指标。

二、健康有法：15 分钟卸下压力的 7 种方法

每个人都有不知所措的时候，有时甚至感到压抑。也许你需要时间和精力关注家庭，也许有一个同事让你咬牙切齿，也许你或你爱的人生病了。当你无法控制事情时，你该怎么办？我相信如果在你的日常生活方式中植入预防性压力管理，你就可以轻易地应对你面临的压力处境。

1. 勤锻炼

减压和降低焦虑的好方法之一就是运动。你可以加入健身俱乐部，也可以在卧室或校园里锻炼，甚至只散一会儿步。运动时分泌出来的内酚酞可以让人感觉到快乐，运动后心情也会变得平静。

2. 常微笑

微笑和大笑都是立刻放松情绪的最佳途径之一。与朋友开玩笑，看一部轻松有趣的电影，或者享受明媚的阳光都能让我们微笑。

3. 多听音乐

尝试做一些舒缓神经的事情，使压力保持在正常水平。倾听音乐是放松减压的好方式，各个年龄阶段、各种收入水平的人群都酷爱它。安静的音乐对缓解压力非常有效。听音乐能使你感到放松、平和。尝试去听几种不同的曲风，你就会知道，一些作品好像是专门为你而作。一旦你找到了它，任何时候你需要安静放松，你都可以听听它们。

4. 爱阅读

阅读也是减压的好方法。选读一本轻快、幽默、浪漫或其他类型的书会让人感觉良好。如果你对心理方面的书籍感兴趣的话，也可以读这类书籍。任何让人以积极健康的态度看待世界的书都能让人放松。

5. 尝试冥想法

想象一幅田园诗般的画卷，能触发你所有的感官。你能嗅到空气中弥漫的淡淡的茉莉花香吗？你能听到鸟儿欢唱，感觉到清风拂面吗？当你焦躁不安时，冥想吧。它会给你带来安静。

6. 懂得感恩

当你感到压力时，试着去细数幸福，把它们记在感恩日记本里。总有一些东西值得你感恩，再简单的事情都值得。当你怀有一颗感恩的心去看待生活，你会感受到生活的美好。而当你用负面的眼光看周围的世界，会容易变得愤世嫉俗。感恩有助于化解怒气，让你感受到更多美好的事情。

7. 深呼吸

深呼吸可以给你时间进行心理调适。当你陷入伴随压力而来的强烈情绪中，甚至快被压垮时，停下来，深呼吸。在你深呼吸时，更多的氧气被输送到你的大脑，使你的思维清晰，肌肉放松。

一、学以致用：挫折认知分析

请在下表中写出近一年来遇到的对自己影响最大的 3 次挫折，并描述出当时的反应方式，然后客观地分析这些反应方式在应对挫折时的积极和消极影响，最后探讨个人应对挫折的最佳方式。

挫折事件	事件简要描述	反应方式	积极影响	消极影响	最佳应对方式
事件 1					
事件 2					
事件 3					

二、心随"影"动：《当幸福来敲门》

《当幸福来敲门》讲述了一位濒临破产、老婆离家的落魄业务员克里斯，如何刻苦耐劳的尽单亲责任，奋发向上成为股市交易员，最后成为知名金融投资家的励志故事。

影片向我们展示了在绝望中如何坚持梦想，最终迎来幸福曙光的故事。这部电影不仅是一曲献给奋斗者的赞歌，更是一部关于父爱、坚持和希望的感人故事。

在电影《当幸福来敲门》中，克里斯通过磨炼自己的自信、勇气、努力等品质，一步步实现了逆袭。我们可以从中学习到很多关于如何面对困境、保持信心和勇气的经验，更重要的是，能够更加懂得什么是坚持、梦想、毅力、勇敢、人格之光，并在生活中贯彻这些品质，不断向更高的目标迈进。

《直面挫折，乘风破浪》

探寻生命意义

——大学生生命教育

心灵悟语

我总觉得，生命本身应该有一种意义，我们绝不是白白来一场。

——席慕蓉

生命是有限的，但为人民服务是无限的，我要把有限的生命投入到无限的为人民服务之中去。

——雷锋

本来，生命只有一次，对于谁都是宝贵的。

——瞿秋白

学习目标 ▶▶

知识目标

1. 认识生命，尊重生命，珍爱生命。

2. 了解大学生心理危机的信号。

3. 掌握生命的基本概念与特征。

能力目标

1. 能感知心理危机的存在。

2. 能在遇到心理问题时，学会自助求助。

3. 预防心理危机，掌握初步的干预方法，维护生命安全。

素质目标

1. 树立对生命的尊重和保护意识。

2. 形成积极的处世态度，不断充实自己的生命。

3. 培养自我保护意识，形成尊重生命、爱惜健康的态度。

独一无二：我的名片

（一）活动目的

通过形象的肢体语言促进成员之间的相互认识，增进彼此的熟悉了解。

（二）操作步骤

1. 主持人告诉大家：每个人设计一个自己独有的标志性的动作，向小组成员介绍自己，让这个动作和自己的姓名联系在一起。

2. 各小组围成圈，依次开始自我介绍，表演自己"独一无二"的动作，同时高声说"我叫×××"。表演结束后，可以附带说明动作的来历。

3. 小组内每当有人自我介绍结束，小组其他成员就重复他的名字，并模仿其动作。

4. 分享：小组内所有人都介绍完自己后，再从第一个自我介绍的人开始，小组成员共同依次复习学做每个人的标志性动作，同时说"他（她）叫×××"。

（三）引导讨论

从这个活动中，你感受到了什么？

讲堂一　尊重生命：生命教育概述

有一次上哲学课，老师问大家："你究竟为什么而活？你生命的意义是什么？"同学们的回答如下：

"好好活，做有意义的事。"

"为了生活得更好！"

"我想生命的意义也许是，在你即将离开人世的时候，你可以很从容地对自己说：我这一生虽然没有什么大的成就，但是不后悔人生中的每一次选择！"

"实现自己的人生价值，做自己想做的事。"

"为了我的父母，父母希望我幸福、快乐地活着。"

"为了爱我们的人而活着，为需要我们帮助的人而活着，为看见自己最灿烂的笑容而活着。"

"活着就是为了拥有一段真挚的爱情。"

"活着为了证明自己存在的意义和价值，做一个对社会有用的人。"

"为了传宗接代，让我优良的基因有人继承，证明这世界我来过。"

"生命的意义就是将生命延续和传递下去。"

"活着是为了追求，是为了拼搏，是为了证明自己，是为了诠释生命的意义。"

科技的发展、物质的丰富在提高人们的生活水平、改善人们的生活质量的同时，也使人们陷入了另一个怪圈。许多人不堪重负，精神失衡，浪费、轻视与伤害生命的现象屡见不鲜。引导大学生走出生命的误区，关键在于推行生命教育。生命教育可以使人们学会珍爱生命，理解生命的意义和价值，建立积极向上的人生观念，达到身心和谐与健康发展。

一、生命的概述

关于什么是生命，至今仍没有公认的定义。心理学家认为，生命即意识到的自我；生命科学家认为，生命是生物进化的高级形式；法律学家则认为，生命是动植物或有机体的存在状态。综合上述观点，可以概括为一句话：人的生命是由形体、心理（精神）和社会存在三个因素构成的统一体。

历史唯物主义认为，人的生命具有多重属性，其中最主要的是自然属性和社会属性。社会属性是人最主要、最根本的属性，是决定人之所以是人的最根本的东西。生命的自然活动主要包括新陈代谢、生长、发育、遗传、变异、感应、运动等。生命的社会活动主要包括感知社会、角色扮演、人际交往、求学择业、社会竞争等。

二、生命价值观及影响因素

（一）生命价值观的概念

生命价值是作为生命主体的人对自身和社会的积极效用，由人的自我价值和人的社会价值构成，是自我价值和社会价值的辩证统一。生命价值观就是人们关于什么是生命价值、怎样评判生命价值、如何创造生命价值等问题的根本看法和根本观点，也是一种生活态度和生活理想。

生命价值观是个体或群体幸福指数的核心要素之一，个体的生命价值取向决定着人生的幸福感。每个人都会形成自己的生命价值观，一旦形成，生命价值观对个体的心理和行为都会发生引导作用，使个体表现自己生命的价值。

（二）生命价值观的影响因素

当代大学生作为社会的一个特殊群体，在未来的社会中将承担重要的历史使命，他们的生命价值观对其成长具有十分重要的意义。但是，大学生的生命价值观并非都是积极的，许多漠视生命、伤害生命的现象经常发生。发生这种情况的主要原因有：

1.传统思想的影响，缺失生命教育

长期受传统思想影响，不管是家长、老师还是社会，都忌讳谈生命起源，更忌讳谈生命的终结——死亡，至于生命存在的价值和意义更不会谈起。因此，很多青少年对生死问题的认识和理解是模糊的，他们不知道生命诞生之不易，不明白死亡对自己及亲人意味着什么，当然更不会从内心深处去尊重生命、敬畏生命和珍惜生命。

2.社会不良因素的影响

在我国现代化进程中，随着传统文化所构建的意义世界的解体，生活在这种社会大变动中的人们开始丧失支撑其生命活动的价值资源和意义归宿，从而陷入了深刻的精神迷惘和意义危机，无法领悟生命的价值和生活的意义。人们领悟到的是财富和权力的无穷魅力，于是一些人想方设法、不择手段地追逐财富和权力。部分学生在此不良社会风气和土壤中成长起来，扭曲了世界观和价值观。

3.功利主义的影响

在现有教育体制下，知识至上和成绩至上仍然被视为教育的最高信条与原则。在分数崇拜的观念下，学生学习的过程脱离了"人"，脱离了"生命"。人们固守着"工具理性"，以"功利主义"的价值观，追逐着高分数—好大学—好工作—高收入的人生目标。这种狭隘的、急功近利的目标和价值追求，使人们功利化行为过度膨胀，导致了人们对生命存在价值和意义的忽略。很多人学会了"何以为生"的本领，却没有对"为何而生"进行追问与思索。

4.暴力文化的侵蚀

随着电视和网络等传播媒介深入人们的生活，暴力文化也借此有扩大化的态势。在暴力游戏里，游戏者不分善恶是非、美丑好坏，只要轻轻一点，便可随意偷盗、抢劫和杀人。有不少同学从中获取了异样的成就感，沉迷其中不能自拔。在网络世界里，他们完全没有犯罪的概念，更无视生命的存在和价值，严重影响了健康的生命价值观的形成。

5.责任感的缺失

近年来，大学校园内发生了若干起涉及暴力的事件。这些事件不仅反映了涉事者心理上的扭曲，也暴露了他们责任感的严重缺失，特别是对生命的尊重感的缺乏。此类事件的原因可能有多方面，比如，社会上存在的一些不负责任的行为和风气可能对

年轻人产生了不良影响；在成长过程中，一些学生可能因为受到过度溺爱而养成了只知追求个人享受、不懂得体谅他人艰辛的态度，从而导致家庭责任感的缺失；社会道义及基本社会责任感教育不足；等等。

6.抗挫折教育的缺失

当代大学生中，独生子女居多，他们中的许多人不同程度地受到父母的溺爱或过度保护。这种成长环境使得一些大学生成了"温室里的花朵"，缺乏应对挑战和困难的能力，难以承受外界的压力。在现代社会中，无论是社会还是大学校园，各种压力无处不在，容易使大学生产生身心疲惫的感觉，陷入危机。

对于那些心智尚未完全成熟或心理承受能力较弱的大学生来说，当面对挫折时，如果既无法克服又找不到逃避的途径，可能会将攻击性的冲动转向自己或他人。这种倾向一旦变得强烈，就可能导致极端行为的发生，如伤害他人或自身。

三、生命教育

1968 年，美国学者杰·唐纳·华特士首次明确提出了生命教育的理念，开始倡导和实践生命教育。之后，生命教育理念日益受到人们的重视。生命教育是关于人的生活、生命与人生问题的教育，是教育人们认识生命、保护生命、珍爱生命、欣赏生命，探索生命的意义，实现生命价值的活动。

（一）生命教育的内容

1.引导学生认识生命，进而重视、珍惜生命

首先，让学生了解生命的诞生历程，领悟生命所承载的希望，感受哺育生命的艰辛，从而形成对生命的珍惜之情和敬畏之情。其次，让他们了解生命历程的酸甜苦辣，体会生活的艰辛、生命的脆弱与顽强，使他们学会感恩，懂得珍惜生命。

2.教育学生正确对待挫折和困难，培养健康的生命态度

生命是一个过程，在这个过程不仅有鲜花和笑声，还有荆棘和泪水。生命教育要善于引导大学生接受生命负面状态的意义与价值。人生路上会遇到各种艰辛、挫折和不幸，但其中却承载着许多有意义、有价值的东西。它们不仅仅属于个体本身，还与父母、朋友、社会密切相连，所以在逆境中，谁都没有权力草率地结束自己的生命。每一个人都是独一无二、与众不同的，世界上没有一个人能够取代！

3.探讨生命的意义，尊重生命

教育的根本职责在于对生命意义的追寻。人之所以为人，就在于会去追寻存在的意义与价值。人不但要活着，还要活得有意义、有价值。帕斯卡尔说过："活着却不知道人是什么，这真是糊涂得不可思议。"苏格拉底说："未经思考过的生活不值得。"人要不断地对生活进行反思和批判，在超越现实生活的基础上追求生命的永恒价值。

4.重视死亡教育，让大学生懂得生命的宝贵与有限

死亡教育可以帮助大学生正确地面对自我之死和他人之死，理解生与死是人类自然生命历程的必然组成部分，从而树立科学、合理、健康的死亡观；可以使大学生思索各种死亡问题，学习和探讨死亡的心理过程，以及死亡对人们的心理影响；可以使人们勇敢地正视生老病死的自然现象，加深大学生对死亡的深刻认识，并将这种认识转化为珍惜生命、珍爱健康的强大动力，进而提高自己的生命和生活质量。

（二）大学生生命教育的价值

1.帮助大学生寻回精神家园

（1）增强大学生对生命意义的理解

随着现代化进程的不断加快，文化转型、价值观念变迁、社会失衡、生活节奏加快、竞争加剧等因素对大学生提出了严峻挑战。相当一部分大学生迷失了自己的精神世界，对生命的意义和价值浑然不知，践踏自己或他人生命的事件时有发生，非正常死亡逐年增多，这反映出当前大学生生命意识的淡薄和高校生命教育的缺失。大学教育的当务之急是要引导学生树立生命责任意识，使他们能够更好地尊重和保护自己及他人的生命。

（2）将促进大学生个体生命力的张扬

教育的本体是人，教育的本质是生命的成长。我国许多高校至今仍缺乏对学生生命关怀的教育氛围，缺少教会学生正确面对生命的教育，造成一些大学生在精神上无所寄托，对生命的意义价值产生怀疑，陷入深刻的精神迷惘和意义危机，无法领悟生命的价值和生活的意义。

对大学生进行生命与健康、生命与安全、生命与成长、生命与价值和生命与关怀的教育，有利于大学生形成健康的生命价值观，对个体生命和生命价值及人生的目标和意义形成理性认知，树立积极的生命道德观及整体生命责任观，以宏观的视野去审视人类存在的意义与价值，从而厘清人生方向，更好地为实现人生价值而珍惜生命、呵护生命、提升生命。

（3）丰富大学生生命的社会内涵与价值目标

人生价值的实现是以社会整体利益的发展为基础的，个人的全面发展必须以人类的全面提升为平台。生命教育可以引导大学生在参与社会公共生活的过程中，履行对他人、对社会所应承担的职责和义务，深刻地认识到个人的生存和发展依赖于社会的发展，以及社会的发展离不开每个公民的共同努力。

2.生命教育是社会发展的必然要求

在社会转型、体制转轨的社会变革时期，新旧观念的碰撞、西方价值观的冲击、多元文化的并存，常常让大学生陷入迷茫与困顿之中，找不到人生的价值与目标，于是校园暴力、自杀等成为大学生逃避无聊或使生活刺激一点的选择。此外，快餐文化让人失去了反思与回味的时间，快节奏的生活方式带来巨大的生存压力，异化了人与人之间的关系，人被精神家园放逐的同时也失去了情感慰藉的敞亮环境。人们将自己包装后在虚拟的网络世界释放压力，失去了社会价值规范。因此，及时推出生命教育，无疑是当今社会所迫切需要的。

3.生命教育是高校德育工作的有益补充

长期以来，高校的德育工作往往忽视对个体生命本身的关注，导致德育内容显得抽象、理论化，脱离了生活的本质。这种侧重于知识传授和模式化塑造的方式，阻碍了学生自我觉察和自我审视能力的发展。将德育仅仅视为知识学习，不仅缺乏"知行合一"的实践性，还割裂了个体与道德教育之间的联系，使德育变成了高高在上的理论说教。

生命教育为德育提供了一种回归生活本质的新途径。其目的在于帮助学生理解生命的意义，并实现生命的价值。通过生命教育，学生能够认识到个体必然与其他生命、自然和社会建立各种关系，在处理这些关系的过程中，德育自然而然地融入其中，并深深植根于不可分割的个人生活中。这样的德育教育才具有生命力和持久性。

在工具理性主导的社会中，生命教育被边缘化；在物质欲望盛行的社会里，它被忽视；在强调形式主义的社会环境中，它又被搁置一旁。因此，大学生在一个缺乏生命教育的环境中成长，尽管物质条件丰富，却常常有精神的空虚，面对有知识而无素质的指责。鉴于此，探讨生命教育的价值意义及其实施策略，不仅是对学生全面发展的负责，也是构建一个更加和谐的社会的基础。

（三）大学生生命教育的策略

1.将生命教育纳入大学生的心理健康教育

推进大学生的生命教育，首先应该在心理健康教育中增加有关生命教育的章节和活动。拯救不珍视生命的人关键在于改变他对待生命、对待人生的态度。对大学生实施生命意识的教育，可以促使他们树立科学的生命信仰，进而形成积极的人生观，懂得生命的价值和意义，走出误区。

2.博采众长，丰富生命教育的内容

生命教育是一种从多角度认识生命本质、理解生命意义、提升生命价值的教育。丰富生命教育的内容，一是要吸收和发扬中国优秀传统文化中有关生命意识理论，做到古为今用；二是对于西方文化中有关生命意识的理论，应吸收其精华，抛弃其糟粕，做到洋为中用。

3. 以体验与感悟的教学方式，使生命教育触及灵魂

真正的生命教育是触及心灵的教育，是感染灵魂的教育。生命教育需要通过体验教学来实施。体验教学是通过戏剧、角色扮演、模拟情景等各种方式的体验活动，让学生直接参与表演，分别感受"真实情境"中人物的各种情绪，体会其中的喜、怒、哀、乐，然后进行彼此分享。

生命教育从某种意义上来说也是一种体验活动。根据大学生热衷于参加各种社团活动这一特点，生命教育可以以校园文化活动为载体，开展形式多样的社团及课外活动，使学生在丰富多彩、健康向上的活动中潜移默化地接受教育。如通过组织大学生参加爱心捐助、义务献血等活动，让他们在实际的助人过程中学会关爱与付出；组织大学生参加暑期社会实践活动，让大学生利用自己的专业服务于社会，并在服务中感受生命的意义和价值。

讲堂二　珍爱生命：心理危机识别

人人都拥有生命，大多数人懂得欣赏生命的多姿，发现生命的意义和价值，享受生命的快乐和幸福。如果不懂得生命的真谛，那么不仅不能享受生命，还会造成伤害自己和他人生命的悲剧。

一、大学生心理危机

（一）心理危机的概念

心理学家卡普兰从 1954 年开始对心理危机进行系统的理论研究，并于 1964 年首次发表了心理危机干预理论。他认为，当一个人面对困难情境，他先前处理问题的方式及其惯常的支持系统不足以应对眼前的处境时，即他面对的困难情境超过了他的能力时，这个人就会产生暂时的心理困扰。这种暂时性的心理失衡状态就是心理危机。心理危机的产生不但与应激事件有关，还与个体解决应激的有效资源及个体对困难情境的评估有关。因此，心理危机不是个体经历的事件本身，而是他对自己所经历的困难情境的情绪反应状态。

大学生的心理危机主要指大学生在大学生活期间出现的中至重度抑郁、严重焦虑状态、极度冲动行为、吸毒、酗酒、自伤或自杀、突发严重的精神疾病导致的各种行

为紊乱，以及遭遇罕见或超常事件且个人无法预测和控制时出现的心理危机。清华大学樊富珉教授认为，各个大学每年因疾病休学、退学的学生有 50% 左右是因为严重的精神疾病。因此，在对大学生进行心理健康教育的过程中，对大学生的重大心理危机问题和突发事件进行及时有效的干预和预防是一项非常重要的工作。心理危机在大学生中的发生率虽然不如适应、情绪、情感障碍那样普遍，但对大学校园的负面影响和给其他人带来的心理阴影是不容小觑的。

（二）大学生心理危机的特点

大学生作为文化层次较高的年轻群体，心理危机的特点有如下共性。

1. 具有连续性

通常情况下，人们认为危机是突发的，具有爆发性，似乎是由一件事情带来的。但实际上，心理危机的发生并非一个点，而是一条连续的线，往往与之前的许多问题相关。

2. 具有复杂性

大学生心理危机不论是产生原因还是表现方式都不是单一的。大学生心理危机产生的原因多种多样，有的是因为失恋，有的是因为经济问题，有的是因为身体疾病，还有的是因为家庭问题，也有的是因为人际交往问题。大学生心理危机的表现方式也是多样化的，有的表现为自杀、自虐，有的表现为离校出走，有的则表现为伤害他人。

3. 具有破坏性

大学生心理危机会带来身体和精神上的痛苦，给自己家人、老师和同学带来很大的担心和伤痛。据研究表明，一个人自杀平均会对 6 个人产生影响，可见其破坏性之大。

（三）大学生心理危机的产生机制

心理危机的产生是一个复杂的过程，是多种因素综合作用的结果。从通常情况来看，心理危机的产生是应激源因素和个人易感性因素共同作用的结果。

应激源指那些能引起应激的各种具有刺激性的事物。社会、自然及心理、生理的变化等，都可以成为应激源。但事件本身并不一定会直接引发个人心理危机，还可能通过个人的应对能力等因素即个人的易感性因素，发挥作用。个人易感性因素是指容易引发应对反应的个人因素，例如特别敏感的人在面对家庭变故时，可能比其他人更容易产生心理危机。

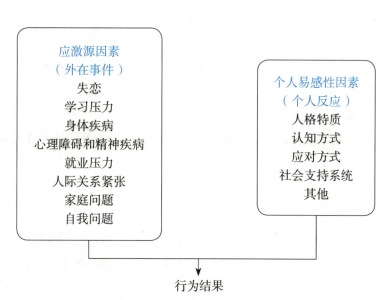

图 10-1　心理危机的产生机制

1. 应激源因素

引发大学生产生心理危机的应激源因素主要有：大学生正处于生理发育的基本成熟和部分心理发展相对滞后的特殊时期，世界观、人生观和价值观逐渐形成，心理状态还不稳定，容易受到外界的各种影响而产生心理危机。大学阶段也是种种人生压力相对集中的阶段，当问题发展到一定程度而不能克服和有效解决时，极易引发心理危机。

2. 个人易感性因素

现实生活中，绝大部分人遇到了问题，并不会发生心理危机，都能够从心理的阴霾中走出来，但有时个人易感性因素容易引发心理危机。通常情况下，个人易感性因素包括以下 5 种。

（1）人格特质

危机人格理论认为，心理危机受个体的人格特征的影响。容易陷入危机状态的个体注意力明显缺乏，看问题只看表面而看不到本质；社会倾向性过分内倾，遇到危机时往往瞻前顾后，联想不良后果；在情绪情感上，具有不稳定性，缺乏自信心，独立处理问题的能力极差；解决问题时，缺乏尝试性，行为冲动不理性，经常会有毫无效果的反应行为。

（2）认知方式

个人对自我以及周围环境的认识、对外在事件的认知，在个人应对危机的过程中起着重要作用。例如，有的人习惯负性思考，看问题时总是看到消极的一面，当遇到问题和挫折就容易产生心理危机。

（3）应对方式

应对方式指人在应激期间处理应激情境、保持心态平衡的一种手段。有的人遇到问题会积极想办法解决问题，有的人则会回避问题；有的人会寻求他人帮助以解决问题，而有的人喜欢自己一个人解决问题。

（4）社会支持系统

大学生的社会支持系统通常包括家人、同学、朋友、老师和学校各级组织等。个人如果没有一个质量较高的社会支持系统，就比较容易产生心理危机。

（5）其他

包括过往经历、适应能力和生理条件等，如过去是否有过严重的精神创伤，身体是否有残疾等。

（四）大学生心理危机的表现

根据郑希付先生的《临床心理学》有关内容，可把大学生心理危机的表现归纳为情绪、认知、行为、躯体四个方面内容。

1.情绪方面

当事人表现出高度的焦虑、紧张、丧失感、空虚感，且可伴随恐惧、愤怒、罪恶、烦恼、羞惭等。

2.认知方面

沉浸于悲痛中，导致记忆和知觉改变；难以区分事物的异同，作决定和解决问题能力受影响；有时害怕自己发狂，一旦危机解决可迅速恢复知觉。

3.行为方面

不能专心学习或工作；回避他人或以特殊方式使自己不孤单；变得令人生厌或具有黏着性；与社会的联系遭到破坏，可产生对自己或周围的破坏性行为；拒绝帮助，认为接受帮助是软弱无力的表现；行为和思维、情感不一致；出现过去没有的非典型行为。

4.躯体方面

有失眠、头晕、食欲不振、胃部不适等症状。

当大学生出现以上四个方面中的两个或两个以上方面的表现时，可以认定该大学生出现了心理危机。

二、大学生心理危机的预防

（一）识别大学生心理危机

只有知道心理危机的具体表现，才能决定你或你所关心的人是否需要帮助。以下情况是心理压力超过应对能力的征兆：直接表露自己处于痛苦、抑郁、无望或无价值中；易激怒，过分依赖他人，出现持续不断的悲伤或焦虑，常常流泪；注意力不集中，成绩下降，经常缺勤；孤僻，人际交往明显减少；酒精或毒品的使用量增加；行为紊乱或古怪；睡眠、饮食或体重明显增减，过度疲劳，体质或个人健康状况下降；作文或其他发挥想象力的作品所透露出的主题为无望、脱离社会、愤怒、绝望、自杀或者死亡；任何书面或口头表达的内容像是在临终告别或透露出自杀的倾向，如"我会离开很长一段时间"；出现自伤或自杀行为。大学生心理危机征兆的出现，表明其可能处于危机之中，急需得到别人的帮助。

（二）预防大学生心理危机

"凡事预则立，不预则废。"大学生应当做好心理危机预防，积极学习危机预防的知识和技能，自我调节，维护心理动态平衡，培养健全的人格，建立良好的个人及社会支持系统，同时正确认识自我，以合理可行、切实有效的方式应对危机。

1.客观的社会支持系统

对处于困境中的个体而言，在其面临生活困境时给予直接援助，犹如雪中送炭般。例如，在大学生群体中，家庭经济困难往往会成为他们顺利完成学业的重大阻碍，而此时助学金、生活物资等能有效缓解这一困境，助力他们跨越学业障碍。再如，地震、台风等灾难性事件发生后，经历灾难的人们最急需的便是物质方面的补给。干净的水、充足的食品等这些物质援助能够极大地缓解受灾群众面临的生存危机，帮助他们度过艰难的时期。

2.人际关系援助

人际关系紧张、社交面狭窄的学生，更需要发展良好的校园人际网络和团体。从个体来看，在校大学生积极参与各种社团、学生组织，无疑会扩大社会交往圈子，认识更多的人；从学校教育来看，鼓励和促进各种社团组织的良性发展，吸引学生参与，对大学生的心理危机预防具有重要作用。

3.学习援助

不少大学生的心理危机源于学习，如考试、考证的压力，拿不到毕业证书的压力。

4.心理援助

心理问题、心理障碍、心理疾病，是每个人都可能遇到的问题。对于存在心理困惑、心理障碍或心理问题的学生，及时进行心理辅导和咨询；对有心理疾病甚至精神病的学生，要及时治疗和干预。

5.建立完善的心理教育和预警体系

大学生应当对自我的心理状态有清楚的认识，充分利用学校资源。学校要开展心理健康教育活动，丰富大学生心理学知识，增强他们的心理保健意识，端正他们对心理咨询的看法，引导他们主动寻求帮助，缓解负性情绪，避免因心理问题加重而导致心理危机事件的发生。

大学生心理危机预防是一个体系，需要对学生个体进行教育引导，更需要学校、院系、班级、宿舍成员、教师、学生干部的参与，以及家庭的积极配合，还有社会的支持，只有将多种资源有效整合，并进行有效的预防，才能减少心理危机事件的发生。

讲堂三　敬畏生命：心理危机应对

在有"世界生物多样性宝库"之称的亚马孙河，亚马孙大蛙是一种普通得让人忽略的动物，而它们能够存活，简直就是一种生命的奇迹。

初秋的亚马孙河风景绮丽，还格外宁静。雌蛙们选择在这个时节宽大的荷叶上产下一团约有万只的黏稠蛙卵。从蛙卵发育到幼蛙的大约一个月时间里，它们待在荷面上，遭遇了各种惊心动魄的劫难。还未见天日的蛙卵，很快就被在交配季节漫天飞舞的红蜻蜓吃掉一多半。像安排好了似的，蓝水鸟的幼鸟刚好这时会飞了。暴露在荷面上剩下的蛙卵，又任幼鸟尽情地啄食。所剩无几的蛙卵还未变成完全的蝌蚪，一场季节性的暴雨就将它们中的多数击碎撕裂。能从蛙卵变成幼蛙的概率竟不到万分之一！从荷叶滑落到水中时，一种叫红扁嘴的大头鱼，正准时地在叶下张着大嘴等待，逃生的幼蛙还没来得及摆脱惊恐，又进入了天敌遍布、险象环生的生存环境。这时，喜欢以亚马孙大蛙为食的动物已猛增到二十多种。白天，一种叫长尾燕的大鸟会突然从空中俯冲下来将它们叼去；晚上，猫头鹰会精准地捕食它们，那情景惨烈揪心。侥幸从幼蛙长为成蛙以后，它们冒着九死一生的风险，开始孕育新的生命，像它们父辈那样，成群地挤在一起。哪怕会引来天敌，也要高声歌唱来表白爱情，再次以牺牲生命来换取种群生命的延续。

一、大学生心理危机干预的概述

大学生心理危机干预指采取紧急应对的方法，缓解或消除处于心理危机状态的大学生的压力，让其心理功能恢复到正常水平，并获得新的应对技能，以预防将来心理危机的发生。对发生心理危机的当事人表示关注和理解，提供心理援助并协助其解决实际问题，常常可以帮助当事人脱离困境。但是如果处理不当或任其发展，会出现不良反应，甚至会引发自杀的严重后果。

二、大学生心理危机的应对

（一）积极的自我应对

1. 了解心理危机发生发展的规律，进行科学的自我预防

大量研究表明，大学生的心理危机有其发生发展的特定规律。第一，从季节上看，每年春季和冬季是抑郁症、精神疾病的高发期。第二，从学年阶段上看，大学一年级，由入学适应不良、专业学习困惑、人际交往引发的心理问题较为常见；大学二至三年级，因学业压力、情感与恋爱、人际关系、自我发展引发的心理问题占多；临近毕业，因就业压力、择业困扰、遭遇挫折引发的心理问题则较多。第三，从地域、人群分布上看，与城镇大学生相比，农村大学生的心理问题要更多一些；与男性学生相比，女性大学生的心理问题要更多一些；与家境较好的大学生相比，贫困大学生的心理问题要更多一些。认识和掌握心理危机的发生规律、早期征兆，细致观察自身的言语、身体、性格、行为等反常表现，对自己心理危机的爆发做出预判，力求早发现、早自我调适，将心理危机化解于萌芽状态。

2. 学会识别心理危机，及时调适

大学生心理障碍、生理疾患、学习和就业压力、情感挫折、自我期望值过高、在学习上遇到挫折后产生很大的失落感和心理落差、经济压力、家庭变故以及周边生活环境等因素，都可能导致心理危机的发生。还有抑郁心理、孤僻性格、自卑心理、抑郁症、精神分裂等精神疾病，也是引起心理危机、导致自杀等极端行为的主要原因。抑郁心理与孤僻性格往往与人格发展、早期经历不良等因素有关；自卑心理往往与自身缺陷、自我期望过高或过低等因素有关；抑郁症和精神分裂是心理问题已经危机化了，并且随时随地都有可能发生极端行为。

3. 提升思想修养和塑造健康人格

心理危机的形成与大学生对刺激的承受和抗拒的心理活动紧密相关，而这承受和抗拒的力量大小取决于大学生心理活动的动力结构系统。作为人格的核心成分，大学

生人生观和价值观是这个动力结构的重要内容，在危机形成和化解过程中始终起着调节器的作用。

大学生要实施心理危机的自救，最佳策略就是不断改造自己的主观世界，培养正确的价值观和科学的人生观，铸就承受压力和抗拒刺激的人格盾牌。大学是个体人生观、价值观的定型阶段，乐观的人生境界、开放的生活态度、积极的处世风格、认真的学习品格都能有力地抵御现实刺激，有效地化解心理冲突。

4. 增强能力培养和提高自救能力

危机的自救能力是制约大学生承受刺激、化解危机的心理特征，直接影响大学生心理危机的自我管理效能，主要包括对现实的认知、对刺激的承受和人际沟通几大部分。

（二）他人出现心理危机时的应对

当大学生发生心理危机时，一般需要学校的心理咨询师、学生辅导员、班主任等参与介入。但是作为危机当事人的同学，当我们发现身边有同学出现心理危机时，应该怎么去做呢？

1. 要给予精神支持，向他们表达你的关心，建立良好的信任关系，询问他们当前面临的困难和所需要的帮助。

2. 根据当事人的情绪、语言、语音语调、行为及所描述危机事件等判断危机的严重程度。如果超过个人能力范围之内，要建议当事人寻求学校和老师的帮助。

3. 要少说多听，以关心的、积极的、中立的、接纳的态度来帮助当事人，使当事人正视和处理危机。

4. 不要担心他们会出现强烈的情绪反应，情感爆发或哭泣有利于他们压力的释放。

5. 要有耐心地陪伴他们，哪怕当事人表现得淡默或者保持沉默。

6. 给予他们希望和传递乐观精神，告诉他们面临的困境一定会过去的。

7. 要留心当事人任何自杀念头。不论他们用什么方式表露，不要害怕询问他们是否考虑结束生命，这样不会使他们自杀反而会挽救他们的生命。

8. 如果发现他们有自杀危险，绝对不能让当事人独处。在有人陪伴的同时，要及时报告当事人所在学院的辅导员、班主任，以便及时启动学校的危机干预预案。

9. 如果发现当事人已经采取了极端行为（试图自杀、自伤、伤人等），应立即采取措施进行制止，并根据情况通知医院、保卫处等相关部门采取紧急危机干预预案。

三、危机干预的步骤

在大学校园内，当我们发现学生面临心理危机时，可使用心理学家总结的"六步干预法"进行危机干预。

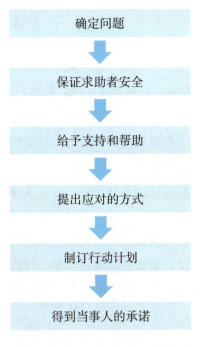

图 10-2　心理危机干预的步骤

（一）确定问题

危机干预的第一步是从求助者的立场出发，确定和理解求助者的问题。干预人员可使用积极的倾听技术，如同感、理解、真诚、接纳以及尊重。在这一过程中，也可以使用开放式问题，得到想要的答案。干预人员既要注意求助者的语言信息，也要注意求助者的非语言信息。

（二）保证求助者安全

在危机干预过程中，干预人员应该将保证当事人安全作为首要目标。这里的安全是指对自我以及对他人的生理、心理的危险性降低到最小的可能性。在干预人员的检查评估、倾听和制订行动策略的过程中，安全问题必须给予足够的关注。

（三）给予支持和帮助

危机干预强调与当事人沟通和交流，通过语言等让求助者认识到危机干预人员是能够给予其关心帮助的人，让求助者相信这里确实有很关心他的人。

（四）提出应对的方式

帮助当事人探索可以利用的替代解决方法，促使当事人积极地搜索可以获得的环境支持、可利用的应对方式，启发其思考。让当事人知道有哪些人现在或将来能关心自己，有哪些可变通的应对方式。

（五）制订行动计划

帮助当事人做出现实的短期计划，确定当事人理解行动步骤。计划应该根据当事人的应对能力，着重于切实可行的计划，系统地帮助当事人解决问题。制订计划的关键在于让求助者感到自己的权利没有被剥夺，他们依旧能维持独立和自尊。

（六）得到当事人的承诺

帮助当事人向自己承诺采取确定的、积极的行动步骤。这些行动步骤必须是当事人自己认可的，从现实的角度来看是可以完成的。

除以上六步外，还应该启动社会支持系统。社会支持系统主要包括：父母及其他亲人、老师和同学、朋友和社区志愿者等。这种支持不仅包括心理和情感的支持，还包括一些实质性的救助行动。有调查表明，大学生从他人那里获得的社会支持具有价值增进、陪伴支持、情感支持、亲密感和满意度提高等调节功能，这些功能对处于危机期的大学生具有重要作用。

心理训练 ▶▶

一、测量有方：总体幸福感量表

（一）量表介绍

总体幸福感量表是一种定式型测查工具，用来评价受试者对幸福的陈述。本量表共有33项，1996年，我国学者段建华对该量表进行修订，即采用该量表的前18项对被试者施测。

（二）总体幸福感量表

以下问卷涉及您近期对生活的感受与看法，无好坏之分。请您仔细阅读每道题目，根据自己的现实情况和切身体验在相应的答案处打"√"即可。

姓名 _____　性别 _____　年龄 _____　专业 _____　学校 _____

1. 在过去的一个月里，你的总体感觉怎样？

A. 好极了　　　　　　B. 精神很好　　　　　　C. 精神不错

D. 精神时好时坏　　　E. 精神不好　　　　　　F. 精神很不好

2. 在过去的一个月里，你是否为自己的神经质或"神经病"感到烦恼？

A. 极其烦恼　　　　　B. 相当烦恼　　　　　　C. 有些烦恼

D. 很少烦恼　　　　　E. 一点也不烦恼

3. 在过去的一个月里，你是否一直牢牢地控制着自己的行为、思维、情感或感觉？

A. 绝对的   B. 大部分是的   C. 一般来说是的

D. 控制得不太好   E. 有些混乱   F. 非常混乱

4. 在过去的一个月里，你是否由于悲哀、失去信心、失望或有许多麻烦而怀疑没有任何事情值得去做？

A. 极度怀疑   B. 非常怀疑   C. 相当怀疑

D. 有些怀疑   E. 略微怀疑   F. 一点也不怀疑

5. 在过去的一个月里，你是否正在受到或曾经受到任何约束、刺激或压力？

A. 相当多   B. 不少   C. 有些

D. 不多   E. 没有

6. 在过去的一个月里，你的生活是否幸福、满足或愉快？

A. 非常幸福   B. 相当幸福   C. 满足

D. 略有些不满足   E. 非常不满足

7. 在过去的一个月里，你是否有理由怀疑自己曾经失去理智，或对行为、谈话、思维或记忆失去控制？

A. 一点也没有   B. 只有一点点   C. 不严重

D. 有些严重   E. 非常严重

8. 在过去的一个月里，你是否感到焦虑、担心或不安？

A. 极其严重   B. 非常严重   C. 相当严重

D. 有些   E. 很少   F. 无

9. 在过去的一个月里，你睡醒之后是否感到头脑清晰和精力充沛？

A. 天天如此   B. 几乎天天   C. 相当频繁

D. 不多   E. 很少   F. 无

10. 在过去的一个月里，你是否因为疾病、身体的不适、疼痛或对患病的恐惧而烦恼？

A. 所有的时间   B. 大部分时间   C. 很多时间

D. 有时   E. 偶尔   F. 无

11. 在过去的一个月里，你生活中是否充满了让你感兴趣的事情？

A. 所有的时间   B. 大部分时间   C. 很多时间

D. 有时   E. 偶尔   F. 无

12. 在过去的一个月里，你是否感到沮丧和忧郁？

A. 所有的时间   B. 大部分时间   C. 很多时间

D. 有时   E. 偶尔   F. 无

13. 在过去的一个月里，你是否情绪稳定并能把握住自己？

A. 所有的时间   B. 大部分时间   C. 多时间

D. 有时   E. 偶尔   F. 无

14. 在过去的一个月里，你是否感到疲劳、过累、无力或精疲力竭？

A. 所有的时间   B. 大部分时间   C. 很多时间

D. 有时   E. 偶尔   F. 无

15. 在过去的一个月里，你对自己健康担忧的程度如何？

不担忧   0   1   2   3   4   5   6   7   8   9   10   非常担忧

16. 在过去的一个月里，你感到放松或紧张的程度如何？

松弛   0   1   2   3   4   5   6   7   8   9   10   紧张

17. 在过去的一个月里，你感觉自己的精力、精神和活力如何？

无精打采   0   1   2   3   4   5   6   7   8   9   10   精力充沛

18. 在过去的一个月里，你忧郁或快乐的程度如何？

非常忧郁   0   1   2   3   4   5   6   7   8   9   10   非常快乐

二、幸福有法：我的五样

（一）活动目的

通过游戏的形式，同学们尝试对生命中最重要的五样东西做出选择，促使个体思考人生，思考未来。同时使个体体会自己所拥有的东西的可贵，珍惜现在，在人生道路上做出正确的选择。

（二）操作步骤

1. 测试前准备

准备白纸、签字笔若干，提前挑选出轻柔的音乐。

2. 活动程序

（1）将学生分成若干个小组，让同小组的成员围坐成一个圈。

（2）准备纸笔。

（3）在白纸顶端，让学生一笔一画写下"×××最珍贵的五样东西"。这个×××就是学生的名字。

（4）写下自己最珍贵的五样东西。用黑色的笔在纸上，飞快地写下自己生命中最重要的5样东西。这五样东西，可以是实在的物体，如食物、水或钱等；也可以是人，如父母、妻子、儿女、丈夫等；可以是动物，如狗、猫等。可以是精神的追求，如理想；也可以是爱好或习惯，如旅游、音乐、吃素等。可以是抽象的事物，如祖国或哲学等；也可以是具体的物品，如一个瓷瓶、一组邮票等。总之，你可以天马行空地想象，只要把你内心最珍贵的五样东西写出来就是了。不必思来想去，左右斟酌。脑海里涌现出什么念头，就提笔把它写下。最先涌出的想法，必有它存在的深刻理由，如实记载即可，不必考虑顺序。

（5）小组分享。写完后，学生读出自己的纸条，说说自己最珍贵的五样东西是什么，看看别人最珍贵的五样东西和自己的有什么不同，分享自己最珍贵的五样东西对自己来说最珍贵的理由。教师可以放轻音乐，使同学们放松。

（6）涂掉第一样。生命中最珍贵的五样东西，保不住了。想象自己涂掉第一样东西以后的情景，体察自己的心情。

（7）涂掉第二样。你的纸上剩下了四样珍贵的东西，还有一个黑洞。此刻，生活又发生了重大变故，来得更凶猛急迫，你保不住你最珍贵的四样了，必须再放弃一样，请拿起笔，把剩下四样中的某一样抹去。

（8）涂掉第三样。白纸上，还有三个选项和两个已经看不出什么名堂的黑洞。只有你知道，黑洞里埋葬的是什么。生命进程中，你又遇到了险恶挑战，这一次，你又要放弃一样珍贵的东西了，请拿起笔，把剩下三样之中的某一样抹去。请同学们闭上眼睛，想象自己抹掉第三样东西以后的情景，体察自己的心情。

（9）涂掉第四样。咱们一竿子插到底。是的，生活滑到了前所未有的低谷，你必须做出你一生中最艰难也是最果决的选择。你只能留下一样，其余全部放弃。请拿起笔，把剩下两样之中的一样抹去。

（10）小组分享感悟。让小组成员分享各自的感悟和收获，如自己在游戏过程中每失去一样东西时的心情是怎样的，最后只剩下一样东西的时候又是什么心情。

（11）集体分享。请同学们重新围成一个大圈坐好，邀请几位同学分享自己的感悟和收获，说说自己最珍贵的五样是什么，最后剩下的一样是什么，心情是怎样的。

一、学以致用：未来之路

（一）活动目的

肯定自我价值及生命的意义，设计自己未来的生命历程。

（二）活动时间

60分钟。

（三）活动准备

每人 1 张纸、1 支笔。

（四）活动地点

团体辅导活动室。

（五）活动步骤

1. 团体指导者先说明练习内容（见表 10-1），然后让团体成员自行填写。

2. 10 分钟后大家一起分享交流。

表 10-1　预测死亡年龄

预测死亡的年龄	
预测死亡年龄的依据 （本人及家族的健康状况、长期生活地区的 平均寿命）	
现在的年龄	
今天的日期	
过去有意义的三件事	
未来想做的三件事	

二、心随"影"动：《我不是药神》

《我不是药神》是一部引人深思的电影，不仅展示了生命的复杂性和力量，还揭示了社会现实中的医疗困境和人性的挣扎。电影的情节设计精巧，每一个细节都为后面的剧情发展做了铺垫，使观众深入情节之中，感受程勇的无奈、挣扎和坚持。电影唤起了观众对生命尊严的思考和对社会现实的关注。

电影采用了写实的拍摄手法，使观众仿佛置身于电影的情境之中。演员的表演真实自然，将角色的内心世界展现得淋漓尽致。电影中的配乐也十分出色，音符之间流淌着真挚的情感，使观众更好地感受到角色的喜怒哀乐。在制作设计上，电影的道具、场景和服装都十分贴合主题，既展现了印度风情，又贴近中国的现实生活。特效和剪辑也十分精良，电影的节奏紧凑，画面流畅。整个故事的发展有张有弛，让观众在紧张刺激的情节中感受到了程勇的困境和挣扎。同时，电影中的对话也十分生动，既符合人物的身份和性格特点，又展现了人性的复杂和多样。

　　总的来说，《我不是药神》是一部非常出色的电影，它通过一个真实的故事，展示了生命的坚韧与不屈，唤起了观众对生命尊严的思考和对社会现实的关注。人生没有标准答案，珍惜当下永远是最优解。

《我亦是我》

参考文献

1. 马建青. 大学生心理卫生［M］. 杭州：浙江大学出版社，2003.
2. 段鑫星，赵玲，李红娇. 大学生心理健康教育［M］. 北京：科学出版社，2018.